D0556403

La rabia en el corazón

Ingrid Betancourt

La rabia en el corazón

grijalbo

Título original: *La rage au coeur*
Traducido de la edición de XO EDITIONS, París
Colaboración: Susana Lea Associates
© 2001 XO EDITIONS
© 2001 de la edición en castellano para todo el mundo:
    GRIJALBO MONDADORI S.A.
    Aragó, 385, 08013 Barcelona
    www.grijalbo.com
© 2001 EDITORIAL GRIJALBO LTDA.
    Carrera 20 No. 32-45
    Bogotá, D.C., Colombia
    grijalbo@col1.telecom.com.co
    Traducción al español: Astrid Betancourt Pulecio
Primera edición, Noviembre de 2001
ISBN: 958-639-186-8
Diagramación y pre-prensa digital:
Editorial Precolombi – David Reyes

Impreso en Colombia - Printed in Colombia

Impresión y encuadernación:
Printer Colombiana S.A.

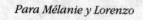

Para Mélanie y Lorenzo

Notas de la autora

Este libro ha dado muchas vueltas antes de llegar a sus manos. Es cierto que los escritos, como las personas, tienen vida propia. Pero éste, como si hubiese nacido bajo el influjo de una estrella caprichosa, ha tenido que enfrentar innumerables trabas para ver la luz. Lo obvio, lo natural, era que hubiese sido publicado por primera vez en Colombia, entre colombianos, para quienes fue escrito. Pero no. A este testimonio se le cerraron las puertas en su propia tierra. Nadie lo quiso publicar.

Luego ocurrió lo inesperado. El libro se convirtió en éxito editorial en Francia. En un país donde poco se sabe de nosotros. Pero el país de la libertad de prensa y de los derechos humanos. La gente se interesó por el

9

relato de una mujer desconocida, por lo que estamos viviendo nosotros aquí. Querían saber más. Querían entender.

Y comenzaron a ver a Colombia de otra manera. Porque detrás de la historia negra que se cuenta sobre nosotros afuera, los europeos encontraron personas como ellos, luchando por valores que les son familiares, que los toca y los interpela. Allá también, ellos, como nosotros, con referencias diferentes, entienden lo vulnerables que somos todos como ciudadanos. Y lo frágiles que son nuestras democracias. Y en el espejo de Colombia, muchos vieron el reflejo de sus propios temores. Y se identificaron con nosotros, con nuestros miedos, con nuestras esperanzas.

Pero en Colombia, como si fuera pecado hablar de lo que nos sucede a diario, se levantaron voces de repudio, las de aquellos que no quieren que se sepa lo que ha sucedido porque los señala. A zarpazos y mordiscos, se quiso prohibir que se publicara, que se leyera, que existiera. Y hasta en los tribunales extranjeros tuvimos que defender el derecho a expresarnos como colombianos.

Para muchos de nosotros, denunciar los atropellos de los cuales somos víctimas, desenmascarar, sacudirnos del miedo, es hablar mal de Colombia. Porque caímos en la trampa de quienes logran esconder lo inconfesable, aislando a Colombia del mundo para taparlo todo. Y como en el mejor de los relatos de Macondo, denunciar a la mafia y a la narcopolítica se convierte en una agresión a la patria.

Con todo y eso el libro comenzó a llegar al país. En algunas librerías lo ofrecieron en versión francesa. Dos columnistas prestigiosos, lo leyeron y decidieron cada cual escribir un artículo sobre el libro. Querían dar un concepto más objetivo sobre su contenido. Pero, a pesar de sus respectivos reclamos, a ambos les colgaron la columna.

Un día me llegó la noticia que una casa editorial italiana estaba dispuesta a publicar el libro aquí. Quienes querían impedir que el libro se leyera en Colombia, habían fracasado.

La traducción del libro quedó bajo la responsabilidad de mi hermana Astrid. Quise que así fuera para garantizar la mayor exactitud posible frente a la versión ya publicada. Quien mejor que ella para sentir los matices de un idioma tan complejo como el francés e introducirlos adecuadamente al idioma materno.

Una tarde, mientras ultimábamos detalles con mi editor y especulábamos sobre la salida del libro al ruedo nacional, se quedó mirándome y me dijo: "No te lo iba a contar, pero bueno, ya entrados en gastos… Hace unos días en Cali, cuando iba a coger el taxi de regreso al aeropuerto, se me atravesó un hombre y me dijo. "Usted es el que va a publicar el libro de Ingrid Betancourt?" Le dije que sí y me contestó: "Pues saque bastantes ejemplares en la primera edición, porque no podrá publicar ni uno más."

La amenaza contra el libro era clara. El origen obvio. Persiguiéndolo ante los tribunales, deformando su contenido, bloqueando su publicación y hasta buscando prohibirlo, la narcopolítica no ha dado tregua.

Después de tantas vueltas el libro ha llegado a sus manos. Es casi un milagro. Pero sobre todo es una gran victoria, para aquellos que pensamos diferente.

11

Prólogo

Por una Colombia Nueva

Siempre he creído que haber nacido en Colombia es algo muy especial, que implica un reto superior y obliga a una mayor intensidad de vida. Crecí con el convencimiento que Colombia estaba llamada a cumplir un destino de excepción, que tendría que hacer frente a grandes dificultades, pero que también cosecharía inmensas glorias. Con el paso del tiempo he comprendido que ser colombiana es la mejor definición de mí misma. Lo digo con orgullo, y al hacerlo, siento que lo he dicho todo, porque no puedo imaginarme la vida de otra forma sino ligada a lo que le suceda. Tengo con Colombia una relación afectiva. La

13

imagino como una mujer vital y victoriosa, en constante movimiento, abanderada de las grandes causas. La veo levantarse con la misma fuerza con la que nació, para cumplir con las promesas de libertad que acuñaron su identidad. La admiro y me conmueve. Y si la siento estancada, me parece que solo puede ser una situación de momento, porque su porvenir es otro y fuera de lo común. Por eso no concibo que tenga alternativa diferente a la de la grandeza.

Estoy convencida que para cumplir con su destino Colombia debe dejar que el viento de la historia llene sus velas, y la impulse, rompiendo con el pasado. Tiene que superar la tentación de darse por vencida, y emprender el viaje hacia la conquista de un nuevo mundo, de una nueva era. Hacia una Colombia nueva.

Yo creo en esa Colombia nueva. La he sentido con fuerza. Sé que está despertando y nos sacude a todos. A pesar de la ciega incredulidad y del escepticismo de quienes quisieran frenarla. La he visto en miles de jóvenes inconformes, en mujeres decididas, en personas defendiendo sus empresas y sus fábricas contra viento y marea. He visto esa Colombia nueva allí, en el corazón del país. En esa maestra de Cali que aceptó irse a enseñar a los esteros del Pacífico. En esa campesina de Pailitas que le salvo la vida a su sobrino aceptando el destierro de toda la vereda. Me la encontré en Soacha, en la rabia de un paletero honesto. Allí estaba otra vez, en los Altos de la Estancia, en la terquedad de las madres y de los viejos, dispuestos a todo para sacar a sus niños del infierno.

Sé que Colombia tiene en su pueblo la mejor ecuación de la felicidad. Y siento que si todos los que he conocido tienen la voluntad de creer, si a pesar de la adversidad encuentran la manera de seguir soñando, entonces no queda otro camino sino estar a su altura, y alistarse para actuar.

Esa es la Colombia nueva que me convoca, la que se nutre del esfuerzo de todos y no se rinde. He aprendido a reconocerla. La Colombia nueva de la cual estoy hablando es ante todo una actitud.

Ella hace sentido en la medida en que nos cambia a usted y a mí, fundamentalmente la vida. Pienso en algo realmente revolucionario. En construir la cultura del futuro, con un ciudadano conectado y en expansión, con reglas de juego visionarias, a la vanguardia del milenio, con un estado que funcione en una nueva dimensión, es decir con redes lúdicas, con instituciones prestigiosas y con un nuevo talante para lo excepcional. Hablo en particular de una justicia sabia y elevada, de un congreso creativo y con intuición del porvenir, de un gobierno potentemente transformador.

No basta con hacer lo posible. Hay que hacer posible lo que usted y yo sabemos que es necesario. Solo eso puede congregarnos y acabar con las tentaciones de división que nos han mantenido dispersos hasta hoy.

Esto implica un cambio de mentalidades. Nadie puede transformar esto solo. Cada cual debe asumir su compromiso y usted sabe que con su cambio de actitud puede contribuir a forjar la Colombia nueva que anhela el país. Estoy hablando de una movilización de todos, de una revolución personal e íntima, de una unión para cambiar la sociedad.

La clave está en el ejemplo. El que usted puede dar desde donde le corresponde. El ejemplo en su familia, ante los amigos, en el trabajo, llegándole al alma a los demás, para hacer las cosas de otra forma, a lo bien. Se trata entonces de reunirnos entre todos para abrirle espacio a quienes estén dispuestos a los mayores sacrificios para sacar una Colombia nueva adelante.

El primer paso para fortalecerla es tomar consciencia. Dejar atrás los prejuicios y los miedos que la bloquean. He visto hombres y mujeres atemorizados por la barbarie y la violencia, que sienten que el país no es viable como está, pero prefieren hundirse con él antes que intentar algo nuevo. Estoy convencida que la forma para salir de la trampa es atreverse a mirar afuera, afrontando la realidad, buscando la verdad por más dura que ésta sea. Sólo si usted, yo y todos entendemos qué pasó, podemos elegir, y repetir la historia o tomar otro camino, y darnos la oportunidad de alcanzar eso que tanto queremos.

Por eso la búsqueda de la verdad no es un ejercicio caprichoso. Tenemos con ella una relación de vida, espiritual y mística, si se quiere. Ella es la que libera. Ella es la que nos conecta con nuestra esencia. Solo con ella es posible construir una sociedad de confianza, que nos permita vivir en paz.

Siento que la mayor motivación en la vida está precisamente en contribuir a su construcción. Usted y yo estamos llamados hoy a aportar. Todos debemos hacer una elección. Yo ya he fijado mi conducta. He creído necesario encarnar una nueva manera de proceder en el ámbito político. Me he rebelado, no he callado y he decidido actuar. Este libro es mi contribución para develar las conjuras que se tejen a la sombra del poder. Mi mayor anhelo es que ello permita avanzar hacia la recuperación para Colombia de su consciencia. Y por lo tanto de su rango, su equilibrio y su dignidad.

1

Diciembre del 96. Faltan pocos días para salir de vacaciones, las sesiones del Congreso están por terminarse. Como siempre, pero aún más que de costumbre, estoy corriendo contra el tiempo, entre mi oficina donde las citas no dan descanso y la plenaria donde debo intervenir. Tengo treinta y cinco años, y soy representante a la Cámara desde hace dos años.

A eso de las tres y media de la tarde, estando en audiencia a puerta cerrada en la oficina, mi secretaria abre la puerta.

— Doctora, una persona quiere verla urgentemente. Es un señor...

— ¿Tiene cita?

— No. Pero insiste en verla.

El debate en la Cámara empieza a las cuatro de la tarde. Reflexiono por unos instantes…

— Lo recibiré después de esta persona, dígale que siento mucho pero que sólo podré atenderlo unos quince minutos.

Veo entrar a un hombre elegante, de aproximadamente cuarenta años, estatura promedio, ni buen mozo ni feo, de tal manera que después seré incapaz de describirlo, de identificarlo.

— Tome asiento, por favor.

— Gracias. Doctora nosotros estamos muy pendientes de sus actuaciones y tenemos una alta estima por la labor que usted está desempeñando…

Intercambiamos una sonrisa. Estoy frente a él, sentada con los codos sobre el escritorio, la espalda recta, rígida; supongo que viene a pedirme algún favor especial, como lo hace la mayoría de las personas que solicitan verme.

— Es por eso que yo quería entrevistarme con usted, doctora. Estamos muy preocupados por usted; Colombia está atravesando por un período de grandes tensiones, de mucha violencia, hay que ser más prudente que nunca, tener mucho cuidado…

En ese momento yo veo que frunce el seño, su semblante cambia y mira hacia el otro lado.

Estoy acostumbrada a este tipo de conversación. La mayoría de las personas con las que me cruzo por donde quiera que vaya y que me apoyan, comparten esta obsesión por el peligro; las mujeres en particular me aseguran con afecto, que rezan para que no me pase nada y para que Dios me proteja. Cuando esto ocurre trato de convencer a mis interlocutores que no

corro ningún peligro, que mi seguridad está perfectamente organizada, porque pienso que el gobierno le
saca provecho a esta angustia que padecemos los
colombianos. No tengo la menor duda que la mejor
manera de aniquilar la esperanza de un pueblo, es
convenciéndolo que el que se atreva a hablar, a denunciar, será irremediablemente eliminado.

— No se preocupe, yo estoy perfectamente bien
protegida, tengo a mi alrededor un dispositivo de seguridad discreto pero eficiente, usted no tiene que temer
nada. De todas maneras, le agradezco su interés, pero
dígame, ¿qué puedo hacer por usted?

De manera bastante curiosa el hombre repite las
frases con las que había iniciado esta entrevista y que
yo había interpretado como una introducción cortés,
pero esta vez lo hace con una mirada cortante.

— Yo tenía un gran deseo de conocerla doctora,
pero si yo estoy aquí es, sobre todo, para prevenirla.
Nosotros estamos extremadamente preocupados...

— Es usted muy amable, y agradezco su preocupación, pero tengo muy poco tiempo. Mi secretaria seguramente le advirtió.

Y miro ostensiblemente mi reloj.

— Usted no ha entendido, me contesta él con una
voz seca, yo le estoy diciendo que usted realmente
tiene que cuidarse.

Esta vez no veo ningún rasgo amable en su cara.
Está totalmente inmóvil y me mira fijamente con dure-
za. Me doy cuenta en ese momento que él no es el
hombre que yo pensaba, no es ni el ciudadano desam-
parado que pide ayuda, ni el admirador que yo ima-
ginaba, pero si un individuo con la misión de decirme

algo muy concreto. Inmediatamente mi voz cambia de tono.

— ¿Cuál es el mensaje? Le pregunto con una ligera sonrisa. ¿Usted me quiere transmitir un mensaje? ¿No es así?, ¿De qué se trata? ¿Me está usted amenazando?

— No, esto no es una amenaza. No estoy aquí para asustarla, sino para advertirla. Usted tiene que saber que su familia está en peligro. Yo le estoy hablando en nombre de personas que le aconsejan irse del país, porque la decisión ya fue tomada. Para ser aún más precisos, doctora, ya pagamos los sicarios.

Me pongo pálida, seguramente. En ese instante sé que no me está mintiendo. La palabra "sicario" actúa como un detonador. Veo hombres en moto, con la misión de matarme.

Me doy cuenta que pasé una etapa, una línea roja. La fase de las intimidaciones se acabó. Seis meses antes, durante una noche helada del mes de julio, salía yo del Capitolio, cuando de pronto sentimos disparos sobre mi carro y el de mis guardaespaldas. No hubo heridos, yo traté de convencerme a mí misma que habíamos pasado por el sitio equivocado en el momento equivocado.

En resumen, lo que usted está tratando de decirme, dije hablando pausadamente y mirándolo fijamente a los ojos, es que ustedes me van a matar.

— Yo sólo le estoy diciendo que se vaya, porque las medidas ya fueron tomadas.

Y el hombre se levanta, me da la mano, se despide cortésmente y se va.

¿Será que me despedí? ¿Que le devolví la sonrisa? Pudo ser. No lo recuerdo. Estoy ahora sola en mi oficina totalmente aturdida. No puedo pensar en nada, como si me hubieran vaciado la cabeza. Algunos segundos pasan antes que vuelva a mí misma y recobre la fuerza de llamar a mi secretaria.

— Luz Marina, ¿ese tipo de dónde venía? ¿Cómo fue que entró?

— Yo no sé. Él estaba ahí en la oficina…

— ¿Cómo se llama? ¿Anotó su nombre por lo menos?

— No… Yo estaba convencida que la doctora lo conocía, que era uno de sus amigos.

Al Congreso no se puede entrar sin la autorización de un parlamentario, sin presentar un documento de identidad, y él entró derecho sin que se le exigiera ningún documento, ni se le formulara ninguna pregunta.

— ¿Qué debo hacer?, ¿a quién tengo que avisar?, ¿a la policía? Pero la policía trabaja para el gobierno y ese mismo gobierno es el que me quiere hacer callar. Más específicamente el Presidente, Ernesto Samper, puesto que soy de las únicas en haber denunciado la corrupción desde hace varios meses. Pensándolo bien mi visitante forma tal vez parte de los servicios de seguridad, lo que explicaría que haya podido atravesar el Capitolio sin ninguna restricción. Por unos instantes, me siento envuelta en la más negra de las pesadillas. No tengo a nadie para protegernos. Es posible que nos maten dentro de un momento, esta tarde, esta noche… El hombre dijo: "Su familia está en peligro". Melanie y Lorenzo, mis hijos, Juan Carlos, con quien yo vivo. ¿A quién puedo recurrir? No tengo a nadie, no tengo ninguna manera de protegerlos, de eliminar la amenaza que existe sobre ellos. En algún lugar de Bogotá unos hombres han sido pagados, armados y esos

23

hombres nos pueden caer encima en cualquier momento.

¡Recoger los niños rápido! Melanie sólo tiene once años, Lorenzo, siete. Loli, mi chiquitín... Ellos están en el Liceo Francés, esto no es ningún secreto, cualquier persona puede saberlo preguntándole a mi portero, a nuestros vecinos. Cualquier persona. Mi conductor los lleva por la mañana y por la tarde los recoge él, o yo, cuando puedo. Yo tengo guardaespaldas permanentemente, pero ellos no tienen ninguna protección. Sí, recogerlos, rápido. Cada hora, cada minuto que pasa, puede estar cargado de una desgracia imposible de expresar, que no quiero ni siquiera imaginar...

— Luz Marina, debo irme, esto es muy urgente. Cancéleme todo, excúseme de plenaria, yo la llamo mañana.

Dejo todo tirado. El corazón me está latiendo a gran velocidad, estoy casi sin respiración. Corro por los interminables pasillos del Congreso, atravieso las puertas de seguridad. Ojalá que... Sí, mi conductor está ahí parqueado discretamente en la desembocadura de una calle al lado de la plaza de Bolívar.

Me vio, prende el carro. Tengo total confianza en este hombre, hemos vivido juntos momentos de angustia y es tal vez gracias a él, a su habilidad, a su sagacidad, que pudimos escapar de la emboscada seis meses atrás.

— Los niños, Alex. Apúrele, yo le explico después, recojámoslos en el colegio y luego nos vamos para la casa.

Pobre Alex. Es la hora pico en Bogotá, la hora en que la gente sale de sus oficinas, en la que los seis millones de bogotanos se amontonan en esos buses destartalados, cuyos motores botan grandes cantidades de gas contaminante, dejando un humo negro, sofocante a su paso. Ese es el único sistema de transporte masivo que nos deja nuestra clase política indigna, a finales de este año 96. Bogotá no tiene ni metro ni tranvía, sólo amplias avenidas deterioradas y llenas de huecos, las cuales en este preciso momento de la tarde, entran en furiosas convulsiones. Alex logra desenvolverse con perspicacia, entre los buses y los trancones, y mi escolta nos sigue.

Ahora debo avisarle a Juan Carlos para que se reúna con nosotros en la casa. Juan Carlos es sólo un poco mayor que yo, pero es un hombre sólido y sereno. En los peores momentos de este año que acaba de pasar, él siempre ha estado a mi lado, para aconsejarme, a veces para protegerme, y también para reconfortarme.

— ¿Juan Carlos? Soy yo. Ha pasado algo muy grave, tengo que hablar contigo cuanto antes. ¿Puedes venir ya?

— ¿En dónde estás?

— En el carro, voy a recoger a los niños y luego vamos a casa.

— Estoy con ustedes en media hora. Tengan mucho cuidado.

El tráfico está más suave ahora. El Liceo Francés, vecino de la embajada de Francia, está situado en el barrio más residencial del norte de Bogotá. Aquí, los edificios y las casas particulares están protegidos por sistemas de seguridad sofisticados y por celadores armados en cada esquina.

¡Loli al fin! Lorenzo sale del colegio, totalmente sorprendido de verme, despelucado, la maleta llena de libros y mal cerrada.

— ¡Loli, mi amor!…

— ¿Mamá qué te pasa, todo está bien?

— ¡Sí, sí, todo está bien! Pude cancelar unas reuniones y tenía ganas de pasar la tarde con ustedes.

Luego sale Melanie, se parece mucho a mí, pero en versión mejorada.

— ¿Mami qué haces aquí? Creí que no te íbamos a ver esta tarde.

— Cambié de planes. Vamos a preparar las vacaciones. Dáme un beso, mi mela caramela… Loli, dame tu maleta.

Lorenzo me habla de la Navidad, de un espectáculo que están montando en su curso, pero yo ya no lo escucho. Observo a Alex abrir la puerta, apurar con cariño a los niños para que suban rápido al carro y de manera instintiva mis ojos recorren la calle. Dios mío, ¡ojalá que no aparezca ninguna moto! No me fijo en los carros, los sicarios no andan en carro.

— Alex tenga mucho cuidado con los tipos en moto, por favor.

Alex se ríe. ¡Increíble, pero se está riendo!

— ¿Cuáles tipos en moto? ¡Don Juan Carlos anda en moto!

— (…) Sí, es verdad. Tiene razón, no había pensado en eso.

Claro, Juan Carlos anda en moto; los que andan en moto no son necesariamente todos sicarios… No todos…

Los niños están tomando onces en la cocina, los oigo reír. Mientras tanto, en la sala, le repito a Juan Carlos las palabras del hombre. Las gravé de manera muy precisa en mi memoria, con el ritmo y la entonación exactos. El pasar de las horas les ha dado una resonancia aterradora, implacable, macabra.

— Hay que sacar los niños del país, Ingrid.

— Sí.

— Llama al papá a Nueva Zelanda y dile que los llevamos en el primer avión que encontremos.

Sí. Juan Carlos dice con palabras lo que yo ya sé, lo que decidí durante el trayecto interminable entre el Congreso y el Liceo Francés. Él no sabe hasta qué punto me ayuda el hecho de oírlo a él enunciar lo que para mí representa el horror absoluto: Desprenderme de los niños. Presiento que será por un tiempo largo, años tal vez. Es como si Juan Carlos al legitimar ésta decisión, me descargara de una parte del dolor.

Él dice que hay que hacerlo, pero sus ojos me dicen también en silencio, que estará ahí, conmigo para ayudarme a soportar su ausencia, su vacío, el abismo al borde del cual tendremos que vivir de ahora en adelante. Que él estará ahí, cerca de mí.

En ningún momento me sugiere que renuncie a la lucha que emprendí contra la corrupción del Estado. Hasta ahora ha sido sólo un grano de arena, nada más, en una maquinaria cuyos engranajes, han aniquilado a los escasos inconscientes que han osado enfrentarse a ella.

Pienso en Luis Carlos Galán, de quien mi mamá fue muy cercana, candidato a la Presidencia, asesinado durante una manifestación política en la plaza principal de Soacha, en 1989.

Luis Carlos tenía cuarenta y seis años cuando murió. Yo he querido retomar la bandera que él izó y algo se ha logrado puesto que en 1994 me eligieron como representante a la Cámara por Bogotá con la más alta votación del partido liberal, el partido de Galán. Por todos nosotros, a quienes la clase política desprecia y engaña, iré hasta el final. No voy a ceder, no importa el precio que haya que pagar. En estos momentos siento un profundo agradecimiento hacia Juan Carlos por el hecho de no haber puesto en duda, ni un solo instante, este compromiso.

El papá de mis hijos es francés, diplomático, y ejerce en ese momento funciones de consejero comercial de la embajada de Francia en Auckland (Nueva Zelanda). Nosotros nos separamos en 1990 y Colombia tuvo mucho que ver en esa decisión. Pero una vez que se desvanecieron los efectos inmediatos de la ruptura, una amistad fuerte y particular se construyó entre nosotros y volvimos a encontrar intacta la estima del uno por el otro.

— ¿Pasó algo? ¿Fueron amenazados?

— Amenazados. Sí. Nada más. Están bien, están aquí, no te preocupes, pero no puedo vivir más así, ellos tienen que irse.

— ¿Definitivamente?

— No sé, pero en todo caso por un tiempo. No puedo explicarte todo por teléfono… Necesito que me ayudes.

— Cuenta conmigo. Tomen el primer vuelo… Ingrid ¿Estás bien? ¿No estás sola?

— No. Juan Carlos está aquí, él va a viajar con nosotros.

Bueno, hablar con los niños ahora, mientras que Juan Carlos busca cupo en un vuelo internacional, cualquiera que sea, lo importante es salir de Colombia; nos las arreglaremos después para llegar a Aukland…

— Melanie, Loli, escúchenme, tengo que decirles algo muy importante. Vamos a pasar la Navidad en Aukland…

— ¿Donde mi papá? Pregunta Melanie.

— Sí, exactamente donde Fabrice.

— ¡Me parece genial!

— Sí mi corazón. Es genial. Lo único es que debemos irnos antes de lo que habíamos pensado.

— ¿Antes de que empiecen las vacaciones en el colegio?

— Sí. En realidad mañana por la mañana.

— ¡Pero eso es imposible mamá! Dejamos todas nuestras cosas en el colegio.

— Le avisaremos al colegio, no te preocupes Melanie.

— Entonces nos vamos así, sin despedirnos ni nada… ¿Pero por qué?

— Porque sí, mi amor, no puedo explicarte todo ahora. Hablaremos de esto después, ¿de acuerdo? Acepta la situación tal y como se presenta, yo sé que es un poco apresurado, pero de todas maneras, ¿no te parece rico?

— Sí, sí…

— Y tú Loli, no te preocupes por tu espectáculo, voy a hablar con tu profesora… Bueno, ahora a alistar maletas.

Todo está arreglado, tenemos cuatro pasajes para Los Ángeles, salimos mañana por la mañana. Juan Carlos y yo casi no dormimos esa noche, con la luz encendida y atentos a todos los ruidos insólitos. Esa gente mata. De eso estoy segura. Durante este año que está por finalizar, mientras se llevaba a cabo el juicio en contra del presidente Samper, y sintiéndome sola, lucho desesperadamente por lograr un proceso más limpio, veraz y objetivo, tratando de dar a conocer públicamente las pruebas de su culpabilidad, veo cómo uno a uno los testigos fueron asesinados. Yo guardé los periódicos, las fotos tomadas por la policía, para no olvidar sus caras, y sus miradas, que se apagaron para siempre. Había conocido algunos de estos testigos, y sigo obsesionada por su muerte; por ellos también quiero dar testimonio y por consiguiente, seguir adelante. Sin embargo, yo que de costumbre soy fuerte, me siento frágil durante estas larguísimas horas, terriblemente vulnerable, porque ésta vez el riesgo no recae únicamente sobre mí y la sombra espantosa que vuela sobre mis hijos aniquila mis fuerzas y me tritura el corazón. ¿Por qué escogí este edificio recostado sobre la montaña ubicado en una calle sin salida? Es un sitio ideal para una emboscada, no existe ninguna escapatoria. De repente surge en mi memoria el secuestro de una niña que se realizó aquí mismo hace algunos años, aparentemente sin ninguna dificultad. Y para acabar con este cuadro siniestro, mi apartamento está en el último piso y por consiguiente se puede acceder a él por el techo…

Aukland es un paraíso comparándolo con el caos de Bogotá. Posesión británica durante mucho tiempo, la ciudad conserva el estilo "cottage" y césped inmaculado, característico de los paisajes plácidos que invitan al ocio y que se encuentran entre Oxford y Brighton, en la provincia de Sussex. Así uno sepa que esto existe, es difícil concebir su realidad cuando se está sumergido a cada instante, como lo hemos estado en Colombia desde hace varias décadas, en la guerra latente, que vuelve febril hasta el aire que se respira.

En el hemisferio sur, el verano está en todo su apogeo. Fabrice, vestido con camiseta y pantaloneta, nos espera en el aeropuerto. Su bronceado hace resaltar sus ojos verdes y una sonrisa ilumina su cara. Al vernos llegar abre los brazos y los niños corren hacia él. Hace sólo veinticuatro horas salíamos de la casa camuflados en el fondo de un carro blindado, angustiados por los veinte minutos que toma el trayecto hasta el aeropuerto, y Nueva Zelanda nos parecía un sueño lejano. Juan Carlos y yo nos quedamos atrás para dejarlos disfrutar del reencuentro. Ya estamos aquí, los niños ya no corren ningún riesgo, están a salvo. Nos sentimos como pasmados, agotados por la fatiga y saturados de emociones.

Fabrice organizó nuestra estadía con la generosidad que lo caracteriza. Nos dejó su casa. Él se fue a hospedar donde unos amigos, para que pudiéramos retomar poco a poco nuestro ritmo normal de vida. La casa está rodeada de un jardín lleno de flores, es amplia, nos parece irreal, pasamos los primeros minutos recorriéndola de cuarto en cuarto con ganas de reír y de llorar, incrédulos, incapaces de tomar decisión alguna. Y luego nos dejamos vencer por el sueño.

Mis papás no están al tanto de nuestra huida, no quise avisarles para no angustiarlos. Ambos viven en

Bogotá, pero en apartamentos separados desde hace veinte años. Tomo el teléfono y llamo primero a mi mamá. Le explico que me va a tocar vivir sin los niños... Mamá se queda callada por unos instantes y luego me dice:

— Ingrid, ¿sabes qué? Voy a ir a pasar Navidad con ustedes.

— ¿Tú harías eso?

— Claro mi amor, verás, vamos a pasar felices.

Esa Navidad, habíamos planeado festejarla con toda la familia en Bogotá..., a pesar de todo estaremos juntos pero en ¡Auckland! Mamá, inteligente y sensible como lo ha sido toda su vida, entendió inmediatamente cuán importante sería para los niños, para mí, el tenerla con nosotros aquí en estas circunstancias.

Apenas cuelgo, llamo a mi papá.

— Lo dicho, dicho está; pasaremos la Navidad juntos: enseguida haré la reserva de mi tiquete.

Ningún comentario por parte del uno ni del otro acerca de mi compromiso político ni sobre el precio exorbitante, que repentinamente éste conlleva, para poder seguir adelante. Yo sé que ellos comparten mi sufrimiento, pero me apoyan en silencio, y esto es lo que me están probando al viajar al otro lado del mundo.

Los días se van encadenando los unos a los otros. Disfrutamos de una vida familiar que hacía mucho tiempo había desaparecido: desayunos en el jardín, largas tardes en la playa, veladas bajo las estrellas sintiendo la caricia del viento tibio del Pacífico. Por la noche, nos acostamos sin cerrar ni puertas ni ventanas. Esta ausencia de llaves, de rejas, de cámaras, de guardaespaldas contribuye al sentimiento de irrealidad que me acompaña. No es mi vida, es un paréntesis, un oasis de cinco o seis semanas. Estoy tan consciente de esto y de manera tan aguda que después de algunos días, no logro conciliar el sueño antes de las seis de la mañana. Bajo una serenidad aparente siento una angustia latente y comprimida. Sentada en la cama escucho el silencio, incapaz de dejarme penetrar por la placidez del sueño. Una noche Juan Carlos se da cuenta de mi insomnio y nos ponemos a conversar. Hasta el final de la estadía, él me acompañará en mis desvelos nocturnos, y nos diremos todo, nuestros sueños, nuestros temores, nuestras esperanzas.

Sin embargo, yo aprovecho estas semanas robadas al tiempo, y eso es lo esencial, para construir en acelerado la vida y el futuro de mis hijos, con el cuidado de una mamá que sabe que no va a estar al lado de ellos durante meses. Me entrevisto con todos los profesores, compro los libros, los cuadernos, los uniformes. Decoramos juntos sus cuartos y nos vamos de compras para dejarlos aperados. Pero sobre todo, me impregno de todos los sitios que recorremos para luego poder imaginar a mi Melanie y a mi Lorenzo en su diario vivir en esta ciudad, en la que ningún niño duerme en la calle, en donde la policía está ahí para proteger a los ciudadanos, en donde la palabra "sicarios" no tiene traducción. El colegio donde los matriculamos, y ésta es una imagen que quiero llevarme en la mente, es una encantadora casa verde en el fondo de un parque lleno de árboles. Nada malo podría pasarle a los niños que frecuentan este edén.

Nos despedimos. Mientras los estoy abrazando en el aeropuerto, de pronto me veo encarnada bajo los rasgos de mi mamá estrechándonos contra ella mi hermana y yo, por última vez, antes de partir para otro continente. Ella también en un momento de su vida, tuvo que vivir lejos de nosotros y dejarnos al cuidado de mi papá. Lo que Melanie y Lorenzo van a vivir de ahora en adelante, descubrir otro mundo, otra cultura, otro idioma, el sufrimiento de vivir lejos, las idas, los regresos, mi hermana y yo lo vivimos varios años antes. Y esto marcó de manera esencial nuestro inicio en el mundo.

2

Mis primeros recuerdos datan de Neuilly, en Francia. Papá tomó una casa al borde del bosque de Bolonia y me veo ahí en el jardín buscando cucarrones. Estamos a principios de los años sesenta, tengo dos o tres años. En el colegio hablo francés, y en la casa oigo hablar todos los idiomas del mundo según las personas que invitan. Y los invitados son numerosos; papá es en ese entonces director adjunto de la Unesco.

Astrid, mi hermana mayor y yo somos unas niñas rodeadas de amor, hijas de una pareja llamativa que se codea con el mundo cultural parisino y a quien visita la mayoría de artistas extranjeros que están de paso por la ciudad. Papá tiene alrededor de cuarenta y cinco años, fue hace algunos años Ministro de Educación en

Colombia y se murmura entre la élite política, que él podría ser un día Presidente de la República. Mamá no tiene sino veinticinco años, fue reina de belleza antes de mi nacimiento, pero es sobre todo conocida en Colombia por su obra con los niños de la calle, los gamines de Bogotá.

Aprovechando la popularidad que le confirió su belleza logró que el Ministro de Justicia de ese entonces, Germán Zea Hernández, le prestara la antigua cárcel de mujeres en pleno centro de Bogotá, y ahí empezó a recibir a los niños de la calle.

El fervor que sienten tanto el uno como el otro por la niñez desamparada, por los jóvenes "sin futuro", fue trascendental en su encuentro. Gabriel Betancourt es un Ministro de Educación apasionado por su labor y aún soltero cuando le presentan a Yolanda Pulecio, de quien se habla mucho porque fundó el primer *Albergue Infantil* y se ha dedicado a conseguir para estos niños un universo amable que les permita desarrollarse dignamente como seres humanos.

Mi padre, por su lado, también tiene una historia por contar. En 1942, siendo estudiante decide acudir a la Compañía Colombiana de Tabaco con la idea de proponerle un trato inusual: que le financien sus estudios de postgrado en Estados Unidos, a través de un préstamo que él sabrá devolver una vez se gradúe. La Compañía, cuyo lema es "para progresar es necesario servir", accede a tan extravagante solicitud, sin más garantías que la palabra empeñada. Una vez instalado en Estados Unidos se da cuenta que la mayoría de sus compañeros de carrera no tendrán la misma oportunidad. Esta es la razón por la cual decide trabajar, para su tesis de postgrado en un proyecto que marcará su vida: el diseño de una entidad para financiar los estudios de los colombianos. Años más tarde, convertirá su tesis en realidad con la creación del ICETEX, entidad que hasta hoy ha ayudado a más de tres millones y medio de beneficiarios. Lo interesante, es que así nace el concepto de "crédito educativo", puesto que para la época aportar recursos a la educación, no era considerado como una inversión rentable por el sistema financiero.

Mis papás se casan al final de los años 50, Astrid nace en 1960 y yo al año siguiente. Inmediatamente después de mi nacimiento, partimos para Washington. Papá se integra como Presidente de la Comisión de Educación al equipo constituido por el Presidente Kennedy para lanzar su plan estrella, la "Alianza para el Progreso", programa encaminado a impulsar el desarrollo de los países de América Latina. Lo nombran Presidente del la Comisión de Educación. El asesinato de Kennedy pondrá un término a esta iniciativa y papá guardará por ellos una inmensa tristeza. Es precisamente en ese momento que lo nombran en la UNESCO y nos instalamos en Neuilly. Tengo el recuerdo de unos padres sumamente ocupados pero que logran abstraerse del torbellino de sus actividades para sentarnos en sus rodillas, responder a nuestras preguntas, y leernos un cuento. Papá nos escucha, sonríe, tiene gran paciencia para explicarnos cualquier inquietud que tengamos, pero no juega con nosotras: "Yo soy muy viejo para jugar, pero puedo leerte un cuento, escoge un libro". Él es alto y fuerte, tiene la frente amplia, el pelo oscuro y anteojos con una montura gruesa y cuadrada de carey. Sin embargo, la severidad de su fisonomía se desvanece cuando sonríe. ¡La sonrisa de mi papá!... Toda la bondad del mundo regada sobre nosotras. Mamá, ella, sí juega mucho con nosotras; es espontánea, sensible, llena de energía, es una mezcla de Audrey Hepburn con algo de Sofía Loren. Ella es el sol, la alegría, la ternura; sus raíces italianas se reflejan en todo su ser.

Para seguir a su marido ella tuvo que dejar el albergue en manos de una junta directiva que conformó en Bogotá antes de irse, pero aprovecha su estadía en Francia para estudiar el sistema francés de ayuda a la infancia. Se impregna de los cursos que toma y de las entrevistas que logra hacer gracias a la posición de mi papá. Francia en ese entonces debe enfrentar la llegada masiva de los colonos franceses expulsados de Algeria, como consecuencia de su independencia, y mamá encuentra en esta situación similitudes con la afluencia en Bogotá de las familias de campesinos que llegan huyendo de la miseria y de la violencia en el campo. Son los niños de estas familias los que recoge en las calles, casi muertos de hambre. ¿Cómo hace Francia para acoger a estos "*pied-noirs*", como se les dice en Francia, cómo hace para suplir sus necesidades de vivienda, de educación y de empleo? Mamá escucha, observa, toma miles de apuntes y elabora planes de acción, mientras espera su regreso, para convertir al Albergue en lo que es hoy en día: un modelo de organización de ayuda a la infancia en el país.

Este regreso a Bogotá se da en 1966, el año de mis cinco años. El Presidente de la República recién elegido, Carlos Lleras Restrepo, le ofrece el Ministerio de Educación a mi Papá, quien se encuentra entonces por segunda vez, frente a la misma cartera ministerial. Para

Astrid y para mí, más que un reencuentro con Colombia es un descubrimiento. Como hablamos con la misma fluidez tanto el español como el francés, nos matriculan en el Liceo Francés, el mismo colegio en el que estarán mis hijos veinticinco años más tarde. Para mamá comienza también, una nueva vida. Tiene apenas treinta años y da sus primeros pasos en la política.

El alcalde de Bogotá, Virgilio Barco Vargas, la nombra como directora del Departamento de Bienestar Social de Bogotá. Mamá es una de las primeras mujeres que accede a una responsabilidad de esta envergadura en la capital del país. Esta posición incrementa su popularidad pero a los colombianos que han padecido con demasiada frecuencia el abuso de la clase política, les cuesta trabajo creer en ella. Están a la espera de ver si esta joven dama conocida por su belleza y su gran corazón no va a olvidar ahora sus compromisos y aprovechar más bien el poder para enriquecerse, como lo hace la mayoría de los políticos. Pero, muy rápidamente, mamá tiene una iniciativa de gran importancia. La creación de una entidad para asegurar el bienestar de las familias. Ella aporta al proyecto todo lo que aprendió en Francia y para Colombia que nunca se ha preocupado seriamente por la suerte que corre la gente de escasos recursos, esto constituye una innovación. Una innovación de tal magnitud que la esposa del Presidente entendiendo el partido que se le puede sacar, decide tomar las riendas de la iniciativa. A mamá no le importa. Contrario a papá, que siempre está pendiente de que su nombre quede atado a las reformas que él ha iniciado, mamá deja que otros abanderen sus proyectos, y la gente termina queriéndola aún más por su desprendimiento.

Al final de los años sesenta la popularidad de Yolanda Pulecio se va acrecentando, así como la confianza que ella inspira al pueblo y en particular a la gente más humilde; en ese momento se espera que ella pueda acceder a funciones importantes a nivel nacional. El camino que sigue papá es más complejo: después de haber llegado muy cerca a la cima del poder, su ascenso político va a verse repentina y definitivamente frustrado; este hecho va a desgastar poco a poco la relación de pareja entre ellos, hasta provocar su ruptura.

Por tener fama de ser un Ministro de Educación de integridad excepcional, un grupo de industriales y de jóvenes tecnócratas formados en Estados Unidos, ven en él a un hombre que podría sacar a Colombia de su corrupción y abrirle las puertas a una democracia moderna. Es así como le piden que se presente como candidato a la Presidencia. Después de reflexionar decide no aceptar la propuesta. Piensa que no es el momento. Mamá piensa lo contrario: ella cree que es precisamente el momento oportuno, que el pueblo colombiano necesita con urgencia un hombre como él y que él no tiene derecho a eludir esa responsabilidad.

Paralelamente a este debate que se da en un círculo muy estrecho, papá maneja el ministerio a su manera, técnica y cortante, rechazando las componendas, las decisiones tibias y más generalmente todo lo que se asemeje a un mercado interno de favores. En un país en que con contadas excepciones cada Ministro distribuye los puestos de su cartera a aquellos que le aseguren el voto de sus familias en las elecciones siguientes, papá pone como condición para aceptar su nombramiento, la de escoger él mismo sus colaboradores en función de sus capacidades técnicas y no de su peso electoral. Les cerró la puerta a todos los "lagartos" de turno y peor aún, puso a los parlamentarios que desearan una cita con él a motivar con antelación y por escrito su solicitud; técnica ciertamente eficaz para desalentar solicitudes de dudosa intención. Todo esto termina por disgustar y, al terminar el año de 1968, bajo la presión de una clase política que no soporta más éste ministro inflexible, y demasiado altivo, el Presidente Lleras agradece su labor y lo nombra... embajador de Colombia ante la Unesco. Una manera cortés de exiliar a un hombre que se ha vuelto incómodo.

En enero de 1969 partimos nuevamente hacia París. Pero esta vez para mamá es un desprendimiento desgarrador: debe abandonar los proyectos iniciados en la alcaldía de Bogotá ¿y con qué fin? Para seguir a un hombre que la decepcionó profundamente al haber rechazado la candidatura a la Presidencia de la República. Puede que en ese momento ella no haya formulado de esta manera el vacío que sintió al irse. Sin embargo, esto lo entenderá así años más tarde.

Sí. Papá renunció al desafío al cual ella soñaba y para mamá, es muy claro que este prestigioso nombramiento como embajador es en realidad un retiro dorado. Con sólo treinta y tres años, el apartarse de su país la aterra aún más, siendo consciente de los grandes problemas sociales que padece Colombia y sabiendo que ella podría realmente ser útil en la solución de algunos de ellos especialmente en los que tienen que ver con la niñez abandonada.

Nos instalamos en París, en la prestigiosa avenida Foch, en un apartamento inmenso decorado con gusto

41

y refinamiento: muebles del siglo XVIII, cuadros de grandes maestros —me acuerdo en particular del San Jerónimo de Albrecht Dürer que nos asustaba de noche—, porcelanas chinas, tapetes de ensueño... Mis papás tienen una vida social agitada, asisten a numerosas invitaciones y organizan una vez por semana recepciones de doscientos o trescientos invitados. En este torbellino de actividades ya no tienen prácticamente tiempo para preocuparse de los pequeños detalles de nuestro cotidiano y es por eso que contratan a Anita, una niñera portuguesa que ha conocido todas las convulsiones del siglo, porque nació alrededor del año de 1900. Anita tiene la inteligencia de la vida y con ella, con quien nace una relación de ternura infinita, tendré mis primeras conversaciones "trascendentales". "Ingrid, tú nunca debes olvidar, repite ella con frecuencia, que el mundo no es a la imagen del que te rodea hoy en día. La realidad es dolorosa, la vida es difícil, y un día tal vez lo sea también para ti. Tú tienes que ser consciente de esto y prepararte para ello". Tengo diez años, en la memoria guardo imágenes dolorosas y violentas de Colombia: el recuerdo muy presente de los niños que recoge mi mamá en la calle y comprendo perfectamente lo que ella me dice y la quiero por eso, porque sé que para ella no soy sólo una niña bien educada y con suerte. (Para ella, por ejemplo, es una suerte que hubiera podido hacer mi primera comunión con el Papa Pablo VI, durante el viaje del Pontífice a Colombia en agosto de 1968). Porque es la prueba que ella me toma en serio y cree en mí.

En las mansardas del edificio fastuoso en el cual está nuestro apartamento, viven Monsieur Constantin y su perrito Pat. Mis papás contratan a Monsieur Constantin como mesero extra para cada recepción, y para mí, que adoro los animales, la llegada de Pat es toda una fiesta. Rápidamente, el interés común que sentimos por ese perrito me acerca a Monsieur Constantin. Nos volvemos amigos y la vida de este viejo aristócrata ruso, ilustra perfectamente lo que me cuenta Anita con sus ojos bondadosos de abuelita. Monsieur Constantin quien en otra época fuera influyente y reconocido, se vio obligado a huir de Rusia, después de la revolución Bolchevique. Su familia, toda su familia fue exterminada, perdió su fortuna y desde hace muchos años sirve pasabocas a personas que lo miran sólo como un criado. Pero su cultura es inmensa… Siento un profundo afecto por este hombre modesto y refinado. Y pienso que lo que le sucedió a él, también me puede suceder a mí.

Astrid y yo entramos al "Institut de l'Assomption", en la calle Lubeck, en el corazón del barrio XVI, como muchas niñas francesas bien nacidas. Por lo general, tomamos el "82", un bus que nos deja frente al colegio. Excepto cuando Fernando Mazuera, un amigo de mis papás, el magnate de la construcción, que vive al frente de nosotros, nos da la sorpresa de enviarnos su chofer… en su flamante Rolls Royce. Cuando esto ocurre, nos sentimos muy orgullosas de llegar al colegio rodeadas de ese lujo momentáneo. Pero Anita siempre está ahí, atenta, para que mantengamos los pies sobre la tierra. Es por eso, que nos salvaremos de caer en los espejismos de las apariencias. Sabemos que eso no es lo nuestro.

Mis papás también están vigilando, porque bajo el lujo que los rodea hay una realidad que no se nos escapa. En las cenas privadas que organizan en la casa, reciben a numerosas personalidades de la política colombianas que son muy cercanas a ellos. Me acuerdo en particular del ex Presidente Carlos Lleras Restrepo. Papá conserva intactos los sentimientos de amistad y cariño que tiene hacia él, pues comprende por que Lleras lo retiró del Ministerio de Educación.

Veo también en mi memoria a Misael Pastrana, Presidente de la República en ejercicio en esa época, y padre de Andrés Pastrana. También al maestro Botero (padre del futuro Ministro de la Defensa Fernando Botero, con quien tendré duros enfrentamientos y quien acabará preso veinticinco años más tarde…), a Virgilio Barco, futuro Presidente de la República también, a Miguel Ángel Asturias y a muchos más. Todas estas personas inteligentes parecen estar terriblemente preocupadas por el futuro de Colombia. Una noche me pongo a escucharlos y estoy tan conmovida por lo que oigo, que cuando me acuestan, me vuelvo a levantar y me escondo debajo del piano, en un rincón de la sala, para seguir oyendo la conversación. La conmoción que siento, y esto lo entenderé más tarde, viene del hecho que tomo al pie de la letra las palabras que acostumbran a pronunciar los adultos. Ellos dicen que la elección de un señor Turbay sería una "catástrofe" para el país, que tal o cual decisión económica conduciría sin duda alguna a "Colombia a un naufragio sin precedentes", y yo me imagino literalmente que el país se va a hundir en un hueco y que la gente va a morir. Volveré seguido bajo ese piano y a veces saldré de allí sudando, el estómago hecho un nudo, al borde del llanto, porque presiento que lo que le espera a nuestro país es terriblemente duro y trastornante como una pesadilla. Hoy en día pienso que mi vocación por la política nació bajo ese piano de cola, a principios de los años setenta.

Entre todos estos invitados, el único con el que entablo una verdadera relación propia de inusitada ternura es con Pablo Neruda. Él vive en ese entonces más en París que en Chile y la puerta de la casa siempre está abierta para él. Pocos adultos saben encontrar las palabras precisas para compartir una emoción con un niño. Él sí sabe, tiene ese don. Como entendí que era poeta, sin estar consciente de su dimensión, y claro sin saber que acaba de recibir el premio Nóbel, le digo un día:

— Sabes, yo también escribo versos.

— ¿Ah sí? Pues intercambiemos nuestros versos, ¿quieres? La próxima vez tú me recitas una de tus poesías y yo te digo una de las mías.

Esta propuesta se vuelve un rito entre nosotros y apenas lo veo llegar, salto a sus brazos e intercambiamos lo mejor de nuestra obra; o por lo menos yo. "Ella es mi colega", le decía él a mi papá. Yo conservé este autógrafo suyo: "Ingrid, te dejo una flor. Tu tío: Pablo Neruda". Él murió en Santiago en 1973.

Mamá, al lado de su marido, bellísima y resplandeciente, ama de casa pendiente de cada uno de nosotros y de cada detalle, se aburre. Su corazón está en Bogotá, todo lo que ocurre aquí en París le parece ligero, superficial frente a las noticias que recibe de su gente en Colombia y que le muestran el desamparo creciente de los niños. Muchas veces, nos transmite sin querer, su malestar, porque en vez de contarnos su velada en el Quai D´Orsay o en el teatro, ella nos describe con

45

un sinnúmero de detalles cómo lograron salvar un chiquito de cinco años, que se alimentaba de los desperdicios encontrados en las canecas de basura de un restaurante... No sé si es por el hecho de sentirla siempre en espera de volver a Colombia que cuando papá nos anuncia que regresamos, estallamos de felicidad. Acabamos de pasar cinco años en Francia, estamos recién llegadas de un año de internado en Sidmouth, en el sur de Inglaterra, en donde aprendimos inglés, y para que la transición no sea tan brusca, mis papás deciden hacer el viaje de regreso a Colombia en barco, y no en avión. Embarcamos en Génova, para una travesía que va a durar un mes. Sorprendentemente, papá, cuyo tiempo siempre estaba contado, está ahora totalmente disponible y sereno. Esto es motivo de una felicidad infinita para mí. Durante largas horas leemos juntos el Archipiélago del Goulag, y sobre todo, conversamos como nunca antes lo habíamos hecho. Hablamos de Francia y de Colombia, de todo lo que hay por hacer en nuestro país para llegar a un equilibrio justo de democracia, de ética, de respeto al prójimo y me dice algo en lo que siempre estaré meditando: "Sabes Ingrid, Colombia nos ha dado mucho. Es gracias a ella que conociste Europa, que estuviste en los mejores colegios y que viviste en un lujo cultural al cual para cualquier niño colombiano es muy difícil de acceder. Todas estas oportunidades que tuviste hacen que hoy en día tú tengas una deuda con Colombia. No lo olvides nunca". Quince años más tarde, me acordaré de estas palabras cuando decida romper brutalmente con mi vida tranquila de esposa y de madre en Los Ángeles, para regresar e involucrarme definitivamente con Colombia.

Tengo trece años y no sospecho que en este trasatlántico estamos viviendo nuestros últimos momentos de concordia familiar. Apenas desembarcamos mis papás compran una linda casa con una bellísima vista sobre Bogotá, sólo a diez minutos del Liceo Francés, en donde obviamente vamos a proseguir nuestros estudios. Nuestra instalación parece estar amparada por los mejores auspicios. Sin embargo, secretamente, mis papás se alejan el uno del otro. Papá viaja sin parar, invitado por la Unesco para intervenir en tal o cual conferencia internacional, apasionado como lo ha sido siempre por el intercambio cultural, pero esta vez, mamá ya no viaja con él. Ella no quiere seguir siendo su acompañante, sonriente y dedicada, quiere vivir su propia vida, darle un nuevo impulso a su obra social en Bogotá. Probablemente ella piensa que se ha sacrificado demasiado por esa vida diplomática tan lejana de su realidad, a sus intereses, y papá no entiende, o no tiene tiempo de escucharla, viviendo como lo hace, subido continuamente en un avión.

Un día mamá decide irse y esto es necesario para que papá mida hasta qué punto ella es importante para él. Tiene ella la intención de alejarse definitivamente? No. Sabremos más tarde que ella, deseaba ante todo, estar un tiempo sola para reflexionar. Pero para él es un totazo al cual decide replicar con un golpe aún más violento, tal vez para no derrumbarse.

Es un sábado por la mañana. Astrid y yo estamos con él, tenemos respectivamente quince y catorce años.

— Hoy voy a trabajar en la casa, nos dice, las voy a llevar al club y las recogeré al final de la tarde.

Sentimos a papá hermético y tenso. Se va y pasamos un día gris. ¿Qué les estará pasando a nuestros papás? Durante tanto tiempo su felicidad nos había parecido evidente, contagiosa, luminosa y de pronto ambos se comportan como si fueran autistas.

Hacia las seis de la tarde, viene a buscarnos. Está muy pálido y se ve agotado.

— Astrid e Ingrid, escuchen. Acabo de vender la casa y todo lo'que había dentro, su mamá se fue y esta vida no tiene más razón de ser. Mientras tanto, ustedes van a vivir en la casa de sus abuelos.

— ¿Vendiste la casa? ¿La desocupaste? ¡Pero es imposible papá, no pudiste desocupar todo en un día!

— Sí, vendí todo, todo.

— Estás loco papá… Tú no estás hablando en serio, no puedes haber vendido todo en una tarde… ¿Y mis perros? ¡Supongo que no habrás vendido mis perros también!

— No, sólo quedan tus perros, vamos a ir a buscarlos enseguida.

Llegamos a la casa, papá abre la puerta de entrada y sentimos un shock. No se me ocurre ninguna palabra para traducir la desolación silenciosa de esas piezas vacías, en las cuales, todavía esta mañana, y a pesar de la ausencia de mamá, podíamos aún creer en la eternidad de una vida familiar. Sólo las huellas que dejaron los cuadros sobre las paredes pueden atestiguar que nosotros vivimos allí. Efectivamente papá liquidó todo, todo desapareció, no sólo los muebles sino también nuestras camas que teníamos desde cuando éramos pequeñas, nuestros libros, y todo aquello que contribuye a forjar la memoria, a luchar contra el tiempo.

Los recuerdos, las fotos... Es una exterminación de nuestra existencia pasada, una manera radical de negarla, de borrar a mamá así como los lazos que nos unen a los cuatro. Astrid y yo lo percibimos como un desastre absoluto e irreparable. A partir de este momento nuestra vida siempre estará dividida entre antes y después de la liquidación de nuestro hogar.

Nunca podremos asimilar este acto desvastador y nunca lograremos evocarlo sin que el dolor nos invada.

Si mamá pensaba aún retomar su vida de casada, ahora esto ya ni se plantea. Al destruir todo, papá apresuró su propia desdicha y entabló una guerra que iba a durar diez años y conmocionarnos a todos profundamente.

El proceso jurídico de separación de cuerpos y de bienes se inicia rápidamente y papá da el tono de la pelea al reclamar nuestra custodia, prohibiéndonos ver a mamá —prohibición que naturalmente no respetamos—. Sobre todo, que para mamá, esta separación se vuelve una pesadilla. Mis papás son personas demasiado conocidas para que la prensa calle este hecho, y además en los años setenta la gente no se separa, esto no se hace. La prensa glorifica a mi papá, ex Ministro, ex embajador y pone en entredicho a su señora por abandonar a un hombre como él. Mi mamá se convierte en la mala del paseo, y todas aquellas personas que le tienen envidia por su belleza y carisma aprovechan para estigmatizarla por su frivolidad, su orgullo, su egoísmo, sentimientos estos que son totalmente ajenos a su personalidad. Ella que se separó de su esposo para recuperar un papel activo en la sociedad, se encuentra juzgada, criticada, difamada y condenada por esta misma sociedad. La injusticia llega a su paroxismo cuando la instancia judicial le retira efectivamente nuestra custodia, a ella que en Bogotá es considerada como "Mamá Yolanda", la mamá de todos los niños desamparados. Astrid y yo estamos totalmente indignadas por la decisión del tribunal. No obstante todo el amor que sentimos por papá, estamos de acuerdo en que él fue una persona muy ocupada durante nuestra infancia, mientras que mamá estuvo constantemente junto a nosotras. Esto nos parece totalmente injusto y repugnante. Así se lo diré a papá, lo que me hará merecedora de mi primera cachetada.

— Ingrid, me dirá él un día: Quiero recordarte que tú no tienes derecho de ver a tu mamá, ella sólo puede tener una pésima influencia sobre ti. A propósito mira lo que escribe esta revista sobre ella. Yo no estoy inventando nada…

— ¡Me importa un carajo lo que escriba la revista o lo que tú puedas pensar de ella!

¡Y zas! ¡Pobre papá!

Es una época terrible para Astrid y para mí, como un callejón sin salida. Nuestro papá, tan sólido en la vida nos da ahora la imagen de un hombre herido, amargado y rencoroso. Tenemos que quererlo mucho, entender la dimensión de su sufrimiento para perdonarlo. Mamá, por su lado sufre también infinitamente, pero en silencio, lo que es aún peor. Para podernos ver a pesar de la prohibición, arrendó un pequeño apartamento cuyas ventanas dan sobre el patio del Liceo Francés y, durante el recreo, nos hacemos señas y nos mandamos besos. Y algunas noches, como papá también se instaló al pie del colegio, esperamos que

50

salga, para correr en camisa de dormir hasta el edificio donde vive mamá...

Es entonces cuando mamá me va a descrestar al darme la más bella lección de coraje y valor posible. Perseguida por la prensa sensacionalista, protagonista de chismes denigrantes en boca de la sociedad, despojada de la autoridad materna, ella se atreve a medírsele al desafío de renovar su mandato en el Concejo de Bogotá, y sin un centavo, sin el apoyo de nadie, se lanza al Concejo, con un eslogan en forma de contrapunteo para aquellos que la acusan de ser una madre indigna: "Déjenme trabajar por sus hijos". ¡Es una mujer maravillosa! Emocionada y llena de entusiasmo, me dedico a colaborarle durante el tiempo libre que me deja el colegio. Pego afiches, distribuyo folletos, la acompaño a sus reuniones públicas. Ella se enfrenta a este reto con rabia en el corazón, el de una mujer que quiere reafirmarse ante ella misma y ante los demás, una mujer que es exactamente lo opuesto de lo que se dice de ella. En los barrios del norte en donde viven los que en otra hora fueron sus amigos, aquellos que la buscaban y que ella recibía en su casa en París, le cierran las puertas, pero en los barrios del sur en donde tratan de sobrevivir las familias de los niños que ella ayudó, la acogen con un increíble cariño. Tuvo que vender sus joyas, su carro, no le queda nada, y recuerdo aún el día en que dos de sus "hijos" Pedro y Tibocha, que ella había recogido años atrás y que ahora son unos hombres hechos y derechos, llegan a su apartamento trayendo en costales un generoso mercado: "para llenar tu nevera mamá Yolanda". Y mamá ríe para no llorar.

51

Tres meses más tarde, ella es elegida, con los votos del sur. En ese momento me convenzo que al final siempre existe una justicia, y que uno nunca lucha en vano.

Sin embargo, ella no va a resistir mucho tiempo en el Concejo de Bogotá. La gente le voltea la espalda, le recuerda a cada paso que es una mujer separada y por lo tanto cuestionada, y veo en el transcurso de los meses que poco a poco su coraje se desmorona. Recuerdo mis furias de adolescente para subirle el ánimo: "Pero mamá, ¡a ti no tiene por qué importarte lo que digan los demás! Es mejor que hablen de ti, eso quiere decir que tú los incomodas. Tu independencia les muestra su incapacidad para enfrentar sus propias verdades. Están celosos, y quisieran verte aniquilada. No te perdonan que sigas con la cabeza en alto. Yo te admiro, mamá y eso es lo que realmente debe importarte". Pero esto no es suficiente, y cuando cumplo dieciséis años mamá acepta con alivio la propuesta de irse a París como consejera de la embajada de Colombia en Francia. Empaca sus maletas para no regresar sino diez años después.

Para mí, su partida es un desgarramiento que se suma a todos los demás. Después de llegar de un colegio de monjas la adaptación al ambiente del Liceo Francés de Bogotá es bastante difícil. Inclusive, las primeras semanas en la mayoría de los recreos las paso encerrada en el baño para no tener que lidiar con el sarcasmo de mis compañeros. Pero luego me endurezco, y la guerra sin piedad que se instaura entre mis papás, relatada además por la prensa, de tal manera que todo el Liceo se entera, hace de mí una adolescente rebelde, combativa y probablemente más obstinada de lo usual. Papá, con quien yo vivo, es a quien le toca soportar mi carácter. Nuestras relaciones son tensas y conflictivas. "Mírame, me dice él en los escasos momentos en que logramos reírnos de nosotros mismos, todas las canas que tengo son por culpa tuya".

Astrid, que acaba de cumplir dieciocho años, y por consiguiente queda libre de la custodia legal de mi papá, se va a vivir a Francia con mi mamá. Yo, estoy solamente reclamando el derecho de pasar un mes de vacaciones con ella y papá se hace el que no oye.

Un día, llego sin avisar a su oficina.

— Papá, con o sin tu consentimiento, voy a ver a mi mamá. Entonces cómprame por favor el pasaje.

Él levanta la cabeza, marca una pausa y me dice con frialdad:

— Te voy a dar el pasaje Ingrid, pero no te doy mi consentimiento. Si realmente quieres irte, tendrás que solicitar autorización al juez que me otorgó tu custodia.

— Muy bien. Dame el nombre y la dirección del juez, iré de inmediato a verlo.

Lo veo sobrecogerse, pero se levanta y busca entre sus papeles los datos que le he pedido.

Los juzgados están en el centro y para ir allá hay que atravesar todo Bogotá, obviamente el orgullo de mi papá no le permite proponerme que él me lleva, me observa sin decirme ni una sola palabra y no veo nada en su actitud que delate preocupación —pese a que una joven sola no se aventura en barrios considerados como peligrosos.

Me subo en un bus, me pierdo, y como si fuera poco en un empujón me roban mi billetera. Finalmente encuentro la dirección del juzgado. Un edificio lúgubre con corredores grises y paredes deterioradas y por todas partes colas y colas de gente que espera. Busco la oficina de "mi juez" y me siento a esperar entre los demás. Aquí alrededor mío todo está sucio y desalentador. Al fin me recibe. Es un hombre calvo, con una actitud amable a pesar de la fatiga y del agotamiento que se reflejan en su mirada. Y yo estoy con la sangre alborotada.

— Me parece totalmente absurdo, le digo yo, que la justicia colombiana obligue a una adolescente a atravesar todo Bogotá con el riesgo de hacerse atracar para obtener la autorización de ir a darle un beso a su mamá. ¿Se da cuenta en qué tipo de sociedad estamos viviendo? ¡Y usted que es juez, está alcahueteando esta vaina! Obviamente esto le parece correcto y absolutamente normal que yo tenga que venir a rogarle por algo que es mi derecho absoluto de hija… Él me deja sacar toda la rabia que tengo por dentro y cuando al fin me callo, me dice: Bueno señorita, ¿qué es lo que usted quiere? ¿Qué le firme un papel para que pueda ir a darle un beso a su mamá? No hay problema, yo le firmo de inmediato ese papel. Tenga, y muéstreselo a su papá. ¿Se da cuenta que no era tan complicado? En todo caso no era como para que se conmocionara de esa manera.

Le entrego la autorización a mi papá. La lee y se ríe, y entiendo en ese momento que se burló de mí, que no había necesidad de ninguna autorización.

— Todo está en orden, mi amor. ¿Cuándo te vas?

Volver a Francia, en pleno verano, ¡estoy tan feliz! No le avisé a mamá y tomé un taxi en el aeropuerto para ir directamente a la embajada de Colombia.

— ¿La señora Yolanda Pulecio por favor?

— ¿Usted tenía cita?

— Soy su hija.

— Ah siga señorita es la puerta de aquí al frente…

La oficina está abierta y vacía. Entro y me escondo detrás de la puerta. Mamá aparece y la veo ir afanada a su escritorio, con los brazos cargados de fólderes.

Cierro bruscamente la puerta, se voltea, me ve y rompe en llanto.

— Mamita…

Ella vive en el boulevard Saint-Germain, en un apartamento pequeño, que no tiene nada en común con el apartamento fastuoso de la avenida Foch. Trabaja, ya no es la esposa del embajador. Pero la veo totalmente realizada. De los amigos de antes queda un círculo restringido, entre los cuales están García Márquez, su esposa Mercedes, a quien mamá quiere especialmente y el maestro Fernando Botero.

No me voy a desprender de ella ni un segundo; durante este mes en París, nos dedicamos a recuperar el tiempo perdido, mamá se dedica a mí, me da gusto en todo, y yo cuento los días, es tan poquito el tiempo frente al inmenso año de separación que nos espera. Empiezo mi último año de bachillerato.

La mujer que soy hoy, nace de ese último año de colegio en Bogotá. Hasta el momento, el año más bello de mi vida, un año de inagotables descubrimientos intelectuales, sensuales y de aprendizaje de la libertad. Me inicio a la filosofía y mi pasión por la literatura se ve estimulada. Monto *El Malentendido* de Albert Camus con el apoyo de la dirección del Liceo y el teatro me apasiona. Este año está marcado por la presencia de mi amiga María del Rosario. Ella será todo, a la vez, mi confidente, mi otra hermana, mi cómplice. Todo lo que hacemos, lo hacemos juntas, hasta el punto de tener un colchón preparado en permanencia en la casa de la una, para la otra. Con ella establecemos las reglas de juego vitales que van a regir nuestro comportamiento. Descubro las noches en vela, las discusiones interminables alrededor de una botella de vino, y yo tan ajuiciada hasta entonces… Conozco mi primer amor.

Durante este año tan agitado y conmocionado, me rehuso a hacer trampa, a mentirme a mí misma, tomo la decisión de que la libertad de descarrilarse, por ejemplo, va necesariamente acompañada de la necesidad de asumir todos sus actos, cualquiera que estos sean. Establezco entonces una relación absoluta con la verdad, en particular frente a mi papá, a quien le digo todo. Le cuento mi vida, mis escapadas y mis llegadas al amanecer con María del Rosario para preparar el examen que debemos presentar a las dos horas siguientes en clase de matemáticas. Y también mi fascinación frente a las emociones del corazón, del amor. Todo lo que es grave y prohibido lo hago durante ese año y no le oculto nada a mi papá. Yo sé que para él es muy duro oír todo lo que le cuento, especialmente porque tiene casi sesenta años, y pertenece a otra generación, pero quiero obligarlo a compartir la verdad de mis vivencias, quiero mantener a toda costa una relación transparente con él, así le salgan muchas canas más.

Cuando oye de mis labios que hice el amor con un muchacho de mi edad, es un golpe terrible para él. Lo veo palidecer y descomponerse. Esto es algo que no puede concebir... Una niña de diecisiete años, sin estar casada... Y sin embargo, yo exijo que me escuche, que me diga lo que piensa, y por qué no, que me aconseje. A mí me tocó asumir los problemas de su divorcio. Ahora le toca a él, asumir lo que me está pasando. Pero él no logra hacerlo inmediatamente y se enclaustra en un silencio culpabilizante. No me dirige la palabra durante dos meses. Nos sentamos en la mesa del comedor sin intercambiar ni una palabra, ni una mirada. Yo me digo a mí misma: Si él quiere castigarse, que se castigue. ¿No me quiere hablar? Pues yo tampoco le vuelvo a hablar... María del Rosario se convierte en un puente entre los dos, tratando de cicatrizar las heridas. Un día cuando llego de un ensayo de teatro, la encuentro a ella preparándole la comida a mi papá... Una manera hermosa de decirme a mí que él también me necesita...

La hermana de mi novio me anuncia que se va a casar y me invita oficialmente al matrimonio. No tengo ningún vestido elegante, nada qué ponerme. Entonces le escribo un papelito a mi papá, ya que sólo nos estamos comunicando así: "Papá, estoy invitada al matrimonio de la hermana de Mauricio, no tengo nada qué ponerme. Ingrid." Cuando lee el papel, veo iluminarse su mirada.

— Bueno, pues vayamos juntos a comprar un vestido, mi amor.

Papá renace a la vida, y yo también. El largo camino hacia mí, él lo recorrió solo, en silencio y ahora estamos de nuevo juntos, cómplices. Me hace medir un vestido, otro, y otro más. Con mi mamá, él nunca se dio ese placer, de vestir a la mujer que quería. Lo descubre en ese momento y sus ojos están llenos de ternura.

— ¿Cuál te gusta más?

— No sé… Me gusta este, porque el negro se me ve bien, el blanco también es lindo, pero el vestido largo me parece ser el más apropiado para un matrimonio, ¿no crees?

— Sí. Pero sabes qué? ¡Vamos a comprar los tres!

Al fin papá está conmigo! Puedo hablarle de Mauricio y él me escucha con la inteligencia y la bondad que lo caracterizan. Pronto Mauricio, me propone que nos casemos también, sin haber yo terminado aún mi último año de bachillerato. Sé que sólo somos dos niños, y estoy consciente de ello, pero tengo también la convicción de amarlo. ¿Tanto como para casarme con él? No sé. Por una parte pienso que esta noticia llenaría de felicidad a mi papá; si Mauricio me propone matrimonio, esto quiere decir que me quiere de verdad, y como papá estima que el amor no puede y no debe sino darse dentro de los lazos del matrimonio…

Él me escucha con atención y su actitud es mucho más extraordinaria de lo que yo hubiera podido imaginar. Infinitamente respetuosa y liberadora.

— Ingrid, esta decisión eres tú quien debe tomarla. Tú sola. Si tú quieres casarte con este joven, cásate. Pero si tú no quieres, no te cases. Tú no debes tomarme a mí en consideración para decidir. Si tú dices sí, eres tú y solamente tú quien va a vivir con este hombre. Piensa muy bien sobre lo que quieres hacer de tu vida y toma tu decisión. Lo que hagas tanto en un sentido como en el otro, estará bien para mí.

Ese día, papá me dio alas. Algunas semanas más tarde rompí mi relación con Mauricio, me despedí de María del Rosario y empaqué mis maletas para Francia.

3

En este año de 1980, soy mayor de edad. Terminé mi bachillerato, vivo en Francia y preparo el concurso de entrada al Instituto de Ciencias Políticas de París, estoy cerca de mi mamá que trabaja todavía en la embajada y lejos de mi papá, quien vive ahora solo en Bogotá. Pero me alejé sólo geográficamente porque mis años difíciles de adolescente me acercaron entrañablemente a él. Papá ya superó el sufrimiento de su separación y pone toda su capacidad de escucha y todo su amor al servicio de mi porvenir. Discutimos largo y tendido sobre mi decisión de entrar a Sciences-Po. Papá tiene sentimientos encontrados respecto a la política, considera que ninguna actividad es más noble que aquella de servirle al país, como él mismo lo hizo en el Ministerio de Educación, pero tiene un profundo desprecio hacia los políticos profesionales que construyen su carrera aprovechándose del Estado y, naturalmente hacia la clase política colombiana que saca tajada de las finanzas públicas. Él quien me veía más inclinada a la filosofía, alejada de toda pugna, no puede concebir que algún día yo forme parte de esa dirigencia corrupta con la cual él rechazó pactar cuando era Ministro. Para decir la verdad, yo tampoco. No me imagino ni por un segundo en ese momento, que quince años más tarde, seré elegida Representante a la Cámara y luego Senadora, gracias a campañas consagradas de lleno a la lucha contra la corrupción… No, pero tengo en memoria las intensas emociones que me sacudían cuando escondida bajo un piano, escuchaba a colombianos eminentes, describir los riesgos que corría nuestro país, si una u otra decisión, no se tomaba a tiempo… El deseo de contribuir a forjar el destino del país, está ya con seguridad sembrado en alguna parte de mi inconsciente, pero no tengo palabras para expresarlo y trato de convencer a mi papá de que Sciences-Po, es lo que realmente corresponde a mis aspiraciones profundas. Y de pronto me acuerdo de cómo los domingos por la mañana, de niña en París, mientras que papá examinaba la prensa colombiana que le llegaba por correo una vez por semana, yo, recostada entre mi mamá y él, devoraba los títulos de las noticias. Si lo veía preocupado, o por el contrario, si se reía de alguna caricatura, yo le exigía que me explicara. Así a veces mis preguntas interrumpieran su lectura, él siempre me complacía.

— ¿Te acuerdas, cuando estaba chiquita cómo me gustaba leer el periódico contigo?

— Claro que me acuerdo, eso divertía mucho a tu mamá…

— Pues fíjate, desde ese entonces la actualidad me apasiona y eso es Sciences-Po. Me encanta la filosofía pero quiero vivir en el presente, en plena acción.

Pero mientras tanto paso largas horas en la biblioteca. Bien lejos del mundanal ruido. Tengo una sed insaciable de aprender y deseo entender cómo funcionan las instituciones, cómo se conjugan el ejecutivo y el legislativo, y detrás de todo esto entrever las posibles fallas del sistema e imaginar los posibles paliativos. ¿Por qué por ejemplo algunas democracias, como la de Francia, logran preservarse de la corrupción mientras que otras como la de Colombia se sumergen en ella? Disfruto intensamente la biblioteca de Sciences-Po, el respeto que se percibe en ella por la reflexión, por el silencio.

Un día de esos, entusiasmada por mis lecturas, decido escribirle una carta a Belisario Betancur, quien se perfila como posible candidato para las próximas elecciones presidenciales en Colombia. La carta termina publicada un año más tarde en El Espectador. Leyéndola hoy, me doy cuenta que desde hace veinte años estoy pensando en lo mismo, y que sin saberlo, ya estaba casada con el país.

Mi deseo por lograr una total inmersión en mis estudios es tan fuerte en ese momento, que decido más bien vivir sola y no quedarme con mi mamá. Una vez más, papá me apoya: "Consíguete un estudio Ingrid, yo me encargo del resto. Aquí estoy".

Es durante esta época de soledad privilegiada que un día en un restaurante, se me acerca un niñito de cuatro años, un bello angelito, me mira con una mirada dulce y azul e intercambiamos algunas palabras. Instintivamente busco a su mamá volteando mi mirada hacia las mesas aledañas, pero me encuentro con la sonrisa de un hombre. Está sólo con su niñito, debe tener alrededor de treinta años. Simpatizamos. ¿La mamá del niño está de viaje? No. Él está divorciado y precisamente está buscando una baby-sitter. Qué casualidad, yo necesito dinero. Reímos.

Fabrice y Sebastián acaban de entrar a mi vida. Fabrice trabaja desde hace poco tiempo en el Ministerio de Relaciones Exteriores de Francia, como agregado comercial. Compartimos el mismo interés por la política, la misma curiosidad por lo que ocurre fuera de nuestras fronteras. Él es francés. De Colombia tiene la imagen de un país convulsionado y violento; una imagen a la cual según él, yo no correspondo realmente. Él creyó que yo era francesa con mi cabello castaño claro, mi collar de perlas y mi francés impecable. Le explico el porqué de mis lazos sentimentales y fuertes con Francia, pero le cuento también mi amor por Colombia. En ese momento no sospecho entonces que diez años más tarde mi imperioso deseo por regresar a Bogotá hará literalmente explotar la historia de amor que está naciendo ahí.

Fabrice es inteligente y culto, con mentalidad abierta, elegante y muy buen mozo... Tiene, en conjunto todos los atributos de la imagen masculina ideal que tengo de mi papá. Rápidamente, tanto el uno como el otro estamos convencidos del mutuo amor que sentimos y con deseos de comprometernos para la eternidad. Y además está Sebastián en medio de nosotros como un rayo de felicidad. Me sorprendo a mí misma, sintiendo hacia él instintos maternales y descubro mis deseos de tener una familia. Nosotros nos casaremos, sí, y viajaremos, tendremos otros hijos, juntos todos nuestros sueños nos parecen accesibles. Estamos fascinados. Tenemos una infinita confianza en nuestro futuro juntos.

Poco tiempo después, Fabrice se va a vivir a Montreal como agregado comercial de la embajada de Francia, y el dolor de estar alejada de él, se compensa en parte por el placer que siento al encontrarme sola con mis libros. Voy a verlo a Quebec y paso allí cortas estadías, pero apenas regreso a París me encierro de nuevo. Ingresé a Sciences-Po y entre más avanzo en mis estudios, más me siento en confianza con los mecanismos complejos que rigen un Estado. Los asuntos públicos me apasionan y ahora estoy en capacidad de entender perfectamente cómo se encajan los engranajes de este extraordinario aparato y también hasta qué punto las democracias son frágiles puesto que dependen estrechamente de la ética personal de cada elegido y de cada funcionario. Sueño con poner en práctica todo lo que aprendo, pero a la vez, no me siento afanada. Mi prioridad una vez que haya obtenido el diploma de Sciences-Po, es la de estar junto a Fabrice. Nos casamos.

En 1984, Fabrice es trasladado a Quito y es allí donde empieza nuestro primer año de vida en común. Para mí, este nuevo cargo de Fabrice es un verdadero regalo. Vamos a vivir en un país fronterizo con Colombia y empiezo a sentir en mí el deseo de regresar pronto al país. Hablamos seguido de esto, pero Fabrice no está muy convencido. Sin podérselo explicar él mismo, Colombia le causa temor. Pero él quiere que tanto él como Sebastián aprendan a hablar bien el español. Pronto lo hablarán perfectamente y sin acento. Quito para mí es entonces, como una primera etapa en el camino del retorno.

O por lo menos, esa es mi esperanza. Pero va a pasar exactamente lo contrario. Estos tres años en Ecuador van a disuadir a Fabrice de pedir que lo nombren en Bogotá. A decir verdad, lo que de allí se ve de Colombia es desalentador y desafortunadamente confirma sus intuiciones iniciales. La economía se estanca y mientras que los narcotraficantes declaran una guerra abierta a las instituciones (asesinato del Ministro de Justicia Rodrigo Lara en 1984), del otro lado la guerrilla decide reactivar la confrontación armada. Es evidente que el país corre hacia un desastre (se cuentan veintitrés mil muertos sólo en el año de 1989. Hoy estamos a más de treinta mil muertes violentas por año), y Fabrice rechaza la posibilidad de considerar criar a nuestros hijos en este huracán de violencia.

Precisamente, estoy esperando un bebé. Melanie nace en septiembre de 1985. Sus primeros pasos no los dará en Bogotá como yo lo hubiera querido, pero en las islas Seychelles bajo el cielo luminoso del océano Índico; un archipiélago paradisíaco en el que acaba de ser nombrado Fabrice. Esta extraordinaria felicidad de tener a Melanie, de vivir la maternidad, hace renacer en mí bruscamente la tristeza que sentí en mi niñez después de la separación de mis papás. Siento en mí la nostalgia de una felicidad que se fue y me sorprendo a mí misma con un sueño de reconciliación, de tener de nuevo una familia unida alrededor de esta niñita que se despierta a la vida. El 25 de diciembre será su primera

Navidad, ese día voy a cumplir veinticuatro años y el 31 de diciembre es la fecha de cumpleaños de mi mamá. Todo esto me inspira un complot cuyos riesgos no logro medir, siendo tan intenso en mí el deseo que funcione. Escribo una larga carta a mi mamá invitándola a pasar la Navidad con nosotros por su nieta, por mí que me siento alejada de mis raíces, y le suplico de no contarle a nadie, para evitar que mi papá se entere, ya que se sentiría herido al saber que ella viene de primeras y que yo no lo invité a él. Luego escribo exactamente la misma carta a mi papá, suplicándole que se una a nosotros y rogándole también que no le hable a nadie de este viaje para que mamá no se sienta dejada de lado, etc. Pocos días después ambos me contestan felices que aceptan mi invitación y me aseguran que sabrán guardar el secreto…

Hace exactamente diez años que están en guerra, ¿cómo van a soportar el hecho de encontrarse reunidos bajo el mismo techo? Es posible que en vez de lograr la concordia la situación se vuelva dramática y que la primera Navidad de Melanie, sea un total fracaso.

Papá llega una semana antes que mamá. Fabrice, mis suegros, todo el mundo sabe que bajo ninguna circunstancia se debe hablar del viaje de mi mamá porque papá sería capaz de regresarse en el primer avión que encuentre. El drama estalla la víspera de su llegada. ¿Quién traicionó la promesa de silencio? Nunca lo supe.

— ¡Ingrid, tú no tenías derecho de hacerme esto! Si tú me hubieras dicho yo no hubiera venido…

— Es verdad, papá, yo hubiera debido avisarles tanto al uno como al otro, pero si yo lo hubiera hecho, tú no estarías acá y yo tenía ganas de estar con ambos. Convengo en que seguramente es muy egoísta de mi parte. Ahora bien, si realmente me quieres hacer un regalo, pasa la Navidad con nosotros y si quieres te vas inmediatamente después.

Van a estar hospedados cada uno en un extremo opuesto de la casa, si no quieren ni hablarse podrán hacerlo. La otra solución es que te regreses en el avión en el que llega mamá, así no tendrás que verla. Esto me causará mucha tristeza, una tristeza inmensa, pero lo entenderé. Yo sé que se me fue la mano, perdóname.

Papá refunfuña. En ese momento pienso que efectivamente va a tomar el avión de regreso, pero al día siguiente a las siete de la mañana, cuando me alisto para recoger a mi mamá en el aeropuerto, veo que duerme tranquilamente y que no ha hecho su maleta.

— Mamá, mi papá está aquí, en la casa.

— ¡Huy Dios mío! ¿Me parece genial, pero él sabe que yo llego?

— Sí.

— ¿Y está dispuesto a verme? ¿Qué te dijo?

— Ya verás.

Efectivamente se necesita ver para creer. Van a pasar un mes fuera del tiempo, apartados del mundo, a hablar, a reencontrar con paciencia buena parte de los lazos que se rompieron de manera tan violenta, a perdonarse, a reír y a llorar. Y yo asistí a esto, con el corazón constantemente conmovido, sintiéndome feliz por ellos y también por Melanie, quien, no sabe nada de sus abuelos aparte de la increíble complicidad que se ve entre ellos hoy. Años más tarde la oiré preguntarle a su abuelo:

— ¿Por qué mamá Landa y tú no viven juntos?

Y él:

— Mi Mela Caramela, es que con todos estos libros, no queda sitio para tu abuelita…

Algunos meses antes de esta Navidad inolvidable en las islas Seychelles, mamá dejó su trabajo en la embajada en París, para regresar definitivamente a Bogotá. Volvió a tener confianza en sí misma, recuperó sus fuerzas y con una increíble energía, decide lanzarse a la Cámara de Representantes e inicia su campaña a principios de 1986. Ella quiere ser representante, para emprender nuevamente su labor social y ser vocera de las familias de campesinos desplazados hacia las ciudades por la guerrilla y los narcotraficantes, cuyos hijos quedan totalmente desamparados.

Mamá se convierte en mi nexo privilegiado con Colombia. No pasa un día sin que hablemos por teléfono. Ella siempre está al tanto de todo lo que sucede y va a estar cada día más informada, ya que logra hacerse elegir Representante a la Cámara. Todo lo que me cuenta, me conmueve profundamente. Colombia parece estar condenada a la desdicha. Cuando no es la naturaleza que nos golpea, como cuando la tragedia de Armero, en que la erupción del Nevado del Ruiz arrasó con la vida de veinticinco mil personas, es la guerrilla que ataca al corazón mismo del Estado. En ese año de 1985, el M-19, se toma el Palacio de Justicia, sede de la Corte Suprema de Justicia. La acción desplegada por nuestras fuerzas armadas para retomar el Palacio de Justicia, deja un saldo de más de cien muertos entre los cuales, la mitad de los magistrados de la corte.

Y mientras que mi país se está desangrando, mientras que mi mamá está en la lucha, yo estoy en las islas Seychelles, en un paraíso turístico. Soy la esposa de un diplomático francés, vivimos en una casa espléndida y mis únicas ocupaciones en el día consisten en pasear a Melanie y en dar instrucciones para las cenas o recepciones que organizamos de vez en cuando. No me siento en mi sitio. Mi comodidad me parece cada día más vacía, vana e indecente, porque se construye lejos de los míos. Toda la felicidad del mundo me parecería insuficiente para contrarrestar el dolor por lo que ocurre en Colombia. ¿Pero qué puedo hacer? Fabrice está feliz, realizado y por qué él que no es colombiano iría a solidarizarse con el drama que se teje en mi país? Años más tarde me acordaré de mamá, en la avenida Foch, esposa resplandeciente y dedicada del "Señor embajador", dividida en secreto, entre el amor que siente por su esposo y el desespero de no estar más en Colombia al lado de aquellos que confían en ella para sacarlos adelante, y pensaré que definitivamente la historia a veces se repite amargamente generación tras generación…

En el verano de 1986 no aguanto más y decido llevar a Melanie a pasar dos meses a Colombia con el pretexto de presentarle su país. Fabrice no nos puede acompañar. Nos embarcamos entonces en el avión, las dos solas. Hace más de siete años que me fui de Colombia para entrar a Sciences-Po y todo lo que emana de mi ciudad me hace falta. La majestuosidad de las montañas que la enmarcan, la algaravía de sus calles, sus cielos cambiantes, a veces azules puros y brillantes y otras veces cargados con nubes que se desgarran en lluvias tormen-

70

tosas, y siempre presente la mirada profunda, melancólica e inquieta de los colombianos. ¿Qué espero de esta estadía? Nada. Todo.

Sentirme nuevamente integrada a mi país, que mis compatriotas me acojan nuevamente como una de los suyos, que adopten a Melanie, que podamos respirar el mismo aire. Yo no estoy realmente centrada en la realidad, tengo una visión idealista, nutrida por la distancia y la culpabilidad, me siento invadida por un amor terco e ingenuo hacia un país cuyo sufrimiento he compartido a distancia en razón a las circunstancias de mi vida. Sin embargo, todo lo que me va a pasar durante estas semanas va a contribuir a que aterrice a la cruda realidad. Mamá está ahí. Alerta, activa, implicada en diez proyectos a la vez, corriendo entre su oficina en el Congreso y los barrios del sur. Seguramente percibió mi ansiedad y desasosiego y me propone que la acompañe a un viaje por la Costa Atlántica, más precisamente al municipio de Maicao. Allí la población vive del contrabando; es una zona sin Dios ni ley en donde algunos se enriquecen desmesuradamente, en donde a otros los matan, en donde el pueblo sobrevive no se sabe cómo a una miseria sin nombre. Con veinte parlamentarios más han formado esta comitiva, para ir a escucharlos, me dice ella, y encontrar soluciones. Yo creo en lo que ella me dice, estamos convencidas tanto la una como la otra, que esa es la mejor manera de trabajar y emprendemos juntas el viaje.

Un viaje sorprendente en el cual en vez de escuchar y de trabajar, vamos sobre todo, a reír, a bailar, sorprendidas por el giro que toman los hechos y sólo será a nuestro regreso que entenderemos cuán indecente

71

fue este recorrido. En todos los sitios que llegamos, nos acogen con alegría, banquete, música, discursos. ¿En dónde está el pueblo? Son los representantes elegidos por el municipio los que hablan, los que nos atienden con esmero, preocupados más bien por sobresalir y destacarse en vez de expresar las dolencias de aquellos que los eligieron, de los pequeños comerciantes. Uno de los parlamentarios que nos acompaña es el que tiene más popularidad y al que le rinden mayor pleitesía. Se llama Ernesto Samper y lo conozco durante este periplo. Es un amigo de mi mamá, congresista como ella, y con un irresistible sentido del humor. Tiene una personalidad exuberante, le saca chiste a todo, bebe y habla sin descanso. A veces con aire de circunstancia anota cuidadosamente lo que algún interlocutor le cuenta, pero olvida el papel en un rincón de la mesa.

Durante un almuerzo con los mandacallar del comercio local quedo estupefacta al oír su discurso demagógico y esencialmente electoral: "Ustedes viven de un comercio cuya naturaleza es la de no pagar impuestos, pero quién en Colombia no le saca provecho a esto, hay que tomar medidas, pero medidas que se apliquen a todos. ¿No veo por qué serían ustedes los únicos en salir perjudicados?".

Una noche antes de dormirnos, mamá y yo hablamos de él.

— Mamá, ese tipo, Samper, ¿por qué todo el mundo está a sus pies?

— ¡Porque va a ser Presidente de la República, Ingrid!

— ¡No! No puede ser posible. ¿No me digas que ese chistoso que le dice a la gente lo que la gente quiere oír y que no piensa sino en reír y rumbear, va a ser Presidente?

— Sí, pienso que tiene serias probabilidades de llegar a serlo. En todo caso la mayoría del partido liberal lo apoya.

Ocho años más tarde, efectivamente elegido Presidente de la República gracias a los dineros del narcotráfico, Ernesto Samper, y ésta será la conclusión personal a la cual habré llegado, mandará matar a la mayoría de los testigos de su proceso e intentará, en repetidas ocasiones, reducirme al silencio.

Pero en 1986, recién llegada, observo por primera vez la manera de actuar de nuestros políticos y entiendo mejor por qué mi papá no se fía de ellos. Mi mamá es menos rígida. Para mi sorpresa, ella me contesta con resignación que hay una larga tradición de corrupción en Colombia y que toca aceptar el codearse con todos los parlamentarios para tener la posibilidad de ser un engranaje honesto en el sistema, si uno desea reformarlo. Y en el fondo, sin poderlo aún formular, estoy de acuerdo con ella. Hay que participar. Pienso que no es posible abandonar el destino del país a hombres a quienes no les importa la miseria del pueblo colombiano, si no que piensan solamente en enriquecerse a costa del Estado. Es así como pocos días después de este viaje, voy a anunciarle a mi mamá que quiero hacer política, pero lo hago como quien tiene un lapsus, es decir, sin medir todo lo que conlleva este compromiso.

El Congreso está en sesión plenaria y mamá me propone que la acompañe. Hacemos un recorrido por el Capitolio, me muestra las diferentes salas de reunión, las oficinas, el hemiciclo y descubro también cómo la gente que trabaja allí la quiere: le abren las puertas, la saludan de beso, le cuentan sus problemas, le traen tinto, etc. Los primeros días, me instalan en unas gradas reservadas a los visitantes, pero muy pronto los vigilantes para complacer a mamá, me dan la autorización de sentarme en el hemiciclo junto a ella. Exactamente como si yo fuera una parlamentaria. Durante mis años de estudio en París, asistí a algunos debates en la Asamblea Francesa, y al hacer una comparación, lo que me sorprende aquí en Colombia, es que los representantes toman la palabra seguido y de manera espontánea, sin conocer a fondo el objeto del debate, únicamente por el placer de figurar. Me parece que en sus intervenciones no se ve ninguna reflexión previa y que sus palabras se apartan rápidamente de lo que realmente está en juego. Poco a poco confirmo mi impresión de que la mayoría de nuestros representantes no está a la altura de las necesidades del país.

Una tarde en plena sesión, sentada junto a mamá, me volteo hacia ella. Y, sin pensar, le digo:

— Sabes, un día voy a estar sentada aquí mismo.

Ella se sorprende, y veo que su cara se ilumina.

— Sí, me contesta, de eso estoy segura. Y me aprieta la mano. Estamos ambas emocionadas. ¿Cómo voy a lograrlo? No tengo la menor idea. Vivo en las islas Seychelles, estoy casada con un diplomático francés que no quiere ni pensar en poner los pies en Colombia, toda mi vida parece estar encauzada de manera diametralmente opuesta al Congreso, y sin embargo pronuncié esas palabras en tono de juramento. Es más, se me salieron solas de la boca.

74

La realidad en Colombia durante este verano de 1986, es también mi papá, a quien el corazón le está fallando. Un día tarde en la noche me llama.

— Ingrid, mañana tengo que ir a un chequeo a la clínica. ¿Tú me acompañarías?

Siento inmediatamente que algo grave está pasando, él no suele pedir ayuda. Siempre tan secreto, tan reservado.

— Claro papá, claro que te acompaño.

Toca operarlo urgentemente, tiene las arterias totalmente tapadas, es una cirugía complicada y arriesgada para un hombre que va a tener setenta años.

Me quedo con él en la clínica durante las veinticuatro horas antes de la operación. Hablamos, me anuncia que todos sus papeles están en orden, que entiende perfectamente que puede estar viviendo sus últimos momentos. Y cuando los enfermeros vienen a buscarlo, dice esta frase a la vez con humor, pero también con resignación:

— "Nos encontramos del otro lado del puente, mi amor". ¿Cuál puente?, Me pregunto en silencio, ¿El puente de la vida? ¿El puente de la muerte?

Lo veo llegar completamente entubado, el pecho fajado por los vendajes, consumido en un sueño artificial, del cual no estoy apresurada de que salga porque sé el dolor que va a tener que aguantar ahora. No me aparto de él, su mano en mi mano. Al fin, abre lentamente un ojo, lo cierra, lo abre de nuevo. Me ve y se insinúa una leve sonrisa en su cara. Me acerco a él porque veo que me quiere decir algo:

— ¿Sabes qué encontraron en mi corazón?

— No. Dímelo.

— Tu nombre.

— ¡Papá!

Abrazo su cara y lo aprieto contra mi mejilla, lo beso y lloro. Está vivo, pudo franquear el puente.

Tres días más tarde, lo encuentro sentado. Está pálido y siento que respira con dificultad.

— ¿Tienes alguna molestia papá? ¿Puedo hacer algo por ti?

— Ayúdame a meterme de nuevo a la cama.

Lo sostengo con mis brazos, y de golpe lo siento pesadísimo, se desvanece, me arrastra con su peso. Repentinamente, suena la alerta del electrocardiograma. Está muerto. Tengo esta sensación aterradora de que acaba de morir, grito desesperadamente, como si me estuviera cayendo por un precipicio y veo aparecer en medio segundo una decena de enfermeros. Levantan a mi papá, lo ponen sobre la cama y se abalanzan sobre él. Tengo la impresión de estar presenciando un partido extravagante en el cual los luchadores despliegan una energía considerable para revivir a una marioneta, y esa marioneta débil, inerte y gris es mi papá. Se relevan los unos a los otros y el corazón de papá trata tímidamente de arrancar, algunos latidos, luego el ritmo lento de la vida vuelve a aparecer, sí, hasta lograr la misma cadencia de las manecillas de un reloj.

Me sacan de la habitación. Cuando una hora más tarde me autorizan de nuevo a entrar, papá me coge suavemente la mano y con picardía me dice:

— ¿Te asusté, no?

A partir de ese momento, voy a vivir constantemente con la angustia de que papá muera lejos de mí. En el fondo, me siento culpable de haberlo dejado solo en

Bogotá cuando tomé la decisión de reunirme con mamá en París, y no soporto la idea de que pueda irse en la misma soledad en la que lo dejé. Esto será muy importante en los hechos que ocurrirán más adelante.

La vida familiar retoma su curso en las Seychelles, fácil y tranquila pero para mí cada día, más frustrante y sofocante. Hablo nuevamente a diario por teléfono con mamá. Ella está muy esperanzada con la elección a la Presidencia de la República en 1986, de Virgilio Barco. Lo conoció bien cuando siendo él alcalde de Bogotá, ella dirigió el departamento de Bienestar Familiar. Es un hombre inteligente y bien preparado para ocupar la más alta responsabilidad del Estado, de un gran rigor intelectual y moral. Es un estadista con la envergadura suficiente para abrir la economía colombiana al mundo exterior, emprender diálogos de paz con la guerrilla y paralelamente combatir sin merced a los carteles de la droga cuyo poder financiero y criminal empieza a generar preocupación fuera de nuestras fronteras y en particular en los Estados Unidos.

Sin embargo, a medida que pasan los meses la fe de mamá se ve afectada. Después de haber iniciado su mandato con voluntad y determinación, enfrentando a las mafias de la droga con todo vigor, hasta el extremo de impulsar la ley de extradición en el Congreso, y aún restablecerla por decreto. Virgilio Barco da la impresión·de perder energía. Terminada su Presidencia, se descubrirán los primeros efectos del mal de Alzheimer. A pesar de los esfuerzos del Presidente Barco, Pablo Escobar, cabeza del cartel de Medellín, empieza a atemorizar al país. Se despliega una despiadada guerra de bombas sobre Medellín y Bogotá, principalmente en pleno corazón de las ciudades, en los supermercados y en los centros comerciales. Mueren mujeres y niños, la gente está horrorizada. Se vislumbra un futuro negro para Colombia con un Estado poco a poco gangrenado por la mafia, impotente frente al hundimiento de las instituciones.

Curiosamente percibo a través de nuestras conversaciones telefónicas, que poco después mamá vuelve a entusiasmarse. Entre todos los sucesores de Virgilio Barco, un hombre hace renacer en ella la confianza. Se llama Luis Carlos Galán, está alrededor de los cuarenta años, es miembro como ella del partido liberal, unos años antes ocupó las primeras páginas de los periódicos cuando exigió que Pablo Escobar, quien había logrado ser elegido representante a la Cámara como suplente, fuera excluido del partido y expulsado del Congreso. Este hombre con una ética de hierro, se atreve a pedir ahora, en pleno cruce de bombas, que Colombia firme el tratado de extradición para los narcotraficantes, que reclaman Estados Unidos. A la gente de la mafia no le importa estar en prisión en Colombia, ya que logra salir muy rápidamente de la cárcel, sobornando a jueces y guardianes de los establecimientos penitenciarios. En cambio temen ser extraditados a Estados Unidos, porque saben que probablemente nunca podrán regresar. Al abanderarse públicamente de la extradición, Galán es consciente que pone su vida en peligro y que la mafia lo va a condenar a muerte, y eso da la medida de su valor, de su integridad. Mamá se siente totalmente identificada con este hombre, quien con el paso de los meses logra imponerse como el mejor candidato del partido liberal a la Presidencia de la República.

Cuando empieza la campaña electoral, a principios del año de 1989, mamá se encarga de organizar las giras del candidato en algunos municipios de Cundinamarca. Una amistad muy fuerte nace entre ellos. Siendo mamá mayor que él, Luis Carlos le inspira un sentimiento casi maternal. En nuestras conversaciones telefónicas me habla de él con el orgullo y la angustia que se pueden sentir hacia un hijo. Cree en él como nunca ha creído en otro líder y despliega en esta campaña toda su fe y su energía. "Ingrid, me dice en repetidas ocasiones. Luis Carlos es la única persona que puede salvar a Colombia; el último chance que tenemos para que el país vuelva a tener futuro. Él tiene que ganar estas elecciones".

Sigo viviendo entonces a través de mamá todo el dramático acontecer colombiano. Pero mi país se volvió tema de conflicto entre Fabrice y yo. Yo quiero regresar, no pienso sino en eso, pero Fabrice no quiere dar su brazo a torcer. Sin embargo, acepta un nombramiento que nos acerca a Colombia: Los Ángeles. Partimos entonces de las Seychelles para instalarnos en Estados Unidos, lo cual no alivia el vacío que siento por estar lejos de los míos.

Lorenzo nació en ese año de 1988 y en el verano de 1989 viajo con él a Francia, con el pretexto de presentarlo a los papás de Fabrice. En realidad lo que necesito es alejarme para reflexionar. Sé que estoy al borde de tomar decisiones trascendentales, pero quiero darme tiempo para meditarlas.

Retomo contacto con conocidos de la época y compañeros de Sciences-Po. Paso tardes tranquilas y reconfortantes en casa de viejos amigos, cenas interminables con la nostalgia de los recuerdos y viajo por los paisajes estivales de Francia.

El 18 de agosto de 1989, me encuentro en la región de los castillos de la Loire. He consentido mucho a Lorenzo, me siento relajada, serena. Duermo plácidamente y sin ninguna dificultad y esa noche en particular siento que mis ojos adormecidos empiezan a parpadear. Pero curiosamente, no logro conciliar el sueño y al ver cómo las horas van pasando empiezo a sentir una angustia inexplicable que me aprieta el corazón. Pienso en mi mamá y tengo miedo. Me repito a mí misma que es absurdo, que desde que está trabajando junto a Galán está tan realizada y entusiasmada como nunca la he visto antes, pero la ansiedad que siento no se desvanece. Cuento los minutos, sentada en mi cama, con un nudo en el estómago. ¿Serán estas las manifestaciones de una pequeña depresión? Recuerdo esta noche como la más extraña de mi existencia con temblores y sudor frío. Siento una necesidad imperiosa de estar cerca de mi familia y tengo la certeza de que sólo su presencia podría serenarme…

A las ocho de la mañana cuando oigo los primeros ruidos de la casa y que puedo decentemente hacer una llamada, me comunico con mamá. Para ella debe ser la media noche, voy a despertarla pero no importa.

— ¡Mamá, al fin! Perdóname por llamarte tan tarde, pero sabes… Y la oigo llorar y llorar… Durante minutos interminables ella no logra hablarme. Está totalmente sumergida en una profunda tristeza.

— ¡Ingrid!… ¡Ingrid!… Mataron a Galán…

— ¡No! ¡qué horror! ¿Cuándo mamá? ¿Cómo?

— Anoche… Yo estaba con él hace apenas… tres horas.

Estoy sufriendo con ella. Siento un dolor profundo e inconsolable que se suma a mi tristeza, por el hecho de no estar junto a mamá, con mi gente para compartir este drama. La muerte de Luis Carlos Galán cuyo precio seguimos pagando aún los colombianos, va a marcar una ruptura en mi vida.

Mamá me explica que trató de avisarme inmediatamente, que acaba de hablar con Fabrice en Los Ángeles, que estaba esperando con ansiedad mi llamada… y poco a poco recobra la fuerza suficiente para contarme.

Galán fue asesinado en la plaza de Soacha, durante una manifestación política. Ese día por la mañana, mamá había discutido con él sobre la posibilidad de cancelar la manifestación y él se molestó con ella, lo que no había pasado nunca.

— Fui a mirar el lugar. Esta reunión es una locura. Vas a estar afuera en medio de la plaza pública rodeada de árboles, es un sitio ideal para que te disparen.

Ella le recuerda que una semana antes escapó de milagro a un atentado en Medellín; la bomba providencialmente no estuvo bien sincronizada y explotó algunos segundos después del paso de su automóvil.

— No pierdas el tiempo tratando de convencerme, contestó él secamente. De todas maneras voy a ir a Soacha; no me voy a esconder durante toda la campaña electoral con el pretexto de que me quieren matar. Eso es precisamente lo que quieren. Callarme, neutralizarme y no les voy a dar gusto.

— Yo no estoy diciendo eso, Luis Carlos, te estoy diciendo que esta reunión es muy arriesgada.

— No insistas más Yolanda. No insistas.

— Luis Carlos, por favor escúchame. Ese sitio no me inspira confianza…

— ¡Yolanda! Yo soy quien decide sobre mis reuniones. Para mí ésta es especialmente importante.

Entonces mi mamá, quien admira inmensamente a este hombre:

— No te molestes. Yo sé que irás de todas maneras. Miremos más bien ¿cómo se va a organizar tu seguridad?

Galán se relaja.

— Yo también estoy preocupado. Llamé al Ministerio de Gobierno, me van a enviar otra escolta con diez hombres y un carro blindado. Pedí que vigilaran la plaza desde por la mañana.

— Bueno, pero mientras que estés hablando, no vas a estar en el carro…

— Lo sé, pero no se puede hacer nada más. ¡Bueno Yolanda, tranquilízate y a trabajar!

La reunión se fijó para las ocho de la noche. Mamá llega una hora antes. Le pide a su conductor parquearse discretamente y se queda observando lo que ocurre alrededor de la plaza desde el carro. Hay varios grupos con pancartas y la gente afluye de todas partes. Hay curiosos en todas las ventanas de las casas que rodean la plaza, la gente está animada y alborotada. Mamá percibe en el ambiente la misma electricidad que se percibe durante una corrida, minutos antes de que el toro entre al ruedo. Anuncian la llegada del carro de Galán. El carro se estaciona detrás del suyo; es efectivamente un carro blindado pero sin escolta. Mamá sale de su auto y sorprendentemente ve que Galán hace lo mismo, la gente empieza a apeñuzcarse alrededor de ellos, están totalmente rodeados.

— Luis Carlos, estás completamente loco, ¡métete al carro!

— Yolanda por favor... Tengo prevista otra cosa, quiero que la gente me vea. Voy a dar la vuelta a la plaza en el platón de la camioneta que ves ahí.

— ¡Eso es una locura!

— ¡Bueno, así es! Más bien acompáñame, los guardaespaldas también se van a subir al platón.

Mamá sube detrás de él en la camioneta y luego los guardaespaldas. La gente lanza flores de los balcones. Galán está feliz. Mamá, ella, comprende el peligro. Están totalmente expuestos; son el blanco ideal para cualquier sicario. Galán se aparta del grupo y se sube encima de una caja de madera. Saluda a la gente con los brazos abiertos en cruz. Para tranquilizar a mamá uno de los guardaespaldas le coge la mano y le dice:

— No se preocupe, toque aquí.

Mamá constata que Galán tiene un chaleco antibalas. Eso la tranquiliza un poco.

Galán se voltea hacia ella:

— Yolanda no te preocupes, todo va a salir bien.

Él está radiante y triunfal. La camioneta empieza el recorrido y se desliza lentamente entre la muchedumbre. Cuando él saluda, se siente vibrar el entusiasmo de la gente. Galán es un hombre carismático que despierta la confianza y el cariño de la gente. Mamá deja de temblar, y se deja poco a poco penetrar por el fervor delirante que la rodea.

Esta exhibición de alto riesgo fue todo un éxito. Aclamado, Galán salta de la camioneta. Se dirige hacia la tarima en donde va a pronunciar su discurso. Mamá lo sigue. Ella junto con otros parlamentarios se van a ubicar detrás de él.

Mientras que Galán emprende la subida hacia la tarima, sobresale su cabeza y luego todo su torso, mamá tiene un traspies y cae. En ese momento estalla lo que ella piensa son juegos artificiales. Pero cuando va a levantarse un parlamentario al lado de ella la jala nuevamente al suelo. Se oye una voz que grita:

— ¡Nos están echando bala!

Ella levanta los ojos y ve que Galán se desploma. Su guardaespaldas personal ya herido por el impacto de varias balas trata inútilmente de cubrirlo.

Se llevan a Galán. Rodeada por la escolta, mamá se refugia en la alcaldía. La radio empieza a anunciar el atentado y dice a la vez que Galán sigue vivo pero que se requiere de urgencia sangre de tipo O negativo. Es el grupo sanguíneo de mamá. Mamá sube en una ambulancia que está dando la vuelta a la plaza y se dirigen al hospital de Bosa, pero allí se encuentran con la ambulancia de Galán que sale para Kennedy. Mamá se sube en ella, están tratando de revivir a Galán. El movimiento del vehículo no deja que se haga la transfusión de sangre ahí mismo. La ambulancia va rápido, poniendo a sonar estruendosamente su sirena. En el hospital de Kennedy el caos es total. Acaban de bajar a Galán que está aún acostado en la camilla y mamá oye una enfermera gritar aturdida:

— ¿Qué está pasando aquí? ¿Quién es este hombre?

— ¡Es Galán por Dios! Luis Carlos Galán. Le suplico que se apure, se está muriendo.

Los médicos se agitan, se logra hacer la transfusión de sangre. Mamá es la única persona cercana que está a su lado. Su familia aún no ha podido llegar. Muere algunos instantes más tarde sin haber recobrado el conocimiento. Todo se acabó.

Mamá acababa de llegar del hospital cuando la llamé desde Francia. Para ella la muerte de Galán significa la muerte de Colombia. Está aturdida por el dolor, desesperada. Galán era como el último dique capaz de contener el alud mafioso que habría de invadir toda la maquinaria del Estado. Hablamos durante más de dos horas, y no ceso de repetirle, sintiéndome culpable: "yo hubiera debido estar ahí, contigo, mamá, hubiera debido estar ahí".

Cuatro meses más tarde mi decisión está tomada. Me separo de Fabrice, empaco mis maletas y viajo sola para Bogotá. Sé perfectamente el sufrimiento que me espera, el estar lejos de mis hijos, el dolor de no haber logrado una familia unida, pero al igual que mi mamá, ironía del destino, quien quince años atrás hiciera lo mismo, tengo la certeza que este es el precio que tengo que pagar para recobrar al fin un lugar entre mi propia gente.

4

Cuando llego a Bogotá en enero de 1990, mamá acaba de tomar la decisión de lanzarse como candidata al Senado. Está abatida y desanimada, pero lo hace por fidelidad a la memoria de Luis Carlos Galán. Para mí, que acabo de romper bruscamente con mi vida anterior, su compromiso representa, aún en el contexto horripilante de Colombia, una promesa alentadora, una esperanza para el futuro del país: Es una llama modesta pero prendida, que quisiera algún día retomar si logro tener la fuerza para hacerlo.

Tengo veintinueve años, no tengo ni trabajo ni dinero, me instalo entonces en la casa de mamá. En ese momento, ella es el único nexo que tengo con Colombia. Me fui hace más de diez años, perdí contacto con todos mis amigos del Liceo Francés y no conozco personalmente a ninguno de los protagonistas políticos del momento. Curiosamente esta ausencia de vínculos me estimula, todo me queda por hacer, todo por aprender, y el deseo de hacerlo está presente, amplificado por una década de espera e insatisfacciones. Me siento fuerte, segura de mí misma. Claro está que Melanie y Lorenzo me hacen falta, y que algunas noches son espantosas, pero afortunadamente muy pronto Fabrice me los manda por unos meses a Bogotá.

Fabrice y yo, no podremos escapar de los conflictos dolorosos y violentos que conocen la mayoría de las parejas que se separan, pero él actuará con gran elegancia y un poco más de un año después de mí, se instalará en Bogotá pensando en lo que más le conviene a los niños; él que tanto se negó a hacerlo, hasta el punto de perdernos, por no querer vivir en mi ciudad, en mi país...

¡Qué felicidad de estar aquí al fin! Mamá y yo conversamos todo el tiempo. Conmigo, ella no tiene que esconder nada, puede contarme todo sin tapujos, y me doy cuenta a través de la situación que me describe, que Colombia está mal encauzada. Muchos de los líderes políticos cuyas caras descubro todas las mañanas en la prensa, parecen ser personajes sin envergadura, sin ideales, sólo movidos por el poder y el dinero. Sin embargo, se acerca una etapa electoral decisiva. Después de las elecciones parlamentarias en marzo, habrá elecciones presidenciales en junio. Con el asesinato de Galán, se vislumbran los posibles sucesores. Se habla de Samper. Ernesto Samper, ese personaje alegre y astuto que nos hizo reír tanto durante aquel viaje a la

Costa Atlántica cuatro años antes. Pero el partido liberal, acogiendo el mensaje del joven Juan Manuel Galán durante el sepelio de su padre, designó finalmente a César Gaviria por consulta popular, quien al haber sido director de su campaña, resulta ser el más legítimo heredero de los ideales políticos de Galán.

Mamá se encuentra en un terrible dilema: No confía en Gaviria, le parece un hombre con una inteligencia fuera de lo común, pero demasiado flexible desde el punto de vista de los principios. Sin embargo, la única opción que tiene es la de apoyarlo. Él es el candidato de su partido, tiene el aval de la familia Galán, y ningún otro hombre providencial se destaca en ese momento. "Como siempre en Colombia, dirá ella, tenemos que unirnos al menos malo".

Muy rápido, mamá termina dedicada de cuerpo y alma a las dos campañas: La suya al Senado y la de Gaviria a la Presidencia de la República. Y yo, su acompañante y confidente, me convierto poco a poco en su consejera. Todo lo que aprendí en Sciences-Po, y que nutría mi pasión por los asuntos de Estado, vuelve a mi mente con gran velocidad. Concebimos juntas sus afiches, reflexionamos juntas sobre sus discursos, pensamos en los temas que ella debe desarrollar, y en las palabras que debe emplear para ser convincente. Llegar al Senado es mucho más difícil que ser representante a la Cámara porque se necesitan muchos más votos para ser elegido en el Senado que en la Cámara. Es una elección reñida pero finalmente mamá gana su curul, como siempre, gracias a los votos de los barrios populares.

César Gaviria gana también, dos meses más tarde, la contienda electoral. Pero desde antes de ser elegido, muestra su verdadera cara tal y como mamá lo temía, al anunciar que está contra la extradición, traicionando el compromiso de Galán, aquél por el cual lo sentenciaron a muerte. Mamá a pesar de su decepción, encuentra fuerzas para enfrentarse a las instancias del partido y reclamar se mantenga la línea de Galán. De esto no sacará sino sólidas enemistades y muy pronto quedará sola. El único en expresar esa misma preocupación será Silvio Mejía, elegido galanista por Antioquia.

En lo que a mí respecta una vez concluidas las elecciones me encuentro sin trabajo. Pero estas semanas de reuniones, de giras, de idas y venidas, me permitieron reencontrarme con antiguos amigos. Uno de ellos, Mauricio Vargas, compañero de colegio. Tan brillante como siempre —era el primero de la clase—, Mauricio siendo aún muy joven, es el director de la prestigiosa revista *Semana*. Apenas se constituye el gobierno de Gaviria, Mauricio me llama para decirme que le había hablado de mí al nuevo Ministro de Hacienda, quien es su amigo, y que éste me quiere conocer.

Yo ya sé en ese entonces que mi ambición no es la de estar en el mundo de los negocios, ni ganar mucho dinero, lo que realmente deseo, es poder contribuir a la administración del país. Tengo muy presentes las palabras de mi papá en el barco que nos traía de regreso a Colombia: "Ingrid, todas las oportunidades que tuviste de niña hacen que hoy tengas una deuda con Colombia. No lo olvides".

El Ministro de Hacienda se llama Rudolf Hommes. Él no es un hombre que viene —y esto es una suerte para mí—, de la clase política tradicional. Es un profesor universitario, conocido y respetado en el sector financiero. Un técnico. Su reputación es parecida a aquella que tenía mi papá cuando era Ministro: Se dice de él que es competente y riguroso. Una coincidencia: el Ministerio de Hacienda funciona ahora en el edificio donde era antiguamente el Ministerio de Educación y Rudolf Hommes me recibe en la oficina que antiguamente ocupó mi papa...

Simpatizamos con el primer estrechón de manos. Es un hombre corpulento, con mirada azul y sagaz. Me pide que le hable acerca de mis estudios en Europa. Lo que le cuento le parece de buen augurio. Me daré cuenta rápidamente que está rodeado por un equipo de jóvenes y brillantes tecnócratas, todos graduados en Estados Unidos. Seré la única de formación francesa.

— ¿Bueno y no se le habrá olvidado sumar y restar?... Me dice al final.

— Creo que no.

— Perfecto, voy a contratarla: usted empieza mañana.

— ¿Para hacer qué exactamente?

— Ya verá.

A la mañana siguiente conozco mi oficina. Es pequeña pero cercana a la del Ministro. Soy uno de sus consejeros técnicos y tengo una secretaria.

Una valiosa secretaria, familiarizada con el engranaje del Estado colombiano.

Apenas llego, el Ministro me convoca.

— Contacte al DNP y hágame un informe sobre este asunto.

¿El DNP? No tengo ni idea qué es. Mi secretaria suelta una carcajada.

— El Departamento Nacional de Planeación, Ingrid. Ya se lo llamo.

Si alguna vez pude haberme sentido sobrada... Me doy cuenta de repente en ese instante, la desventaja que tengo al haber estado fuera del país durante diez años: No conozco a nadie, no estoy familiarizada con los puntos de referencia que posee el más modesto de los estudiantes, soy un extraterrestre en mi propio país.

En los días siguientes, el continuo vaivén de los visitantes alrededor del Ministro me va a confirmar aún más esta sensación. Estos personajes importantes que todos conocen pasan por mi oficina y me saludan.

— ¡Me dijeron que eres la hija de Yolanda! Dile que le mando muchas saludes...

o también.

— ¡Pero si eres la hija de Gabriel! Tengo una infinita admiración por tu padre. Dile que siento mucho que no hayamos vuelto a vernos...

Todas estas personas amables y encantadoras están convencidas que obviamente yo sé quiénes son, pero no tengo ni la menor idea de cómo se llaman, ni de los cargos importantes que tienen, y lo peor de todo, me cuesta trabajo recordar sus nombres.

Tengo la sensación atroz de estar despertándome después de una larga amnesia y el vacío de mi memoria me hace dar vértigo. Si supieran, me digo a mí misma, cómo me siento de perdida, ignorando todos esos lazos que tejen su pertenencia a la vida pública del país, seguramente se sentirían incómodos como se siente uno frente a un intruso en una reunión familiar.

Sin embargo me gusta mi trabajo y afortunadamente en el campo en que me desempeño la reflexión y el método tienen más peso que las relaciones públicas. Estoy convencida que la única manera de avanzar, es proponiendo una solución a cada problema. Nunca enterrar o poner de lado un asunto con el pretexto que las dificultades que plantea son aparentemente insolubles, sino ahondar, mover cielo y tierra si es necesario, para deshacer el nudo, para resolver el enigma. Eso es lo que hago con obstinación y me parece que mi Ministro aprecia el interés que tengo en elaborar y construir a pesar de las trabas administrativas.

Es así como nace entre Rudolf Hommes y yo una relación amigable hecha de estima, pero también con algo de prevención porque él me juzga demasiado independiente y susceptible por consiguiente, de ir por caminos con los cuales él podría no estar necesariamente de acuerdo. ¿Sería para ponerme a prueba que él me encarga de un asunto del cual nadie quiere encargarse?

— Ingrid, me comprometí con el Congreso, a proponer un plan de desarrollo para la Costa Pacífica, me dice una mañana. Es un asunto complicado, lleno de intereses contradictorios. Tómese un par de meses para hacerlo, conciba una política y hágame una propuesta cifrada.

La Costa Pacífica va desde el Darién hasta el puerto de Tumaco, muy cerca de la frontera con Ecuador. Yo nunca he estado allí, ni mi Ministro tampoco y en realidad muy poca gente conoce esta zona, por la buena razón, que prácticamente no existe ninguna carretera para acceder a ella. Si ésta región despierta algunos intereses, es porque podría beneficiarse en un desarrollo futuro del intercambio marítimo con la Costa Oeste de los Estados Unidos, con el Japón y la China, y también con nuestros vecinos de América Latina, Chile,

Perú y Ecuador. Mientras tanto, nuestra Costa Pacífica tal y como se encuentra actualmente, es un bosque tropical que tiene un inestimable valor ecológico; es uno de los pulmones de Colombia. ¿Se debe destruir parte de este bosque para beneficiar intereses de tipo económico? ¿O se debe más bien resistir a las presiones de nuestros empresarios, de algunos políticos codiciosos, para proteger nuestro sistema?

Pronto descubro que en el Departamento Nacional de Planeación, el famoso DNP, dos jóvenes tecnócratas están clavados elaborando un eventual esquema de desarrollo. Decidimos asociarnos. La información empieza a filtrarse y las presiones se acrecientan sobre nuestro pequeño equipo de trabajo. Un empresario que tiene un importante proyecto de exportación de camarones nos propone una visita a la costa; otro se pone a nuestra disposición para guiarnos en la zona, pues tiene planeado hacer fortuna con el comercio de la piña o del banano... Las autoridades de Cali y de Medellín, las dos grandes ciudades que se beneficiarían con el desarrollo del Pacífico, quieren acapararnos. No pasa un solo día sin que llegue una nueva invitación.

Sentimos el peligro de comprometernos con esas invitaciones, y decidimos un día embarcarnos los tres solos para Buenaventura. Aceptamos para guiarnos, la ayuda de un viejo patriarca de la región que no tiene ambición diferente a la de servir a su comunidad. La vía de Cali a Buenaventura está cerrada (es sin embargo la única vía de acceso al Pacífico) y debemos tomar un pequeño avión.

Nuestro guía nos está esperando. ¿En qué nos va a transportar durante los diez días que va a durar nuestra expedición? En una pequeña chalupa con motor. El clima no está de nuestro lado como ocurre casi siempre en el Pacífico. El mar está oscuro y agitado y el cielo gris... Nos embarcamos, el agua se mete a la chalupa, y no hay chalecos salvavidas. En ese instante no me atrevería a apostar sobre nuestros chances de sobrevivir. Sin embargo, momentos más tarde, dejamos el alta mar y nos metemos por entre los manglares a través de una compleja red fluvial. Aquí el agua es inmóvil, poco profunda y se percibe el eco de una vida intensa y secreta continuamente en efervescencia: cangrejos, langostinos, peces, y animales de los bosques tropicales. El ruido de nuestro motor espanta las colonias de pájaros y hay que apagarlo para escuchar el continuo murmullo de esta exuberante vegetación. Bueno, ¿pero dónde está la gente? ¿Cómo logran sobrevivir en estos pantanos tibios tan alejados de todo?

Después de navegar durante tres horas, surgen del telón de hojas y bejucos, los techos de algunas chozas. Chozas miserables, que parecen abandonadas. Sin embargo, nuestra embarcación se dirige hacia una lengua de tierra negra y de barro. De pronto aparecen como por encanto una decena de niños, botan un tronco de árbol sobre este trozo de tierra y desembarcamos. Dos hombres observan nuestra llegada desde lejos.

Son muy altos, negros y visten únicamente una pantaloneta. Estamos a punto de emprender camino hacia ellos, llevados por la euforia de los niños, cuando de pronto la puerta de una choza se abre y vemos aparecer una mujer totalmente irreal en este lugar: Es sorprendentemente bella, de pelo oscuro y ojos verdes, su figura esbelta ceñida en una impecable camiseta, pantalón y tacones.

— Es nuestra maestra, dicen los niños.

Evidentemente, ella nos estaba esperando. Nos sonríe y nos hace seguir. Pupitres inventados, mapas geográficos. De pronto Irak e Irán. Estamos en enero de 1991, y efectivamente allá están en guerra… ¿Será que ésta maestra, en las profundidades del bosque tropical?… Sí, por más precarias que sean las condiciones de vida, a pesar de la distancia, los niños, dice ella, deben iniciarse al mundo. Hablamos y me cuenta cómo llegó a parar ahí, desde Cali, en donde dejó por un tiempo marido e hijos. Para lograr un puesto de maestra en Cali, existen dos maneras: dar un porcentaje del sueldo al politiquero local que consiguió el nombramiento o, en su defecto, acostarse con él. Como ella se negó a hacer tanto lo uno como lo otro, la castigaron mandándola por un año a esta prisión de lodo. Sin embargo, en vez de naufragarse, ella decidió sobrellevar un reto imposible: lograr sostener la escuela, y traer un mínimo de cultura a una comunidad que desde hacía mucho tiempo no tenía maestra.

"Cuando llegué aquí, los niños tomaban agua del río y muchos morían de diarrea. Convencí a las familias de tener permanentemente agua hirviendo en el fogón…" Ella da el ejemplo, alienta su propia hoguera. Luego tuvo que imponer algunas reglas: cavar pozos sépticos, protegerse de los zancudos y jején, inculcar el respeto por la intimidad, porque al principio niños y adultos corrían a ver el espectáculo de la maestra jabonándose en el río… El Estado colombiano no ha hecho nada más por este caserío aparte de mandarle esta maestra, y ella que debería odiar al Estado, hace el trabajo que éste debiera realizar… Un día, y de eso estoy segura, Colombia va a levantarse, gracias en particular a los esfuerzos desplegados en silencio por estos hombres y mujeres, íntegros y de gran voluntad con los cuales he tenido la suerte de cruzarme en todas las regiones del país que he recorrido. El recuerdo de su mirada me persigue sin descanso como un juramento que se debe honrar. Nunca podré olvidar lo que ellos me han dicho, lo que me han pedido, y sé que me siguen el rastro.

Abordamos en López de Micay, un municipio cuyo campanario sobrepasa los techos. Bueno, aquí por lo menos el Estado construyó un puesto de salud. Es el primero que visitamos. Allí encontramos dos jóvenes estudiantes de medicina haciendo el rural, pero no tienen nada para ejercer, ni un instrumento, ni un remedio, ni siquiera un paquete de algodón.

— ¿Quieren ver el instrumental que tenemos? Pregunta uno de ellos, en tono picado con evidente molestia hacia los funcionarios que somos.

— Sí, por favor. Él saca una caja de aluminio, la abre: una jeringa con la aguja oxidada.

— Esto es todo.

En el mismo instante con una coincidencia dramática y edificante, una familia se precipita en el cuarto en el que estamos conversando. La mujer está a punto de dar a luz, pero necesita una cesárea. El dispensario no tiene ni siquiera una barca para transportarla hasta Buenaventura. Prestamos la nuestra, es lo único que podemos hacer por ellos, guardando la esperanza que en Buenaventura un médico los atienda para salvar a esta mujer y a su hijo. ¿Así funciona nuestra supuesta democracia, dejando morir a los nuestros?

Y el puesto de salud ni siquiera está terminado. ¿Por qué? Porque el político local de la comunidad que gestionó el presupuesto ante el gobierno se apoderó de la mitad para él y para su camarilla. Podrá vanagloriarse de haber hecho un dispensario, así éste no sirva para nada. La misma ironía cruel ocurre con un consultorio de odontología cuyo sillón fue efectivamente enviado, pero no se puede utilizar, ya que no hay presupuesto para hacer la instalación eléctrica. Es un doble daño para los miembros de esta comunidad: se sienten abandonados por el gobierno, y cuando al fin se hace presente, es para despilfarrar y botar la plata, frente a ellos, que lo necesitan todo.

Algunos días más tarde llegamos a un caserío, El Charco, en plena catástrofe; la mayoría de las casitas se están quemando y se ve gente correr por todas partes, a través de un humo sofocante. Están acabando de botar baldados de agua. El asentamiento es bastante importante, tiene un verdadero embarcadero y una calle central destapada pero bien nivelada. Por el pánico nadie nos presta atención y cuando regresa la calma, vemos a los niños hacer cola frente a una de las pocas casas que aún quedan en pie: la tienda. El tendero reparte la comida gratuitamente, como lo haría un organismo oficial. Más tarde vemos a las familias preparar su comida. Perdieron su techo, pero no parecen desesperadas: la gente come, conversa con serenidad y los niños ríen. Nos sentimos avergonzados de llegar con las manos vacías, nosotros funcionarios públicos de un Ministerio de la Nación. Pero ellos son amables y acogedores y dicen que van a volver a construir las casas derrumbadas por el incendio. Nos damos cuenta que evidentemente no esperan nada de nosotros, y cuando logramos hacerles entender que el Estado colombiano debe darles un mínimo de apoyo, lo único que nos piden de nuevo es una pequeña embarcación con motor que les permita llegar rápidamente al hospital de Buenaventura. Niños, mujeres encinta y ancianos mueren por falta de esta embarcación...

Al fin, llegamos a Tumaco nuestra última etapa. Esta vez, el dinero está ahí, palpable, obsceno; casas deslumbrantes como si fuesen palacios de las mil y una noches bordean calles que ni siquiera están pavimentadas, lujosos automóviles, yates privados... Es que Tumaco tiene grandes empresas de importación y exportación y existe un desenfrenado contrabando del cual son partícipes los representantes locales. Al lado de esta ostensible riqueza, existe un barrio miserable construido sobre pilotes en el agua en la zona de bajamar. Aquí es donde viven los obreros y sus familias, aquellos que trabajan en estas empresas tan prolíficas para sus dueños. Hoy, diez años después treinta mil familias siguen viviendo amontonadas en esta miseria carcomida por la humedad, sobre una acumulación de basuras movidas continuamente por el vaivén de las olas. Promesas repetidas de ubicarlos en viviendas dignas, pero que nunca se concretan. El senador y el representante, pertenecientes al mismo clan y que sacan tajada de todo lo que se emprende en Tumaco, no ven ninguna urgencia para trasladarlos a tierra firme. Nos entrevistamos con el cura que lucha solo por esta población abandonada y humillada, y ahí medimos la amplitud de la desidia criminal de estos elegidos: los vendavales son frecuentes y las casas frágiles se van deteriorando. Una vez cada diez años, se repite el horror. Un maremoto, o una tormenta de mayores proporciones y estas construcciones sobre pilotes se desploman y desaparecen arrastrando con ellas, hombres, mujeres y niños. Los sobrevivientes y los recién llegados empujados por la miseria, reconstruyen en el mismo sitio, prefiriendo seguramente la ferocidad de la naturaleza a la de los hombres.

Hay que hacer algo. Vamos a escribirlo, a alertar al gobierno, a tocar varias puertas. En vano. Nadie moverá un dedo. Años después de este viaje cuando seré elegida en el Congreso, una tempestad arrasará con gran parte de este barrio de Tumaco, muriendo con él más de dos mil personas. Pensaré en ese entonces, con la rabia y el llanto represado, que la lucha más urgente y más legítima, es la de darle a Colombia dirigentes que sean dignos de esa palabra.

Conscientes de la corrupción de las autoridades locales, así como de la malversación sistemática de fondos, y con el ánimo también de preservar la identidad local, elaboramos un plan de desarrollo con carácter social y ecológico tendiente a poner en manos de las comunidades locales las decisiones que los atañen directamente. En vez de preconizar las obras faraónicas que reclaman políticos y empresarios, nosotros abogamos por ejecutar obras comunitarias, utilizando para ello los materiales de la región, para adelantar rápidamente los conductos de agua y los alcantarillados. Insistimos sobre la importancia de apoyar las escuelas y los puestos de salud. Muy pronto, siendo el único vocero del programa, multiplico los desplazamientos entre Bogotá y Cali. Tengo el apoyo de mi Ministro, y si no logro convencer a algunos funcionarios identificados con las autoridades locales, la mayoría de la prensa me respalda y sobre todo tengo la adhesión total de la población local.

Un día, el gobernador del Valle me invita a la inauguración de un barrio de vivienda popular. Y me encuentro con el Ministro de Desarrollo… Ernesto Samper.

— ¡Ingrid! ¡Qué agradable sorpresa! ¿Cómo has estado? Estás lindísima, cada día te pareces más a tu mamá…

Como siempre Samper es encantador, simpático y ligero.

— ¿Qué estás haciendo aquí?

Le explico que elaboré un plan de desarrollo para la Costa Pacífica y de pronto veo que escucha con mucho interés lo que le estoy contando.

Esto me parece sorprendente, ya que por lo general, él siempre está bromeando y saltando de un tema a otro.

— ¿Por qué no me das una copia de tu proyecto? Me interrumpe él.

— Pero si tienes una copia sobre tu escritorio desde hace dos meses… Siendo tú Ministro de Desarrollo, fue una de las primeras personas a quien se lo envié…

— Ah perfecto, lo leeré a mi regreso, pero sigue. Me decías que en materia de vivienda social…

Le cuento entonces en detalle cada una de mis propuestas, así como el presupuesto que estas requieren. Y nos despedimos. Él debe pronunciar un discurso por la tarde, y yo tengo una serie de reuniones.

Al día siguiente, cuál no sería mi sorpresa al abrir el periódico y leer en primera página: "el Ministro Samper lanza el Plan Pacífico: Una inversión de millones de dólares". Todo lo que yo le había dicho la víspera, está ahí resumido en desorden. Mi primera reacción es la de reírme, descrestada ante su osadía. A partir de una conversación de un cuarto de hora, sin haber puesto ningún ingrediente de reflexión, ni haber hecho consulta alguna, hizo esta declaración que impacta a miles de personas. Pero después de la risa tengo un sentimiento de exasperación. Samper actuó con cinismo usurpando el trabajo del Ministerio de Hacienda, burlándose de un gobierno que lo tolera únicamente para evitar una escisión en el partido liberal. Sin tener ni ideas, ni convicciones, su estrategia de conquista del poder, se basa exclusivamente en golpes de opinión...

Para Rudolf Hommes mi Ministro, quien fue el iniciador y propulsor de este proyecto, esto es una afrenta personal y apenas llego a Bogotá, me sermonea vigorosamente. Pero lo más grave de esto no es el regaño que olvidamos rápidamente tanto él como yo. Lo más grave es que al haberse apropiado del proyecto, Ernesto Samper lo hundió. ¿Por qué? Simplemente porque el jefe del Estado César Gaviria, enfrentado a Samper desde que compitieron para llevar la candidatura presidencial del partido liberal, no quiere de ninguna manera que su Ministro y rival pueda sacar algún provecho electoral de este programa de desarrollo. Su gobierno se va a encargar de minimizar y luego, de enterrar todas estas medidas que la población local estaba anhelando.

En lo que a mí concierne, heredo un segundo expediente en forma de cactus: el del contrabando. Es un asunto urgente: la pequeña y mediana industria se está acabando a raíz de la entrada fraudulenta de productos extranjeros que no pagan impuestos y que se venden en el mercado a precios mucho más baratos que nuestros productos nacionales. Es el caso por ejemplo de la industria colombiana del tabaco, ahogada por los cigarrillos americanos de contrabando. La producción de textiles, calzado, licores, también está amenazada. Por otra parte una numerosa población vive de ese comercio ilícito y sería totalmente irresponsable el querer cambiar las cosas de la noche a la mañana. La idea que tenemos es de crear unas zonas de "libre comercio", dentro de las cuales los productos colombianos se venderían sin gravámenes, para neutralizar de esta manera la atracción del contrabando. ¿Para qué importar de manera fraudulenta cigarrillos americanos, si los nuestros tienen el mismo precio o son hasta menos caros? Esta política de transición permitiría a la población local continuar su actividad de comerciantes y acabaría con la criminalidad que conllevan el contrabando y la red de corrupción que éste requiere. Pero para que este plan pueda existir, es necesario convencer a los interesados. Viajo entonces junto con otros dos "tecnócratas", a Maicao, capital del contrabando que queda sobre la Costa Atlántica, donde yo había acompañado a mamá durante el verano de 1986, en ese viaje surrealista de parlamentarios. Esta vez el ambiente no es de fiesta. Una camioneta toyota nos está esperando apenas nos bajamos del avión y tiene la particularidad de estar totalmente acribillada por el impacto de las balas.

— ¿Qué le pasó a este carro?

— Aquí, esto es muy peligroso, contesta sin levantar la mirada el conductor. Hay que tener mucho cuidado, la gente es violenta.

Si por si acaso no hubiéramos entendido el mensaje, este nos es repetido a la entrada de Maicao con una

pancarta gigante: "fuera los funcionarios del Ministerio".
Y como símbolo de acogida, todos los comerciantes
cerraron sus establecimientos y bajaron las rejas. Operación ciudad muerta y por todas partes volantes que
dicen: "¡fuera!".

Una reunión pública está prevista a las cinco de la
tarde en el Club del Comercio, una amplia edificación
de techo de paja y piso de arcilla con capacidad para
unas quinientas personas. El ambiente estaba eléctrico
cuando llegamos. Una multitud de hombres con mirada
negra —sólo veo una mujer wayuu vestida con la manta
guajira— y más inquietante aún, botellas de whisky
que se pasan de mano en mano. La temperatura está
bochornosa, estamos todos acalorados.

Leonardo el único hombre de nuestro trío, inicia la
reunión explicando el proyecto desde un punto de vista
técnico, en medio de un silencio tensionante. La gente
empieza a levantar el brazo y a expresarse. Son las seis
de la tarde; van a monopolizar el micrófono durante
más de cuatro horas. Progresivamente, el tono va subiendo, estimulado por el licor, la furia, el calor, hasta
convertirse en vociferaciones de odio, insultos. "El gobierno nos está poniendo una trampa", "Todo esto
quiere decir más impuestos", "Ustedes no vienen acá
sino para crearnos problemas"...

Cuando Leonardo trata de retomar el control de la
reunión, unos hombres se acercan ya bastante prendi-
dos, otros borrachos, gesticulando y nos amenazan con
el puño erguido: "¡mentirosos!", "¡Funcionarios de m...!",
"¡Váyanse de aquí, ustedes no conocen nada del país!".

— Larguémonos de aquí, me dice en voz baja mi
colega, nos van a masacrar. Huir sería una catástrofe

para la imagen del Estado, que no es de hecho la mejor en estos momentos. Entonces decido agarrarme del último eslabón que nos queda, el de la caballerosidad, tan presente en el corazón de los colombianos. Tomo el micrófono y me pongo de pie.

— Aquí no veo sino hombres, digo puntualizando gravemente mis palabras, estamos reunidos desde hace varias horas y durante todo este tiempo he esperado en vano que alguno de ustedes tenga la cortesía de dejarnos decir una palabra. Pero nadie ha tenido esta elegancia elemental...

Silencio. Parece como si estas palabras los hubieran despercudido. Se pasman, murmuran y luego se callan. Sólo me queda proseguir.

— ¿Qué es lo que ustedes quieren defender? ¿Un país en el que toca matarse los unos a los otros para ejercer la actividad de comerciante? Nos trajeron aquí en un carro lleno de impactos de balas. ¿Es en este ambiente que les toca vivir a sus mujeres, y que ustedes crían a sus hijos? ¿Qué significa para ustedes entonces la familia, la felicidad, la vida? Los que más se han enriquecido tienen que encerrarse detrás de rejas, con cámaras de seguridad, y nunca están seguros de poder regresar a sus casas a dormir por la noche. ¿De qué les sirve ser ricos si viven sumidos en el terror? La verdad es que todos ustedes son prisioneros de la corrupción, del contrabando. ¿Pregúntense sólo por un instante si sus mujeres e hijos no preferirían vivir al lado de un comerciante normal, honorable, cuyo éxito no lo transforme en blanco de cualquier sicario?... Les voy a decir una cosa: Nosotros no venimos acá para venderles un proyecto a toda costa. Esta zona de libre comercio, nos beneficiaría a todos. Pero no la vamos a hacer en contra de ustedes. ¡Nunca! Si ustedes quieren hacerla, muy bien. Si no la quieren, van a seguir por fuera de la ley, lo que mata cada año a decenas de ustedes. Yo, personalmente en todo esto no veo sino el interés de sus hijos…

Los veo que se miran entre ellos, que discuten y se serenan, están menos agresivos. Sin embargo, ya es tarde y decidimos reunirnos al día siguiente pero no nuevamente con los quinientos, sino con una comisión de delegados escogida entre ellos. Seis meses después, las zonas libres de Maicao, Urabá y Tumaco, nacen por decreto.

Es cuando entonces, me llama el joven Ministro de comercio exterior, Juan Manuel Santos. Este Ministerio acaba de ser creado para dirigir la política de apertura comercial del país y Santos simboliza la nueva generación de políticos: es graduado de Harvard, apasionado por la globalización, estudioso y enterado de la economía mundial. Heredero de una prestigiosa familia colombiana, renunció a la dirección de *El Tiempo* —primer diario de circulación nacional— para aceptar este Ministerio. Él es consciente de que Colombia no puede seguir aislada detrás de sus fronteras, y que para poder ser partícipe de la mundialización, tiene que adoptar reglas internacionales, en particular una de ellas: el respeto de la propiedad industrial, es decir, de las marcas y patentes. Es para poner en pie esta legislación que Santos me propone ser asesora de él.

Descubro entonces uno de los motivos esenciales del retraso de Colombia: como hemos rechazado continuamente adherirnos a los acuerdos internacionales relativos al respeto de marcas y patentes, la industria internacional, la investigación y la innovación tecnológica nos han dado la espalda. Peor aún, tenemos fama de usurpadores, de piratas. Si un producto farmacéutico aparece en el mercado mundial, nosotros en vez de importarlo legalmente, lo copiamos.

Visito unos galpones sórdidos en donde sin ningún control ni higiene, se fabrican medicamentos supuestamente idénticos a aquellos de los laboratorios europeos o americanos, pero que en realidad en vez de aliviar la enfermedad, seguramente deben agravarla y hasta causar la muerte. Seguimos teniendo una mentalidad del rebusque. Jugamos a ser los más avivos sin entender que nuestras argucias, nuestros atajos para producir más rápido y más barato, erigidos en sistema nos han privado de los frutos de la investigación tecnológica y científica aplicadas a la industria. El resultado de esto, es que nuestros productos "Made in Colombia" no están a la altura de aquellos producidos en otros países, y por consiguiente no se pueden exportar. Apenas soy nombrada, emprendo una gira por los países de la zona del Pacífico –Japón, Hong Kong, Corea, Taiwan, etc.– para entender cómo desarrollaron ellos sus intercambios comerciales y para presentar una imagen renovada de Colombia: la de un país preocupado por someterse a las reglas del juego y a la ética internacional. Los mejores industriales y empresarios del país apoyan mis esfuerzos, en particular los floricultores, quienes para conquistar nuevos mercados y para desarrollar nuevas variedades tienen la imperiosa necesidad que se establezca esta nueva legislación.

Pasan así dos años apasionantes. Un día Juan Manuel Santos, me pide que lo acompañe al Consejo de Ministros. Una de mis colegas y amigas, Clara, viene con nosotros. Santos tiene que hacer un planteamiento y estamos ahí para apoyarlo discretamente. Descubro el funcionamiento del Consejo y de entrada me impacta la inteligencia, la rapidez de espíritu, y el excelente conocimiento de los asuntos por parte del presidente Gaviria. Frente a cada uno de los problemas que se plantean, él pone en relieve perfectamente lo que está en juego, y sus comentarios atestiguan que entiende con precisión los mecanismos de la economía mundial y que tiene además una inmensa cultura. Sin embargo, en el momento de tomar la decisión él se desvía bruscamente de su planteamiento ambicioso y cae en componendas mediocres. Clara comparte conmigo mis impresiones. Tenemos la sensación de que Gaviria y sus Ministros tienen una visión clara de lo que habría que hacer, pero parecen estar sometidos a presiones ocultas, a compromisos secretos que los arrinconan, los hacen retroceder y conformarse con soluciones incompatibles con la modernización con la cual estamos soñando.

Clara y yo salimos del palacio presidencial muy perturbadas y desconcertadas, y antes de regresar al Ministerio paramos a tomarnos un tinto. Lo que sabemos ahora con evidencia es que el interés del país está constantemente relegado a un segundo plano para satisfacer los intereses de personas que detienen tras bambalinas importantes medios de presión.

— ¡Qué horror! Me dice Clara, todo lo que nosotros propongamos, siempre se va a estrellar contra los mismos "lobbies" cuyo interés es que nada cambie.

— A menos que decidamos metérsela toda…

— ¿Cómo así "metérsela toda"?

— Nosotros no somos sino tecnócratas, claro pero tenemos el derecho y es más, el deber, de proponer soluciones. Pero fíjate, no tenemos el poder de llevarlas a cabo. En realidad no tenemos ningún poder, el verdadero poder está en manos de los políticos.

Sobre esta reflexión, nos despedimos. Una semana más tarde, almorzamos juntas y retomamos la conversación en el punto en el que la habíamos dejado.

— He reflexionado y sabes, no veo el interés de seguir trabajando en estas condiciones.

— ¿Estás pensando en pasar al sector privado? No es mala idea, por lo menos allí se gana uno mejor la vida...

— ¡Clara, tú sabes muy bien que nosotras no hacemos esto por la plata! No... Yo estaba pensando en otra cosa: ¿Y si nos lanzáramos?

— ¿Lanzarnos a qué? ¿Qué estás imaginando?

— ¡A la política, claro!

— Pues figúrate que lo he pensado yo también, pero no podemos. Es incompatible haber trabajado en el gobierno y ser candidato a alguna corporación.

— ¿Estás segura?

— Prácticamente sí.

— Averíguate eso con certeza, ¿bueno?

Esa tarde, enviamos una carta al Consejo Electoral.

Clara es directora de un departamento del Ministerio y yo, consejera técnica del Ministro. ¿Tenemos derecho estando en estos cargos a presentarnos por ejemplo a la Cámara de Representantes?

Estamos en el mes de agosto de 1993, las elecciones legislativas tendrán lugar en marzo del año siguiente...

Y nos olvidamos de esta carta.

Un mes después llega la respuesta: estamos autorizadas a presentarnos. Pero hay una condición, la cual es problemática para nosotras, pues vivimos ambas de nuestro sueldo: debemos primero renunciar al Ministerio.

5

— Ingrid, lánzate, es el momento. Tienes la experiencia de haber trabajado en el gobierno y una edad que te permite encarnar la renovación. Siempre pensé que estabas hecha para esto. Y además, no te voy a opacar, ¿sabes? Me retiro de la política. Ya no tengo la energía ni la fe, desde la muerte de Galán. ¡Lánzate!…

— ¡De acuerdo, mamá, pero cómo hace uno para lanzarse!

— Mira, lo mío fue un caso particular, yo ya era conocida antes de hacer política. No sé cómo se hace. Pero ve a ver a José Blackburn de mi parte. Es un amigo, y tiene toda la experiencia que se requiere para aconsejarte.

José Blackburn es un exitoso industrial de la generación de mi mamá. Militó en las filas galanistas y fue elegido representante y luego senador por el Nuevo Liberalismo. Él me escucha con simpatía, y en tono paternal, trata primero con delicadeza de orientarme hacia un proyecto más razonable. Seguramente para que la caída sea menos fuerte el día de las elecciones.

— Representante a la Cámara, es muy difícil, Ingrid. Por qué no empiezas por aspirar al Concejo de Bogotá.

— No, quiero trabajar por el país, hacer que las cosas cambien desde la cúpula, si no todo va a seguir siempre igual.

— Eres muy ambiciosa. Y muy idealista también… ¡Bueno, pero por qué no!, serás la cara joven y nueva en un panorama que no se renueva mucho. Y también eres mujer, lo cual es una ventaja… Mira, la primera cosa que tienes que hacer es conseguir dinero para financiar tu campaña. La segunda, es rebuscarte una sede en donde puedas instalar a tu equipo. Y la tercera, es congregar gente alrededor tuyo, toda la gente que puedas. Para ello tienes que tomar tu libreta de teléfonos, llamar a cada uno de los nombres que en ella aparecen, inclusive a aquellos que sólo viste una vez, y convencerlos de ayudarte. Necesitas mucha gente que te apoye, Ingrid, sola no llegarás a nada. O si no la otra alternativa es comprar votos como hacen los demás, pero para eso se requiere mucho dinero…

— ¿Estás loco? Es precisamente para acabar con esos métodos que me quiero lanzar. Quiero probar que se puede hacer política sin necesidad de comprar gente, ni dañarla, ni engañarla…

— ¡Eso está muy bien! ¡Muy bien! Por lo menos ya tienes un programa, eso ya es algo.

Esa misma noche, me reúno con Clara. Ella y yo firmamos un pacto moral: meternos en esto juntas o nada. Por ahora nos damos la mano en el borde del precipicio. Esto es deliciosamente vertiginoso pero hasta el momento no hemos hecho nada que sea irremediable, podemos todavía regresar a nuestros seguros y cómodos cargos burocráticos.

— ¿Dinero? Me dice Clara. Pues lo que vamos a hacer es organizar una reunión de trabajo como hemos aprendido a hacerlo aquí: invitaremos a los industriales que nos conocen desde el asunto de las marcas y patentes y les vamos a hablar poniendo las cartas sobre la mesa. Con seguridad nos podrán dar ideas y de todas maneras, será un buen test.

Organizamos nuestro primer desayuno como candidatas potenciales, e invitamos a los diez empresarios que fueron más cercanos a nosotras en el Ministerio de Comercio Exterior. Sé que apreciaron nuestras cualidades profesionales y que sentimos mutuamente respeto y estima.

— Bueno, les digo yo, hace más de tres años que trabajo con el gobierno. Para cada uno de los asuntos que me confiaron, propuse soluciones pensando en el interés del país. Sin embargo, invariablemente mis propuestas fueron desviadas o simplemente desestimadas, como el plan de desarrollo para el Pacífico, por aquellos que precisamente elegimos para hacer esas reformas: los políticos. Colombia, el pueblo colombiano, tiene hoy en día un sentimiento de impotencia frente a estos elegidos corruptos quienes bajo el pretexto de encargarse de nuestro destino, en realidad se lo han usurpado para beneficio propio. Estoy planeando demostrarle a los colombianos que eso no es una fatalidad, que se puede hacer política de otra manera, y en particular hacerse elegir honestamente, como en Europa, con ideas, con afiches, con discursos, con un programa. Es decir, sin comprar a nadie y sin venderse uno mismo. En otras palabras lo que estoy considerando hacer es renunciar al Ministerio para presentarme a la Cámara de Representantes. Y para esto necesito dinero. Pero las cosas tienen que ser bien claras: no daré nada a cambio del apoyo financiero. Trabajaré simplemente para construir una democracia digna de ese nombre. Y esto será largo. Necesito ideas para lograrlo.

Gran silencio.

¿No será ilusorio y hasta ridículo, pretender a los treinta y dos años reformar a pulso un sistema que ha echado raíces durante varias décadas? ¿Será que esos hombres, —que la mayoría tienen veinte o treinta años más que yo— van a querer ayudarme y creer en mí? Veo en algunos de ellos una sonrisa tal vez incrédula pero ninguno se ha parado para irse. Por el contrario se conciertan con la mirada y disparan los primeros cuestionamientos.

Esto es para mí un momento extremadamente conmovedor porque más allá del escepticismo, se siente en ellos las ganas espontáneas de creer que es posible, el deseo que Clara y yo lo logremos a pesar de nuestra ingenuidad y de los escasos medios y recursos que tenemos… Estos hombres con el bagaje de la experiencia que tienen en los negocios, en la guerra económica, quieren en realidad con sus preguntas, prevenirnos sobre los errores evidentes, los tropiezos de principiantes, y centrarnos rápidamente en lo esencial: Cómo convencer a los colombianos de votar por nosotros. Se preocupan que siendo nosotras desconocidas, el tiempo que nos queda es aún más limitado para lograr que la opinión pública nos identifique. Hacen las veces de abogados del diablo y nos presionan para formular mejor nuestras ideas y este desayuno se torna rápidamente en sesión de examen final. Pero al mediodía nuestro programa ya está esbozado, y resumido en una profesión de fe tajante y drástica contra la corrupción. Y estos diez hombres que fueron los parteros de nuestro programa, deciden apoyarnos. Es un momento extraordinario, mágico, nos abren las puertas del mundo y se marchan con la misma serenidad con la que llegaron. Todo está por hacer, pero ya no estamos solas.

Me resta solamente renunciar. Lo haré en noviembre, después de haber cerrado una serie de negociaciones comerciales con Estados Unidos. Pienso que mi Ministro me va a estimular, después de todo, él también tiene ambiciones políticas —se ve a sí mismo como Presidente de la República antes de diez años—, es fácil entonces para él imaginar lo que tengo en mente. Pero lo que recibo es un baldado de agua fría.

— ¡Pero estás completamente loca, Ingrid! Lo que me estás contando no tiene ningún sentido. Mira, ¿Quién te conoce? No tendrás un solo voto... Estoy seguro que ni el portero de tu edificio sabe quién eres ni dónde trabajas. ¡Esto es grotesco! Y lo es aún más sabiendo que te necesito aquí... Reflexiona tranquilamente y volvemos a hablar de esto más tarde.

— Está todo pensado, y lo quiero hacer.

Mueve la cabeza con aire de lamentarlo sinceramente.

— Pues si quieres ir al matadero, es tu problema… De todas maneras haré algo por ti: al día siguiente de las elecciones, te contrato de nuevo en el Ministerio, así no quedarás desempleada.

— Al día siguiente de las elecciones, yo seré representante a la Cámara.

— Eso crees tú, ¡ya verás!

En realidad no estoy tan segura de ello, pero ya no me hago esa pregunta. Me quedan cuatro meses para tratar de lograrlo y a esos cuatro meses hay que restarles las vacaciones de fin de año, es decir, que sólo podremos empezar campaña después del 15 de enero. En ese momento sólo tendré ocho semanas…

Bueno, después del apoyo, la sede, "conseguir una sede", como decía el amigo de mi mamá. Efectivamente es urgente hacerlo, a principios de enero tenemos que estar instaladas. Clara y yo recorremos entonces en carro la carrera séptima, una de las arterias principales de Bogotá. De pronto, una tarde escudriñando esta vía por centésima vez, vemos uno de esos palacetes construidos a mediados del siglo y que sobrevivieron a la ola de demoliciones de los años setenta. Esta mansión en cuya entrada se erigen imponentes columnas, parece desocupada. Nos parqueamos.

— ¿Esta casa? Nos dice un obrero, pertenece al notario que vive en la calle que se ve allá detrás.

¡Pues vayamos a hablar con ese notario! ¿Estaremos soñando? Sí. Pero por qué no. Llegamos. Es una notaría muy antigua, oscura y llena de gente.

— ¿Podríamos ver al notario?

— ¿De parte de quién?

— Ingrid Betancourt y Clara Rojas. Sólo vamos a molestarlo un minuto.

Después de una corta espera nos hacen seguir. Pirámides de carpetas amarillentas y, al fondo del despacho, iluminado por una luz tenue, la cara de una mujer con varios años encima, concentrada en la lectura de documentos. Me deja hablar y con voz seca: esta casa no está para arrendar, señora.

— Entiendo, nos dijeron que usted deseaba pasar sus oficinas para allá. Pero nosotros podríamos financiarle, por ejemplo, una parte de la obra que está haciendo.

— No insista, lo siento.

— ¡Escúchenos, para nosotras esto sería extraordinario! Nos lanzamos al Congreso… ¿De verdad usted no podría ayudarnos un poco? Sólo serían tres o cuatro meses.

Se ríe.

— ¿Tú no serás por si acaso hija de Gabriel Betancourt?

— Sí claro.

— Estaba empezando a sospecharlo… Sabes, yo también hice política con Dolly…

— ¿La hermana de mi papá?

— Exactamente, tu tía Dolly. Mira, ven por aquí a ver…

Y me muestra una foto en la que reconozco a mi tía Dolly y ella a su lado, joven, y menuda en ese entonces. Llevan ambas el uniforme azul del partido conservador. Mi tía, fallecida hace casi veinte años, quien tanto me consintió en mi infancia y de quien conservo un recuerdo dulce y lejano… Ella también fue senadora en los años sesenta.

— ¿Te vas a meter en esa vacaloca? Exclama ella. Es muy difícil, sabes… Sobre todo para una mujer.

Le explico. Le cuento que no nos vamos a resignar y que iremos hasta el final contra la corrupción, contra los poderes oscuros que trancan nuestras instituciones, por la democracia, hasta el final.

Ella me escucha. Y sonríe.

— Bueno voy a hacer algo por ti y también por el país en nombre de la solidaridad entre mujeres. Puedes contar con la casa, hablaremos de dinero más adelante.

Ese día, al salir de la notaría, sentimos que el corazón nos va a explotar de felicidad, tenemos ganas de gritar y de llorar, y pensamos que si tenemos esa casa, es imposible que no vayamos a ser elegidas. ¿Imposible? ¿Esta extraordinaria mujer cree en nosotras hasta el punto de hacernos este regalo, diez exitosos industriales confían en nosotros hasta el punto de aceptar apoyarnos?… Eso se llama tener buena estrella. ¿No es así? Clara y yo nos abrazamos y los automovilistas que nos ven, pitan sorprendidos…

Una hora más tarde, recorremos emocionadas nuestro nuevo palacio. En el primer piso, dos salas, cada una con capacidad para recibir a un centenar de personas en las que haremos nuestras reuniones políticas y aproximadamente quince oficinas en los pisos de arriba… Queremos una sola oficina para las dos, para no perder la costumbre de hablarnos. Aquí instalaremos nuestra oficina de prensa, aquí el conmutador… ¡Sí, sí, pero por el momento todo está vacío! Necesitamos cen-

tenares de sillas, archivadores, lámparas, escritorios…
Lo que es imposible para el presupuesto que tenemos.
Rápido el directorio telefónico. Mira. Hay una fábrica
de muebles cerca de aquí. Vayamos enseguida…

El hombre tiene en su rostro la austeridad del viejo
carpintero que ha pasado por todo en la vida, y nuestra
agitación no lo perturba ni un segundo.

— Déjeme su dirección iré a verlas mañana.

No dijo ni sí ni no. Ningún rastro tampoco de una
sonrisa. ¿Habrá comprendido él que no tenemos con
qué pagarle?

Al día siguiente por la tarde, recorre los salones y
oficinas.

— ¿Una mansión como ésta para una campaña electoral? Murmura él, esto les costará, mucho…

Al fin sonríe y como si quisiera prolongar nuestro
cuento de hadas:

— Está bien, puedo arrendarles los muebles que
necesitan por un precio digamos… Interesante para
ustedes, pero con una condición: ustedes pagarán la
reparación de cada mueble que se dañe.

Es posible que efectivamente mi portero no sepa
nada de mí, que tal vez nuestros electores potenciales
se cuenten en los dedos de una mano, pero en la víspera de las vacaciones de Navidad estamos seguras de
tener la mejor sede. Un mes más tarde, podré constatar
con picardía que la sede del partido liberal, el propio
partido del Presidente de la República, no es mejor
que la nuestra.

Y nos vamos de vacaciones a Cartagena con Melanie
y Lorenzo. El papá de mis hijos vive en Bogotá hace
ahora ya más de dos años, estamos al otro lado de los

sufrimientos consecutivos al divorcio y los niños se han adaptado a vivir una parte del tiempo con Fabrice y otra conmigo. Estas vacaciones las estábamos esperando con impaciencia porque mis funciones en el Ministerio de Comercio Exterior no me han dejado casi ni tiempo para respirar.

De pronto, una mañana como cualquier otra, mientras me estoy alistando para ir a la playa, escuchando distraídamente la radio, capto esta información aterradora: "ayer fue el último día para las inscripciones de candidatos al Congreso. Las listas ya están cerradas, etc.". Dios mío. ¿De qué inscripción están hablando? ¿Había que inscribirse para ser candidato? Siento que un pánico espantoso me invade. ¡No! ¡Es imposible, no hemos hecho todo esto para nada!… ¿Mover cielo y tierra, acudir a estas personas tan formidables y finalmente tener que renunciar porque no llenamos un formulario? Rápido, llamar a Clara. Pero Clara está en vacaciones y es imposible localizarla. Entonces el Consejo Nacional Electoral en Bogotá, ellos sabrán decirme… ¡Y por qué nadie nos avisó!… Y el teléfono que repica en el vacío… ¿Por qué?… ¿Por qué?…

— Tal vez es porque hoy es sábado, mamá…

— Pero claro, Melanie. Tienes toda la razón, todo está cerrado, estoy perdiendo la cabeza, perdóname, pero tú sabes…

Melanie no sabe, no tiene ni siquiera ocho años y lo que quisiera es irse ya para la playa. Paso entonces uno de los fines de semana más atormentados de mi existencia, me imagino todos los guiones posibles, nos veo reprobadas, antes de haber empezado el examen. Esto es lamentable. Ridículo.

Afortunadamente, el lunes vuelvo a renacer: ante las numerosas quejas provenientes de todo el país, el plazo de inscripción fue prorrogado por quince días más.

Inscripción inolvidable, de la cual todavía, retiro enseñanzas. Lo primero que hay que hacer es conseguirse la acreditación de un partido. Tengo dos opciones. ¿Qué partido escoger? El partido conservador del cual mi papá es miembro o el partido liberal en cuyas filas mamá ha militado toda su vida. Prácticamente no existe diferencia; los dos partidos tienen las mismas mañas. Sin embargo, teniendo en cuenta que mamá aún figura como una personalidad del partido liberal, y que éste además ha tenido tradicionalmente una mayor preocupación por los problemas sociales, me siento ideológicamente más cercana, y es en ese partido que decido enmarcar mi candidatura. Me imagino que voy a ser sometida a un examen severo y me preparo para ello. Mamá prometió acompañarme para facilitar las cosas. Sin embargo nada ocurre como lo había previsto. Cuando llegamos a la sede del partido encontramos un desorden avasallador. Gente por todas partes, se empujan, se llaman los unos a los otros, ríen, encontrones... ¿El despacho del secretario general? La puerta que está abierta a mano izquierda. Y ahí está él en un continuo agite. Mamá quiere explicarle, presentarme, y él grosero, desagradable:

— Está bien, está bien, aquí tiene el aval.

Y así no más se voltea para hablar con otra persona. Ni un saludo ni un adiós. Entiendo entonces que esa investidura, él se la da a cualquier persona que se la pida sin hacer ninguna pregunta, sin pedir por parte del candidato el más mínimo compromiso de seguir los lineamientos del partido, su ideología, su programa.

Todo esto me parece un tanto folclórico, sin embargo me siento orgullosa de haberme convertido en miembro de esta agrupación. He leído y me siento a gusto con los postulados de los grandes líderes de la colectividad, cuyas fotos decoran las paredes de la sede.

Nos resta inscribirnos oficialmente como candidatas en las famosas listas. Al día siguiente vamos juntas Clara y yo acompañadas cada una por un testigo —por parte mía, mi mamá, por parte de ella, su madrina—, militante del partido liberal.

Estando allí nos percatamos de la profundidad del abismo que nos separa de los demás candidatos. Mientras que nos estamos presentando, con nuestra cédula en mano, llegan otros encabezando verdaderas comitivas: abundantes pancartas llevadas por militantes entusiasmados y luciendo camisetas estampadas con la imagen del candidato, papayeras, fotógrafos, camarógrafos… ¿Y nosotras? ¡Desprovistas de todo, sin tener siquiera un botón de campaña en la solapa! Si necesitábamos un electroshock para tomar conciencia de la gigantesca tarea que nos queda por adelantar, ahí está, lo acabamos de recibir.

Clara y yo salimos de ahí atolondradas. Estamos a mediados de enero y no tenemos ni un slogan ni un afiche… entonces me recuerdo haber simpatizado con un joven publicista cuando, participé al lado de mamá en la campaña electoral del futuro Presidente Gaviria. ¿Cuál era su nombre? Ah, sí, Germán Medina. Tomamos cita para el día siguiente, no puedo perder ni un día más.

— Te voy a ayudar, Ingrid, hablaremos de dinero más tarde. ¿Pero dónde está tu programa? No puedo concebir nada sin tu programa.

— Mi programa cabe en cuatro palabras: luchar contra la corrupción.

— Está muy bien, pero tú te presentas por Bogotá, tienes que decir lo que deseas para la ciudad.

— La construcción del metro que llevamos esperando medio siglo, la protección del aire que respiramos y que es uno de los más polucionados del planeta, y una política de apoyo a la familia, a los niños… Pero nada de eso será posible mientras la corrupción absorba la mitad de los presupuestos; quiero que te ingenies alguna cosa, algo que simbolice mi lucha contra esa gangrena.

Dos días más tarde, Germán nos trae un preservativo. Clara se escandaliza y yo me siento… Seducida. Percibo inmediatamente hasta qué punto este símbolo puede hablarle a la gente, precisamente porque es chocante, y que nadie puede quedarse indiferente al verlo. Votar por nosotras, es de cierta manera, ponerse un preservativo, en términos políticos. Estamos en 1994, en plena expansión del sida; con el preservativo, la analogía entre corrupción y sida es prácticamente inmediata. Sí, yo me identifico totalmente con la idea de Germán, y Clara se deja convencer.

— ¡Me parece genial lo que encontraste! ¡Formidable! Mi respuesta es sí, sí, sí. ¡Jalémosle a tu idea!

Él ya tiene el esbozo de nuestro afiche: mi foto junto a un preservativo, con este slogan: "la mejor para preservarnos de la corrupción".

Entonces una idea me pasa por la mente.

— ¿Y sabes qué? Voy a repartir preservativos en la calle... Como lo hacen en las campañas contra el sida. La corrupción es el sida de los colombianos, otro sida además del verdadero que nos puede quitar la vida.

Había seguido los consejos del amigo de mi mamá y había llamado a todas las personas de mi libreta de teléfonos. Las llamo de nuevo, en su mayoría están dispuestas a ayudarme, y les digo: "Necesito que me hagan un favor, tráiganme preservativos, cajas de preservativos, necesito centenares, miles de preservativos, lo entenderán más adelante, tengan confianza en mí".

Me paro en los semáforos y golpeo en las ventanas de los carros.

— Me llamo Ingrid Betancourt, soy candidata a la Cámara, y creo que la corrupción es en política, el equivalente del sida. Tenga, le regalo este preservativo para que se acuerde de mí el día de las elecciones.

Y la gente adhiere al concepto, algunos seguramente chocados, pero siempre atentos, ninguno indiferente. Las mujeres: "lo que dice es cierto, usted es echada para adelante". Los hombres, a veces tímidos o envalentonados: "eso sí, con semejante regalo no la vamos a olvidar".

Pero, muy rápidamente mi papá se entera y surge el drama. Me llama a la casa por la noche, totalmente escandalizado.

— Ingrid un amigo mío te vio en la calle. No tienes derecho de hacerme esto... Mi propia hija repartiendo unos... Unos... Esto no es digno de ti, es degradante... Cómo te atreves a hacer eso... Esto es vergonzoso, Ingrid...

Y mi mamá, de quien yo esperaba palabras de apoyo:

— Tu papá está herido, profundamente herido, y yo lo entiendo. Tú estás haciendo una campaña inspirada por tu juventud, por tu entusiasmo, pero distribuir esas cosas me parece indigno, qué quieres que te diga…

A los dos días de esta pequeña tragedia familiar, me invitan a una de esas comidas cuyo propósito es el de hacerme conocer por los periodistas. Es en realidad uno de ellos, un señor Luis Enrique, del cual hablaré más adelante y que acabo de nombrar como jefe de prensa de mi campaña, quien tuvo la idea de organizar la reunión. Llego allí aún sacudida por el sermón de mi papá. Felipe López está ahí, el director de la revista *Semana*. No sé si se dio cuenta que me estoy sintiendo incómoda, en todo caso él es quien me da la mano.

— ¿Bueno, cómo va esa campaña?

— En realidad más bien mal. Mi papá no soporta que yo reparta preservativos en los semáforos…

Felipe estalla de la risa. Me hace preguntas, me reconforta. Desde su punto de vista, eso no es sino un conflicto de generaciones, pues en el fondo la idea le parece excelente para hacer que los colombianos se cuestionen a sí mismos.

Una semana después, aparece una nota en "Confidenciales", la sección más leída de *Semana,* en la cual se dice que estoy dirigiendo una campaña moderna y ofensiva que choca profundamente "al papá de Ingrid, el ex Ministro Gabriel Betancourt".

En ese instante los medios descubren que una mujer joven, de treinta y tres años, hija de un ex Ministro, se atreve a repartir condones contra la corrupción en las calles de Bogotá. Y todo se acelera, la televisión me filma en plena acción, mi foto aparece en todos los periódicos. De pronto paso de ser anónima a convertirme en un fenómeno. Me reconocen en la calle, no necesito golpear en las ventanas de los automóviles, la gente baja el vidrio y me sonríe...

Mamá me vuelve a llamar.

— Es increíble. A tu papá el cuento de los preservativos, le está empezando a parecer muy divertido. Algunos de nuestros amigos dicen inclusive que lo que haces es inteligente, que estás haciendo reflexionar a la gente...

Ellos que se sentían deshonrados, descubren de pronto que los están reconociendo y se empiezan a sentir, en secreto, orgullosos de mis iniciativas un tanto escandalosas.

En ese momento me ocurre una cosa totalmente inesperada: una de las estrellas de nuestra televisión, Yamit Amat, me invita al noticiero de la noche. Estoy asustada, sé que es una oportunidad única y que si salgo mal, pasaré al olvido. Anticipo lo peor porque sé que a Yamit Amat le gusta preservar su fama de periodista implacable.

— Nadie la conoce en Colombia, empieza él diciendo: Cuéntenos quién es usted y por qué quiere acceder a una curul en la Cámara de Representantes.

— Quiero luchar contra la corrupción.

Y veo en ese momento que ostensiblemente contiene una risa burlona.

— Luchar contra la corrupción; ¿pero qué va a hacer usted contra la corrupción?

— Denunciar desde mi curul a los corruptos.

126

— ¿Ah sí? ¿Y usted conoce mucha gente corrupta en el Congreso?

— Sí yo conozco a muchos y me imagino que usted también.

— Es cierto, replica Yamit Amat en un tono seco. ¿Sería usted capaz de dar, digamos... cinco nombres de los políticos más corruptos del país?

— Sí. Y ahí, disparo los cinco nombres. Los cinco políticos que a mis ojos me parecen los más corruptos.

Yamit Amat está estupefacto. Marca un tiempo de silencio y bruscamente cambia de tono.

— Usted sabe que los colombianos están escandalizados con el cuento de los preservativos...

Hago mi discurso de campaña y salimos.

Luis Enrique, mi jefe de prensa quedó entusiasmado con la última parte sobre los preservativos. Como la entrevista no es en directo, él está convencido que Yamit Amat va a cortar el denuncio nominativo que hice y que "equivale a una condena para ti". Nos reímos.

Llamo a mis papás y a todos los que me apoyan para que no se pierdan el noticiero esa noche. Y prendo la televisión. Y ahí, estupefacción. Yamit Amat, sólo pasa al aire mi denuncio. ¡Es una bomba! Yo misma me quedo como paralizada, atónita. No por mucho tiempo, porque a los veinte segundos el teléfono empieza a timbrar.

— ¡Ingrid estuviste formidable!, ¡formidable!, ¡pero tienes que tener mucho cuidado! No te das cuenta, esos tipos son criminales.

Decenas de llamadas elogiosas, pero angustiadas y de pronto en medio de ese torbellino, la voz bella y

127

grave de un hombre respetado unánimemente en Colombia, Hernán Echavarría, gran industrial y ex Ministro de Hacienda:

— ¡Ingrid, acabo de oírte! Estoy contigo y quiero ayudarte. ¿Necesitas recursos?

Claro que necesito dinero. En este punto, ya no tenemos un centavo, todo se fue en publicidad.

— Sí. Sí.

— ¿Cuánto necesitas?

— No sé… Cinco millones.

Y pienso: Es una locura, me va a colgar el teléfono.

— Te envío el cheque mañana por la mañana.

En ese momento de mi campaña, el partido liberal designa su candidato presidencial: Ernesto Samper. Las elecciones para la primera magistratura tendrán lugar dos meses después de las elecciones parlamentarias. Mamá me sugiere retomar contacto con el partido liberal del cual he estado totalmente ausente desde el día de mi acreditación. Mi campaña la he llevado sin ningún apoyo de su parte y sin siquiera consultarlo sobre mis slogans.

— Vayamos al menos a saludar a Samper, me propone mamá. Es un amigo y seguramente tendrá consejos para darte.

¿Consejos, Samper? No espero nada de él, su cinismo y su irresponsabilidad están aún frescos en mi memoria. Pero no digo que no, Samper tiene todos los chances de ser Presidente de la República y si soy elegida, tendré que trabajar con él de todas maneras.

Lo encontramos en ese ambiente loco de las campañas políticas en el que la gente excitada corre por todas partes, como siempre, ligero, amable, despreocupado y de buen humor. De entrada se burla de mí:

— ¡No estarás pensando en que te van a elegir porque repartes condones! ¡Ingrid, Ingrid por favor! Si eso fuera la política, cualquier persona estaría en el Congreso… Se ríe escéptico.

— Ernesto, Ingrid se lanza de verdad, aconséjala con seriedad…

— Está bien que se lance al ruedo Yolanda, no hay nada mejor para aprender que tener una buena derrota, pero ayúdala tú con toda tu gente. ¡Ya me las imagino a ambas echando discursos, Ja, Ja, Ja! Pero conmigo no cuenten para repartir condones… ¡Yolanda, tú cada día más joven! ¿No?

Y nos acompaña a la puerta, con el espíritu ya absorto en otro asunto.

Mamá está ofendida, herida.

— Estuvo odioso.

— ¿Qué querías que nos dijera? Es evidente que para él yo no tengo ningún chance; él no concibe una elección sin maquinaria. No puede entender que yo le esté apostando a la confianza de los colombianos, a su civismo, a su deseo de democracia. Está convencido que todos son corruptos y venales. Para él todo es una cuestión de dinero. Voy a demostrarle que está equivocado. Verás, algún día va a ser él quien venga a buscarme, quien me necesite…

Los augurios no son los mejores, el día de las elecciones, amanece lloviendo en Bogotá. La lluvia es un enemigo fuerte de nuestra democracia; desanima la gente libre de ir a votar, mientras que no tiene ninguna influencia sobre aquellos que recibieron dinero por su voto: estos irían aún de rodillas para no padecer ninguna represalia. Clara, que tiene una formación de abogada, organizó todo maravillosamente: tenemos gente nuestra en cada mesa de votación, gente formada por ella, para detectar fraudes y conocedores de las iniciativas jurídicas que haya que tomar inmediatamente. Yo, decidí encargarme de llevarles sándwiches a todas estas personas que nos ayudan benévolamente, lo que me da la posibilidad de levantarles el ánimo y de tomarle el pulso al electorado. En los barrios del sur son los hijos de mi mamá los ex alumnos del albergue que ya son adultos, quienes están pendientes de las mesas de votación. Y ahí es el mundo al revés, son ellos los que me animan, me abrazan, me rodean gritando vivas, por donde voy pasando. Esto me conmueve aún más, sabiendo que me apoyan sin esperar nada a cambio, mientras que los vecinos comprometidos con otros candidatos tienen la seguridad de tener un pequeño empleo, dinero, u otras ventajas…

Cuatro de la tarde, cierran las mesas de votación. Regreso a la sede. Clara ya está ahí, nos encerramos en nuestra oficina, prendemos la radio y nos quedamos totalmente postradas, incapaces de intercambiar una palabra. Mis papás prácticamente ausentes durante toda mi campaña, no se desplazaron. Alrededor nuestro casi nadie, como si todos hubieran preferido quedarse en sus casas, para evitar transmitirse los unos a los otros la angustia colectiva. Centenares de candidatos acaban de enfrentarse durante meses por las dieciocho curules que hay para Bogotá en la Cámara de Representantes. Clara y yo éramos dos voces minúsculas en el concierto de parlanchines listos para prestarse a todos los tráficos, a todas las componendas, para acceder al Congreso. ¿Nos habremos hecho oír? Esto nos parece en este momento bastante improbable. Si no estuviéramos tan nerviosas, podríamos bromear sobre ello.

Cinco y media, los primeros resultados llegan. Los locutores empiezan a botar nombres y de repente estupor: el mío, en quinto lugar entre los dieciocho candidatos con más votos. Creo que gritamos de alegría. Sí, estamos de pie y gritamos: " ¡Será posible! ¡Será posible!, no se habrán equivocado… ¡Ingrid Betancourt! ¡Ingrid Betancourt!". Repetimos y gritamos mi nombre como si fuera el de otra persona. Pero no, es el mío, ese es mi nombre. El locutor está tan atónito como nosotras. Dice que soy la sorpresa del escrutinio, y se queda corto en palabras porque no tiene ninguna ficha sobre mí. Yo no estaba entre los favoritos, no saben casi nada de mí. ¿Quién es ella? ¿Cuál es su trayectoria? ¿De dónde sale? Entonces los teléfonos empiezan a repicar alrededor nuestro. Nuestros seguidores, estallando de felicidad, ríen, lloran y llegan después de recoger todo lo que tienen de beber en sus casas. Decenas de otras llamadas también, y claro está, la prensa que va a tener que hacer el perfil de una mujer de la cual no saben nada, a parte del hecho de haber repartido preservativos contra la corrupción. El estupor se convierte en locura cuando anuncian que obtuve el mayor número de votos de los candidatos del partido liberal. ¿Cómo creer en ese milagro? Yo que no recibí nada de ese partido, soy quien llega en primera posición por Bogotá con sus banderas. Es la victoria más bella de mi vida, porque es la más rica en esperanza y eso es lo que digo a los periodistas esa noche: "acabamos de demostrar que

Colombia está madura para acabar con la corrupción. Escogió la ética y la democracia, en contra de las componendas. Dio claramente la espalda a esa clase política que no la respeta y que la engaña y la roba desde hace ya varias décadas. Esa clase política que no creyó ni un instante en mi victoria y que de ahora en adelante va a tener que vérselas conmigo". Solamente conmigo, porque desafortunadamente Clara no fue elegida.

Esa noche, nuestros amigos, todos aquellos que nos apoyan, confluyen de todas partes. Y esta sede gigantesca y magnífica que no habíamos logrado llenar nunca durante la campaña rebosa al fin de una multitud eufórica y exaltada. Mis papás y Astrid llegan al fin, resplandecientes. Y luego Fabrice, alzando en un brazo a Lorenzo y jalando a Melanie de la otra mano. Cuatro años han pasado desde nuestra ruptura, desde que me fui de Los Ángeles. Había tomado el riesgo de sembrar el dolor en mi vida privada para volver a conquistar mi identidad de colombiana. Colombia acaba de abrirme sus brazos, y mi gente llega apresurada, un poco atolondrada por lo que me está ocurriendo, pero todos cariñosos, fieles y solidarios.

6

No han pasado ocho días desde mi elección, cuando el candidato a la Presidencia de la República Ernesto Samper me llama. Quiere verme urgentemente, el tono ya no es burlón si no caluroso, afable, cordial y en nombre del partido liberal, él me congratula con fervor. Pienso en mamá, Samper habrá venido a buscarme, más pronto de lo que ella habría podido imaginar.

Esta vez me recibe con honores, mis distribuciones de condones ya no le causan risa. ¿Sintió tal vez que un viento nuevo empieza a soplar y que este podría de pronto afectarlo? Seguramente. Y obviamente me necesita para escudarse del lado de los principios. El escrutinio presidencial se llevará a cabo en dos meses; —es el lapso de tiempo que le queda para demostrarle a los colombianos que él no es solamente un político hábil, sino el forjador de una ética, cuya hora ha llegado.

— Ingrid, el partido liberal necesita un código de ética. En las próximas veinticuatro horas, voy a conformar una comisión encargada de redactarlo, obviamente deseo que figures en ella...

Vislumbro en esta propuesta la manera inesperada de imponer un sello, y acepto. Si Samper, me invita es por puro oportunismo, eso no lo dudo, pero pienso que puedo ganarle en su propio juego, bajo la mirada de los colombianos que me eligieron.

La "Comisión de Renovación Liberal", vitrina del candidato Samper, está compuesta por diez miembros escogidos entre los más destacados, los más jóvenes, y los que fueron elegidos con el mayor número de votos al Congreso. Desde la primera reunión tengo la impresión que estas personas satisfechas y halagadas de estar allí no tienen evidentemente ninguna intención de remangarse la camisa. Como ocurre casi siempre, el anuncio de una medida hace las veces de programa, ahí quedan las cosas, la gente cree que todo va a cambiar y se descubre años más tarde, que la famosa comisión, instalada con gran pompa no ha producido una sola idea y que todo está por hacer. Es así, como, a partir de la segunda reunión, no quedamos sino dos: un joven funcionario del partido, más bien parco y reservado y yo. No importa. O tal vez sea mejor, perderemos menos tiempo en palabras inútiles y en lo que a mí respecta, me pongo a trabajar.

Durante un mes, redacto artículo por artículo, capítulo tras capítulo, un verdadero código de ética. El punto álgido es obviamente la reglamentación estricta de las financiaciones. De mis viajes a la zona del contrabando guardo el recuerdo de cómo la mafia financia a los elegidos para que estos cuiden sus intereses y hoy me encuentro sentada ocupando un escaño en el Congreso junto a los contrabandistas más famosos de Maicao. De mi campaña electoral me ha quedado claro que algunos candidatos tienen presupuestos de campaña equivalentes a seiscientos millones de pesos y más, mientras que otros como yo, se las arreglan con menos del cinco por ciento de esta suma. Establezco la transparencia de las cuentas para cada candidato acreditado por el partido y, consciente que los principios son de poco peso para la mayoría de ellos, preveo sanciones draconianas para los que cometan algún fraude, en particular la expulsión definitiva del partido. En breve, según los términos de mi propuesta, únicamente los elegidos que han sido financiados por dineros limpios y dentro de los límites y topes establecidos por la ley, podrán reivindicar su pertenencia al partido liberal.

Falta que la comisión apruebe el texto. Cuando llega ese momento, surge un caos total. Algunos de los miembros se sienten defraudados, y picados por no haber participado en la elaboración de un código, sobre el cual la prensa repentinamente se interesa intrigada por una comisión que al fin sale con algo. Pero sobre todo, la mayoría siente pánico porque se imagina desde ya, las sanciones que podrían caerles encima si dicho código se convierte en ley del partido. Durante dos semanas, la comisión se reúne todos los días y milagrosamente no falta ni un solo miembro. En un inicio asumo sola la defensa de mis principios, pero muy pronto se une a mí un hombre de peso, Humberto de la Calle, quien será llamado como vice Presidente de Ernesto Samper. Humberto de la Calle no es un monaguillo en lo que a la política se refiere, esto lo descubriré más tarde, pero es capaz de tener un gran rigor intelectual y en este caso, se adhiere a mi propuesta de transparencia. Aun si él forma parte del sistema, piensa que hay que reformarlo porque Colombia está perdiendo su alma y esta es una oportunidad única que no se puede desaprovechar. ¿Estará él sospechando que muy pronto este código se va a convertir en un arma en forma de bumerang contra el mismo Samper? Es posible, pero en lo que a mí respecta no imagino ni remotamente que los narcotraficantes estén financiando la campaña del futuro Presidente.

Mi propuesta casi sale intacta, gracias a Humberto de la Calle, y llega el momento de presentarle el nuevo código a Samper. Para sorpresa mía, a pesar de estar familiarizada con su temperamento, lo veo dar su beneplácito sin siquiera leer entre líneas los artículos.

— ¡Formidable! ¡Extraordinario! Exclama él. ¡Esto es exactamente lo que el partido necesitaba! El pueblo colombiano...

Y dando un golpe con la palma de la mano a un texto que ni siquiera ha hojeado, se lanza en una convincente oratoria sobre la confianza, la transparencia, haciendo de ello su nuevo caballo de batalla, faltando pocos días para las elecciones. La ética acaba de entrar en su discurso político.

Una conferencia de prensa es convocada al día siguiente; detrás del candidato figura todo el Estado Mayor del partido liberal, Ministros y ex Ministros. "Samper lanza el Código de Ética del Partido Liberal", es el título que aparece en la prensa. El impacto sobre los colom-

136

bianos es considerable, sobre todo porque se ventilan escrupulosamente las sanciones contempladas. Los periodistas retranscriben el discurso de apertura de Ernesto Samper, pero no mencionan que el candidato desapareció antes de que empezara la lluvia de preguntas, dejándole a Humberto de la Calle la tarea de contestar. Él hubiera sido incapaz de hacerlo.

Mi reputación me antecedió en la Cámara de Representantes. Soy aquella que echó al agua los cinco parlamentarios más corruptos, la "escandalosa de los condones", la del código de ética del partido liberal (los periódicos hablarán del "código de Ingrid" como para indisponer a mis colegas), y a pesar de mi intransigencia o gracias a ella, la que obtuvo el mayor número de votos entre liberales en Bogotá. Nadie me dirige la palabra; soy una intrusa, la mayoría de mis colegas que usaron las artimañas que denuncio para llegar al Congreso, evitan acercarse a mí. Sin embargo, un día en el que como de costumbre estoy sentada sola en un rincón del hemiciclo, un hombre de aspecto excéntrico pero buen mozo viene hacia mí. Es alto, fornido, de bigote, cordial y tiene varios anillos vistosos.

— Guillermo Martínez Guerra, se presenta. Soy un antiguo piloto de la Fuerza Aérea Colombiana, elegido sin maquinarias como tú. ¿La gente es curiosa acá, no te parece? Me he dado cuenta que así como yo, tú tampoco los frecuentas mucho… Mira estoy organizando un almuerzo en mi casa el próximo fin de semana, ¿por qué no vienes?, me gustaría que nos conociéramos mejor. Habrá otros espíritus independientes como los nuestros.

Me digo a mí misma que sí voy a ir, por lo menos para conocer a dos o tres personas a quienes pueda saludar en el recinto, porque es bastante deprimente ver cómo todos voltean la mirada cuando llego y discretamente cambian de sitio para no ser vistos a mi lado.

En realidad los invitados fuera de mí son únicamente dos. Una mujer cuyo espíritu de independencia ya me había parecido evidente, así como su manera vistosa de lucir, María Paulina Espinosa, quien se va a convertir en mi única amiga en el Congreso. Y un hombre reconocido en ese entonces por su intransigencia, que acababa de hacer una agresiva campaña de lucha contra la corrupción, Carlos Alonso Lucio, antiguo militante del M-19. Somos solamente cuatro alrededor de la mesa. Durante la conversación, Guillermo evoca un monumental contrato de compra de fusiles que el gobierno colombiano está a punto de concluir con una empresa de Israel. Los fusiles Galil, son obsoletos e inadaptados a las necesidades de nuestras fuerzas armadas, pero el contrato conllevaría atractivas comisiones por debajo de la mesa, para sus signatarios.

— Investiguemos y si se trata de un asunto de corrupción, organicemos un debate en la Cámara, propone Lucio. Tenemos que mostrarle a los colombianos, que no nos eligieron para nada y que las cosas van a cambiar.

Esta es efectivamente también nuestra opinión y estamos todos en capacidad de tener información fiable. Lucio, porque habiendo formado parte de la guerrilla dice estar familiarizado con los procedimientos del ejército. Guillermo Martínez Guerra, porque conserva aún contactos de alto nivel con la cúpula militar. María Paulina, porque su esposo vende helicópteros al ejército colombiano y porque ella es además reservista. Y yo, porque tengo un amigo muy bien enterado del

138

comercio de armas, Camilo Ángel. Su papá es el representante para Colombia de la firma americana Colt y, fue en casa suya donde conocí a Felipe López, el famoso periodista, quien publicitó mi estrategia de los preservativos. Pienso que puedo contar con él para esclarecer este asunto de los Galil.

Y me equivoco. Camilo se rehúsa a darme información precisa, simplemente porque la Colt compitió contra los Galil por este negocio y considera que no sería correcto entregar información sobrre su competidor, sobre todo después de haber perdido la licitación. Sólo me dice una cosa: "métanse en eso, investiguen, es un contrato podrido, catastrófico para Colombia".

Decidimos entonces exigirle al Ministro de Defensa, invocando nuestra investidura parlamentaria, que se nos entreguen todos los documentos remitidos a ese contrato, y ahí descubrimos el pastel: Colombia compra una vieja fábrica, llave en mano, para construir fusiles Galil. Mientras el vendedor se moderniza, el ejército nuestro, mediante gratificaciones bajo la mesa, le permite lucrativamente deshacerse de un material completamente obsoleto. Peor aún: el Galil es un fusil concebido para el desierto y se conoce de antemano que se traba con la humedad y no es adaptado al clima tropical. Equipar a nuestros soldados con estas armas, mientras que la guerrilla posee armamento moderno y perfectamente adecuado a nuestras circunstancias locales, es un acto totalmente suicida.

Confiados en la información que tenemos, convocamos nuestra primera rueda de prensa. Los periodistas se apresuran en venir, el impacto es enorme. "Cuatro representantes a la Cámara, denuncian extraordinario caso de corrupción", titulan los periódicos al día siguiente. Nos bautizan, "los cuatro mosqueteros". De hecho estamos encarnando como lo deseábamos, como lo habíamos prometido a los electores, una nueva generación de representantes en ruptura radical con los métodos venales de la vieja clase política.

Pero nuestro objetivo es el de ir aún más lejos, de golpear más fuerte, organizando un gran debate en el Congreso del cual el pueblo colombiano sería testigo. Y como el contrato Galil fue iniciado por el gobierno anterior, tenemos la ingenuidad de creer que Ernesto Samper que acaba de ser elegido Jefe del Estado, y sus Ministros recién nombrados nos darán su apoyo, para demostrarle a la nación colombiana que los tiempos han cambiado. ¿No fue el mismo Samper quien inició y promulgó con bombo y platillos el Nuevo código de Ética del Partido Liberal? Y para completar nuestra buena suerte, el nuevo Ministro de la Defensa, Fernando Botero, es un hombre de bien, o por lo menos así lo creo. Es el hijo del maestro Botero, el amigo de mis padres. Además, me recibe calurosamente.

— Ingrid, estoy escandalizado con lo que me estás contando, no tenía ni la menor idea, estoy descubriendo esto contigo y me parece muy grave. Voy a pedir que se abra inmediatamente una investigación, puedes contar conmigo para denunciar este escándalo.

Para nosotros cuatro este gran debate parlamentario que estamos preparando parece entonces tener los mejores augurios.

Sin embargo, muy rápido, la prensa que estaba a nuestro favor, comienza a cambiar radicalmente de tono. Se dice que Lucio y Guillermo Martínez Guerra se interesan en este contrato, porque ellos mismos son traficantes de armas. Se insinúa que María Paulina está manipulada por su marido. En lo que a mí respecta, sale escrito en un artículo que mis amigos, y en particular. Camilo Ángel, me están utilizando desde el principio con la secreta esperanza de recuperar el contrato de los Galil para la Colt. Es así como nosotros que nos sentíamos como jóvenes cruzados de la moral política, nos encontramos de pronto bruscamente rebajados al rango de politiqueros que no obran sino por interés personal. Estamos como pasmados, incapaces de entender por qué la prensa dio ese giro tan rotundo. Más tarde sabré que fueron los servicios de inteligencia del Ministro de Defensa quienes intoxicaron a la prensa siguiendo órdenes de… Fernando Botero. Por ahora, somos aún muy primíparos y nos imaginamos que basta sólo con hablar con los periodistas, para convencerlos de nuestra buena fe. Pero ninguna de nuestras explicaciones logra hacerlo. Es más, se produce el efecto contrario, entre más tratamos de justificarnos, de demostrar, de esclarecer, más aparecemos enredados en los artículos que nos dedican. Y de golpe, esta campaña sube de tono y se cristaliza esta vez exclusivamente sobre mí, como si hubieran entendido que al eliminarme a mí, estarían abatiendo a la vez a los otros tres "mosqueteros". Ya no se dice que fui utilizada por Camilo Ángel, no, dicen descaradamente que la Colt financió mi campaña electoral y que al denunciar el contrato de los Galil, yo lo que estoy haciendo en realidad, es devolver el favor para que la Colt pueda recuperar ese contrato. Se escribe también que yo estaría actuando con el fin de obtener una parte de la comisión del negocio utilizando

141

como testaferros a mis amigos y empieza entonces una persecución también en contra de ellos. En los periódicos paso de tener el papel de la pobre ingenua que se deja manipular, a la de la astuta que no tiene ningún escrúpulo para llegar a sus fines. Me caricaturan con el apodo de "Ingrid Betancolt" y en menos de veinticuatro horas me convierto en el blanco de todos los noticieros y redacciones del país. Para entender la justa medida de la agresiva campaña armada por los medios hay que imaginar la reacción de unos periodistas que un día están aplaudiendo el surgimiento de un liderazgo moral, después de haber, durante años mantenido un silencio prudente frente a la corrupción de los políticos, y al día siguiente lo están lapidando, aliviados de mostrar que aquella que ensalzaron es tan podrida como los demás…

Por esta época, yo no tengo ninguna experiencia de la prensa, ignoro cómo se maneja este tipo de campañas tendenciosas y calumniosas. No solamente acepto las llamadas de decenas de periodistas que me buscan en la casa desde las seis de la mañana, sino que también respondo in-extenso a todas sus preguntas, y como estoy nerviosa y espantosamente angustiada hablo demasiado, sin preparación, convencida en el fondo que mi verticalidad saldrá finalmente a la luz.

— Camilo Ángel, es su amigo, ¿no es cierto?

— ¡Sí, claro que es mi amigo! No le voy a decir lo contrario.

— ¿Usted reconoce que el papá de él vende fusiles?

— Sí y Camilo trabaja con él. Por si no lo sabe.

— ¿Para la Colt? ¿Qué perdió el contrato frente a los Galil… y después de eso usted pretende hacernos creer que es pura coincidencia que apenas la eligen, usted se va lanza en ristre contra los Galil?…

— Es sólo una coincidencia, se lo aseguro.

— Dicen que la Colt habría financiado las tres cuartas partes de su campaña…

— ¡Es falso! Yo no recibí un solo centavo de ellos, la contabilidad de mi campaña es transparente, y la presenté ante el Consejo Electoral, ustedes pueden verificar.

— Usted sabe muy bien la poca credibilidad que tienen esos documentos…

— Precisamente, es por eso que basé mi campaña en la transparencia.

— ¿Entonces qué interés habría tenido Camilo Ángel en apoyarla?

— Pero si él no me apoyó, no me financió, es una amigo, eso es todo.

— Sus respuestas son un poco simplistas, ¿no le parece?

No duermo, estoy agotada y a raíz de un cúmulo de ingenuidades y de torpezas de parte mía sagazmente utilizadas por los periodistas, en cada artículo que se publica, aparezco cada día más involucrada. Y sin embargo debo preparar el debate parlamentario al cual citamos y cuya fecha se aproxima. Tengo que concentrarme, hacer el cruce de las pruebas, demostrar que todo lo que dijimos desde el principio es cierto. El contrato de los Galil está podrido y es dramático para nuestros soldados.

En ese momento me dan un golpe terrible: la revista *Cambio 16* publica en su portada una foto en la que estamos Camilo Ángel y yo a caballo. ¿Y qué tiene puesto Camilo en la cabeza de manera totalmente visible? Una cachucha con la marca Colt. Se precisa que esta foto fue tomada durante mi campaña electoral... Al descubrir esta foto, quedo petrificada, incrédula. ¿Cómo es posible? Me acuerdo perfectamente de esta cabalgata. Habíamos llamado a todos nuestros amigos como refuerzo para hacer unas salidas ecológicas un domingo en Bogotá, en plena campaña electoral. La foto es desastrosa y se presta para todas las sospechas. ¿De dónde la sacaron?

¡Luis Enrique!, mi jefe de prensa. Él me había ofrecido sus servicios —muy útiles por demás— precisándome que yo no tendría que pagarle si no una vez el Estado me hubiera reembolsado mis gastos de campaña. Me acuerdo entonces que en el trajín de mi trabajo, él me reclamó ese dinero dos o tres veces. Y seguramente yo le dije de manera un poco brusca que tendría que esperarse hasta que el Estado me indemnizara. Eso es, fue él, tomó centenares de fotos durante mi campaña, y ahora se está desquitando, vendiéndolas por derecha a buen precio. Estoy desplomada. Esta foto, es un tiro en un oído. ¿Cómo es posible que alguien que trabajó conmigo, que conoce mi integridad, mis ideas, pueda hacerme esto? ¿Por dinero? Un dinero que habría conseguido de todas maneras dos meses más tarde. Enseguida el teléfono empieza a repicar. Uno de los noticieros más importantes me invita esa noche. Dudo un segundo en aceptar, porque ellos han jugado constantemente sucio conmigo, pero al mismo tiempo me parece imposible quedarme silenciosa y acepto. Con una condición: que la entrevista se haga en directo. Exigí esto así no más por intuición sin sospechar que estoy tomando la primera iniciativa inteligente de todo este período en el que he vivido como un animal acorralado acumulando las metidas de pata.

En las horas que preceden la entrevista estoy en mi casa, profundamente deprimida, y me pregunto cómo voy a explicarle a los colombianos de manera breve y clara, que ésta historia es un verdadero montaje. Al tiempo que reflexiono, estoy hojeando distraídamente la revista Semana y de pronto veo un artículo que revela que el presentador del noticiero que acaba de invitarme, está saliendo con su colega la presentadora de ese mismo noticiero. Están enamorados, forman una linda pareja y es una bonita anécdota. Ahí está, me digo a mí misma, este es el mejor ejemplo, y la gente va a entender. Esta idea me da una energía extraordinaria y llamo a mis papás que han estado bastante golpeados y silenciosos desde hace varias semanas, adoloridos por lo que estoy viviendo.

— Mírenme esta noche en el noticiero.

— Ingrid, no te das cuenta del daño que te están haciendo, la gente ya no está creyendo en ti, es un horror, tu imagen…

— Mamá, yo me voy a defender, mírame en el noticiero y ten confianza en mí.

El presentador empieza con ímpetu:

— Ingrid Betancourt, que desde hace días está en el ojo del huracán está con nosotros esta noche. Hoy, *Cambio 16* le dedica su carátula. Y la carátula aparece en la pantalla.

— Señora Betancourt, es usted, ¿no es cierto? ¿Quien aparece en la foto en plena campaña electoral?

— Sí esa soy yo.

— ¿Y ese señor cuya cabeza está cubierta con una cachucha Colt, es Camilo Ángel? Sin ser malpensado, hay ahí una coincidencia... ¿En fin, no cree usted que le debe dar una explicación a los colombianos?

— Así es, así es, pero no es fácil, porque tengo que demostrar que lo que parece tan evidente es falso. Voy a tomar un ejemplo para que usted me entienda bien: leí hace un rato en *Semana* que usted está enamorado de Inés María Zabaraín, aquí presente y que ustedes estaban saliendo juntos. Bueno. Habiendo leído esta información, yo podría deducir que ustedes viven juntos. Eso sería ligero de mi parte. Pues bien, ocurre lo mismo conmigo. Sin duda, esa cachucha Colt parece indicar que la firma Colt y yo tenemos nexos y sin embargo, eso no es así...

Veo el presentador sonrojarse. Apenas termino pasan a comerciales. Los periodistas están chocados, se sienten prácticamente ultrajados. Aquí en Colombia, vivir juntos sin casarse es aún mal visto. Mi contraofensiva parece fuera de proporciones. Así como lo son las acusaciones que se han hecho en contra mía. La indignación de los presentadores me deja pensar que los colombianos al fin podrán comprender lo que quiero explicarles.

Y así es, apenas llego a mi casa, las llamadas me lo confirman: "entendimos perfectamente tu mensaje. Bravo. Te defendiste de manera formidable".

Faltan sólo diez días para el debate del Congreso. Me siento nuevamente segura de mí, después de ganar esta primera batalla y con muchas agallas para seguir adelante. Y es en ese momento que me llega un respaldo decisivo: el de un hombre cuya colaboración yo estaba esperando en vano desde hacía ya varias semanas. Este hombre se llama Agustín Arango. Es el representante para Colombia de la compañía armamentista francesa FAMAS. Supe que él también había participado en la licitación que ganaron los representantes de los Galil. Yo le había solicitado en repetidas ocasiones que me ayudara pero él se había rehusado a hacerlo, pues quería cumplir con el compromiso de confidencialidad que le habían hecho firmar para participar en la licitación. "Y sobre todo, que esto quede entre nosotros, me había repetido él varias veces, pero tienes que saber que si hablo, soy un hombre muerto".

Al día siguiente de la entrevista en televisión, Agustín Arango me llama.

— Ingrid lo que te están haciendo es asqueroso. Lo he pensado mucho, te voy a explicar todo, te voy a mostrar los documentos, y te voy a dar los nombres de los tipos que están en esto hasta el cuello. Pero júrame una cosa: nunca revelarás que te reuniste conmigo.

Lo juré. Si hoy en día me autorizo a mí misma a sacar a la luz pública nuestra colaboración secreta, es porque algunos meses, después del debate parlamentario sobre los Galil, Agustín Arango murió. El helicóptero privado en el que viajaba se accidentó. Tengo buenas razones para creer que no fue un accidente.

Llega al fin el día del debate. El hemiciclo está repleto. El Ministro Fernando Botero, que se había comprometido a apoyarme, en realidad organizó un desfile grotesco a favor de los Galil. Apenas se abre el debate, vemos entrar unas amazonas en minifalda y tacones paseándose por entre las curules haciendo todo tipo de piruetas para finalmente terminar por presentar al tristemente famoso fusil Galil. Los congresistas están derretidos, aplauden como lo harían frente a un espectáculo en el Tropicana de La Habana, y yo me pregunto ¿cuál es esta supuesta democracia en la que vivimos para que sea posible hacer este tipo de payasadas denigrantes? Me siento avergonzada por Colombia, avergonzada por el Congreso del cual formamos parte, avergonzada también por los veinte oficiales de alto rango que asisten a este espectáculo en primera fila, luciendo numerosas condecoraciones en el pecho y prestándose para que las mujeres del ejército sean utilizadas de esa forma. Toda la prensa está presente y en particular la televisión.

¿Qué pueden pensar los colombianos de todos estos hombres que aplauden semejante circo?

Tengo treinta y tres años, voy a hablar por primera vez como representante a la Cámara ante mis colegas y el país entero está esperando esta intervención. La prensa hizo de este debate un duelo entre Fernando Botero y yo, y de ante mano da al Ministro como ganador. La presión es tan considerable para la novata que soy, que termino por somatizar mi angustia hasta enfermarme realmente. Esa mañana me levanto con una fiebre galopante, y es prácticamente dopada por los antigripales, nadando en sudor, y con el corazón latiéndome en la boca que asisto a la danza de las Galil's girls del Ministro Botero.

Hay a veces en la vida, momentos de una excepcional intensidad, en los cuales uno siente con clarividencia que uno se está jugando su propio destino. Tengo ese mismo sentimiento, y a la vez un fuerte vértigo cuando es mi turno de subir al estrado. La costumbre, en el Congreso, es que nadie escucha: la gente conversa, se levanta, va de un lado a otro, es como un mercado persa, de suerte que uno tiene la impresión fastidiosa de hablar en el vacío. Esta vez sin embargo, después de mis primeras palabras, hay un silencio pesado en el recinto.

— Parece increíble, digo yo, que un Ministro de la República, viniendo de una de las más reconocidas familias colombianas, cubra con su autoridad y prestigio este contrato, valiéndose del show ridículo que acabamos de presenciar, cuando él mismo sabe que es un contrato leonino. Tendremos que preguntarnos por qué lo hace, cuál es su interés personal que nuestros soldados sean equipados no sólo con fusiles generosamente pagados por encima de su valor real, pero sobre todo con fusiles técnicamente obsoletos que pueden explotarles en la cara a la primera confrontación.

Durante cuarenta y cinco minutos, revelo con pruebas en mano, cómo ha logrado el gobierno presentar una arma arcaica como la más eficiente y cómo Colombia ya la ha pagado a un precio más alto que cualquier fusil ultramoderno existente en el mercado. Destapo uno a uno mis documentos, acuso al Ministro, y no se oye el zumbido de una mosca. Soy consciente de estar marcando puntos, de estar devolviendo uno a uno los golpes que me han propinado desde hace varias semanas. Ese día, adquiero fama de buena oradora: a partir de este momento, cada vez que hablo ante la Cámara o ante el Senado, me escuchan en medio de un silencio tenso, y a veces cargado de odio.

¿Habré ganado?

Definitivamente sí. Aun cuando nadie quiera reconocerlo y a pesar de hacer lo posible para aguarme la

149

victoria. Convencí a los periodistas, y entre ellos la autora del artículo de *Cambio 16*, quien viene a pedirme disculpas apenas regreso a mi puesto. "Espero, me dice ella, tener algún día la oportunidad de reparar el perjuicio que te causamos. Soy consciente que nos desinformaron". Este daño, los periódicos lo reparan en parte, al publicar extractos de la investigación sobre la cual elaboré mi intervención. De esta manera los colombianos están al fin bien informados, testigos de una verdadera corrupción por parte del Estado. Pero al mismo tiempo se dan cuenta que este Estado tiene todas las de ganar ya que los congresistas apoyaron solidariamente a Botero. ¿Por qué no habrán interpuesto una moción de censura? ¿Por qué no habrán reclamado la apertura de una investigación? Porque ellos también tienen rabo de paja. ¿La gente lo habrá entendido? De eso tengo la esperanza.

En septiembre de 1994, dos meses más tarde, el Contralor de la República me da la razón a posteriori: Inicia una investigación en contra de los signatarios del contrato de los Galil. El escándalo ya no se puede tapar: la fábrica que se pagó y que fue entregada no ha producido un solo fusil. Es un desperdicio monumental. "Pudimos evidenciar la existencia de conductas fraudulentas por parte de tres altos funcionarios", asegura el Contralor. Da los nombres de estos tres hombres, en realidad tres chivos expiatorios. Como casi siempre ocurre, esto en realidad es sólo una maniobra para finiquitar un escándalo sin que los verdaderos responsables, demasiado importantes y por consiguiente intocables, paguen por su conducta. Y, una vez más, la prensa se conforma con la verdad oficial. No se publica ni un sólo artículo para reconocer que nosotros los cuatro mosqueteros, como nos llamaban antes, teníamos razón. Ni un sólo artículo para sorprenderse de la ceguera cómplice de los congresistas. Ni una sola palabra para cuestionar al gobierno, a los militares, y a los verdaderos funcionarios comprometidos hasta el cuello. Cuando los periodistas afluyen a su despacho, Fernando Botero se hace el sorprendido, y se arropa con la dignidad del Estado. "Es esencial que la justicia haga su deber, osa declarar. Que identifique a los culpables y los castigue de acuerdo con sus responsabilidades". Pero el contrato se mantiene y las comisiones prometidas por debajo de cuerda, son repartidas.

Peor aun, la misma justicia que esconde apresuradamente un escándalo de Estado, abre una investigación en contra mía apoyada en cartas anónimas, enviadas al Procurador. Son los periodistas quienes anuncian la noticia con deleitación amarillista y de nuevo estoy en primera línea —¡coincidencia singular!— precisamente el día en que se entierra el asunto de los Galil, como si fuera urgente distraer la atención de los colombianos.

Los titulares de los periódicos, involucrándome nuevamente con despliegue, constituyen un golpe terrible para mí. Experimento por segunda vez, en carne propia la amplitud de los medios con los cuales dispone un Estado corrupto para aniquilar al que se le atraviese en su camino. He sido testigo de lo que un Estado de esa naturaleza es capaz y, tengo miedo. Mi amiga María Paulina Espinosa está también muy preocupada por mí, y es ella quien me conduce hacia un hombre que desde ese entonces siempre estará a mi lado, cada vez que con leguleyadas tratarán de abatirme: Hugo Escobar

151

Sierra. Él es una abogado de cierta edad, ex Ministro de Justicia, que conoce profundamente el engranaje de un sistema dentro del cual se ha movido la vida entera.

Me recibe en su oficina. Estoy tan magullada y confundida, que hasta me siento casi culpable de ser amiga de un comerciante de armas. ¿Será esto prohibido? ¿Seré yo pasible de alguna condena? Tal vez, no lo sé, no conozco la ley.

— Mijita, me dice él, tú no te das cuenta del monstruo que has desafiado. Ellos saben que no tienen nada en contra tuya, pero no retrocederán ante nada para ensuciarte. El problema con la gente honesta como tú, es que tiene la tendencia a dar demasiadas explicaciones. No has hecho nada malo. Tienes que tener confianza en mí, pero sobre todo, es necesario que tengas confianza en ti.

Él me acompaña a cada una de las indagatorias a las que soy llamada y veo que su presencia le impone respeto a los funcionarios. Poco a poco siento renacer mis fuerzas. La investigación sobre los Galil duró dos meses, la mía se va a prolongar durante más de un año. Hugo Escobar Sierra me tenderá constantemente su mano, atento y alerta, listo a trancar todos los golpes bajos. Y siempre rechazando el pago de honorarios. "Te defiendo porque tengo ganas de defenderte y punto", me dirá él en repetidas ocasiones.

Al fin un día, escucho de la boca del funcionario que ha llevado la investigación, estas palabras increíbles: "Vamos a cerrar la investigación en contra suya porque no encontramos nada. Voy a darle un certificado en ese sentido. Pero con una condición: que no le diga nada a la prensa. Sepa que nosotros tenemos la posibilidad en cualquier momento de volver a abrir el expediente". Es una amenaza, un chantaje directo. Esa misma tarde, envío copia del certificado a toda la prensa nacional. No habrá una sola mención sobre el cierre de mi caso en los periódicos. ¿Dónde está la independencia de la prensa de la cual tanto nos vanagloriamos ante los ojos del mundo?

7

Ernesto Samper es elegido Presidente de la República el 19 de junio de 1994, tres meses después de mi elección a la Cámara de Representantes. Yo apoyé a Samper —acepté en particular redactar el Código de Ética del Partido Liberal— a pesar de la poca confianza que me inspira. En ese momento quiero creer que su discurso moral es sincero y me adhiero al programa del partido liberal, más social y orientado hacia las clases marginadas que aquel del partido conservador de corte neoliberal defendido por el adversario de Samper, Andrés Pastrana.

El escándalo contra Samper estalla como una bomba el 21 de junio, dos días después de su elección a la máxima Jefatura del Estado. Es Andrés Pastrana el candidato derrotado, quien enciende la mecha. Al aceptar la victoria de Samper, él lo desafía: "le pido una sola cosa a Samper: que jure por su honor, delante del pueblo colombiano, que no recibió dinero de la droga para financiar su campaña electoral". Samper no se da por aludido y simultáneamente la prensa revela la retranscripción de un cassette en el cual los hermanos Rodríguez Orejuela, jefes del cartel de Cali hablan de Ernesto Samper y del dinero que invirtieron en su campaña.

Se sabrá más tarde que este cassette fue grabado por agentes americanos de la Drug Enforcement Administration (DEA), durante la campaña electoral y entregado a Pastrana una semana antes de las elecciones, con el objetivo evidente que lo utilizara contra Samper. Pero Pastrana no lo divulga sino una vez derrotado...

Sin embargo, esta información no producirá todo el efecto que se podría esperar. ¿Será porque se asocia este gesto al despecho de un hombre derrotado? Tal vez, pero no es sólo por eso. En esta mitad del año de 1994, los colombianos acabamos de salir de la guerra de las bombas llevada a cabo por el más sanguinario de los narcotraficantes, Pablo Escobar, jefe temido del cartel de Medellín. Escobar, quien propició centenares de atentados, la muerte de Galán, acaba de ser abatido después de varios meses de seguirle la pista. El país respira al fin y quiere creer que este trágico capítulo ya quedó atrás y que nunca más los mafiosos volverán a hacer prevalecer su ley. ¿Y qué nos están diciendo ahora sobre este nuevo Presidente, desde antes de tomar posesión de su cargo? ¿Que habría sido financiado por los nuevos reyes de la cocaína, los hermanos Rodríguez Orejuela? ¿Querrá esto decir que todo va a empezar de nuevo? La gente ya no puede más. Los colombianos reivindicamos simplemente el derecho a tener esperanzas, el derecho de mecernos en la ilusión que por fin llegaron tiempos mejores. Y lo manifestamos a nuestra manera, alejándonos casi con pudor de las profecías de desgracia que colman los periódicos.

Para peor de males: en vez de reclamar explicaciones a quien está señalado, es decir a Ernesto Samper, nos ensañamos contra el que inició el escándalo, Andrés Pastrana. Acusado de ensuciar ante los ojos del mundo entero la imagen supuestamente rehabilitada de Colombia, lo tildan de "sapo" en las caricaturas y en los grafitis de las principales ciudades. Este hombre puesto en el banquillo, criticado decide irse de Colombia, huir, para escapar al resentimiento de los suyos.

Ernesto Samper calla. ¿Para qué hablar de este asunto turbio frente a un pueblo que quiere concederle el beneficio de la duda? ¿A un pueblo que lo respalda totalmente? Sin embargo, el 15 de julio, sintiendo que podrían levantarse malos vientos por parte de Estados Unidos, Samper adelanta una iniciativa llena de audacia. Dirige a los senadores americanos, y no a los colombianos, una carta explicando que ese cassette es el fruto de un complot del cartel de Cali para desestabilizar a su gobierno, y pide la ayuda de estos senadores para luchar contra los narcotraficantes. Este acto es cínico pero brillante y con efectos a dos bandas: por un lado se gana a los senadores gringos y neutraliza al gobierno de Estados Unidos y por otro lado le da certezas a los colombianos, nos envía además un mensaje explícito: el cartel de Cali quiere acabar conmigo, como el de Medellín lo hizo con Galán.

Y yo caigo en la trampa como todos los colombianos. No puedo creer que Samper tenga la capacidad de confabular una historia como esta. Y es precisamente porque creo que el interés de su gobierno es el de mostrarse enérgico en contra de la corrupción, que estoy totalmente desconcertada por el comportamiento de Botero en el asunto de los Galil. Recuerdo una cena de familia en la casa. Como seguramente ocurre en todos los hogares colombianos por esta misma época, la conversación se centra en el asunto de los narco-cassettes. Y papá: "esto es tan claro como el agua. Nadie aceptaría hoy en día fondos de la mafia. Samper es demasiado astuto para haber hecho tal cosa… Es obvio que esto fue armado por los Rodríguez Orejuela. A mí no me gusta Samper, habría preferido a Pastrana, pero hay que reconocer que está dirigiendo bien el barco: si el gobierno americano sospecha que los colombianos son culpables de todos los vicios, me parece sensato hacerle un llamado a los senadores para que la opinión pública americana se conscientice de lo que nos está pasando". Sí, todos somos víctimas de un pequeño impulso de nacionalismo frente a las sospechas de Clinton que interpretamos como una forma de desprecio hacia nuestro nuevo Presidente, o como la encarnación de un cierto imperialismo de su parte. Además, el 16 de agosto, el Fiscal Genral de la Nación Gustavo de Greiff, declara que después de haber procedido al estudio de la supuesta grabación, no hay méritos para abrir una investigación. Pronto entenderé por qué de Greiff, quien está apunto de dejar su cargo, tomó esta decisión precipitadamente, cuarenta y ocho horas exactamente antes de la llegada de su sucesor Alfonso Valdivieso. Por el momento, no tengo ninguna sospecha y cuando recibo uno de esos días de agosto, una invitación para entrevistarme con el Presidente en el Palacio de Nariño, me siento más bien impaciente y curiosa de volverlo a ver. Dicen que los cargos moldean al hombre. ¿Será que la máxima Jefatura del Estado lo habrá crecido?

No, es el mismo hombre encantador, ligero, siempre dispuesto a reír. Tengo inmediatamente la impresión que todo le interesa, excepto los problemas del país. No evocamos el asunto de los Galil, sobre el cual estoy trabajando, ni el del famoso cassette, o sólo bromeando: "no hables tan duro, Ingrid, los gringos plagaron mi oficina de micrófonos…" Después de un momento de habladurías de salón me pregunta acerca de mis papás. Si hablo aquí de esta conversación aparentemente sin interés, es porque ella va a cobrar una importancia insospechada que terminará en un proceso legal para quitarme la investidura de parlamentaria, con el riesgo de ponerle término a mi vida política.

— ¿Cómo está Yolanda?

— Mamá está bien. Creo que está contenta de haber dejado la política. Está totalmente dedicada a sus niños del albergue.

— ¿Eso está bien… y tu papá?

— De salud, ánimo y actividades muy bien. Tiene solamente problemas de dinero, nada grave. Hablábamos de ello el otro día, es inverosímil: su pensión no ha sido reajustada desde hace veinte años… Él me decía: he trabajado toda mi vida y mira tengo sólo tres pesos para vivir…" Cuando uno piensa que ha sido embajador,

159

ministro, ¡es absolutamente grotesco! Si esto le ocurre a él como será a los demás…

— Sí, hay que revisar todo esto… Bueno, si puedo hacer algo por tu papá, será con mucho gusto.

Y la conversación se queda ahí. Obviamente no pido nada para mi papá, y veo en las palabras de Samper solamente una actitud amable y cortés. Al salir me entero que reservó todas sus tardes para entrevistarse con los parlamentarios y pienso que tiene toda la razón de hacerlo, y de asegurar el respaldo de su bancada en el Congreso desde el inicio de su mandato. Y nuevamente me concentro en el expediente de los Galil. El debate en el Congreso se está acercando y como ya conté, estoy en medio de una tempestad política.

A finales de noviembre de 1994, el asunto de los fusiles israelíes está atrás y mis tres compañeros y yo finalmente ganamos en credibilidad a los ojos del país. Se reconoce ahora que alborotamos un avispero, el primero de nuestra campaña contra la corrupción, para cambiar las mentalidades en la cúpula del Estado. ¿Por qué decidimos entonces interesarnos por los lazos que unen a los políticos con la mafia? Porque tenemos el sentimiento que son esos lazos los que gangrenan a la sociedad colombiana y que no se podrá emprender innovación alguna mientras no se drene ese absceso, mientras no se sane esa herida. La reacción de los colombianos en el asunto de los narcocassettes muestra hasta qué punto la herida es profunda y el absceso doloroso: preferimos todos condenar a Pastrana que puso el dedo en la llaga, en vez de cuestionar a Samper. ¿Y qué decir de las negociaciones entre Pablo Escobar y el Presidente Gaviria, para lograr su rendición a la justicia, antes que Gaviria tomara la decisión de aco- rralar y finalmente abatir a Escobar? Qué es lo que no decimos, qué es lo que no queremos ver, con la espe- ranza secreta que todo esto sea falso, porque si fuera verdad, tendríamos que enfrentar la tremenda realidad, que Colombia está perdiendo su alma. En breve, ir en busca de la verdad nos parece ser una prioridad indis- pensable para encaminarnos hacia la renovación del Estado.

Nuestra primera iniciativa es la de organizar un deba- te en el Congreso sobre la seguridad nacional. Es una manera de profundizar sobre el terrorismo generado por Pablo Escobar, de cuestionarse públicamente cómo todo aquello pudo acontecer y de tratar de entender cómo fue que el Estado manejó esta guerra. Hay que decirle la verdad a los colombianos, y esta verdad, no- sotros la descubrimos mientras preparamos el debate: Escobar manda a matar a Galán en 1989 porque Galán está en pro de la extradición de los narcotraficantes hacia los Estados Unidos, y que si es elegido Presidente, la extradición será adoptada y aplicada. Gaviria, quien se postula como el heredero de Galán y se hace elegir en su lugar, renuncia inmediatamente a la extradición. Esto le permite lograr que Escobar se doblegue y ponga un término a la guerra de las bombas. Se le da el crédi- to de una gran victoria, cuando en realidad es el Esta- do el que acaba de rendirse ante Escobar. ¿Por qué? Porque Escobar no es de ninguna manera el cautivo que uno se imagina. Vive en una lujosa cárcel, "La Catedral", rodeado de su Estado Mayor, aproximada- mente unos veinte hombres. Más que nunca, trabaja en el comercio internacional de la coca. En realidad, su situación ha mejorado desde que "se entregó". A raíz de su confrontación con el cartel de Cali, corre menos riesgo, encerrado en "La Catedral" y protegido por el Estado que afuera en libertad. Y digo bien "protegido", porque Escobar tenía las llaves de su supuesta cárcel, y peor aún, era su propietario, ya que fue construida para él, con su autorización y su dinero, en un terreno que le pertenecía.

Descubrimos también por qué Escobar se fugó de su prisión dorada. Desde ahí no solamente manejaba sus exportaciones de cocaína, sino que también impartía justicia llegando al punto de condenar a muerte y proceder a las ejecuciones. El fiscal Gustavo de Greiff se entera que hubo una masacre intramuros en "La Catedral". La investigación confirma que dos de los hombres de Escobar, los hermanos Galeano, fueron ejecutados de manera monstruosa: cuentan que los mataron con una sierra eléctrica, y sus restos fueron botados a los perros, para que no se encontrara rastro de sus cadáveres. Horrorizado, el fiscal solicita al Presidente Gaviria que Pablo Escobar sea trasladado a una cárcel digna de ese nombre. Pero, Escobar tiene un trato con Gaviria: él se entregó únicamente con la condición de ser alojado en "La Catedral". Gaviria sabe que si envía a Escobar a una verdadera celda, estaría faltando a su palabra y éste se vengaría. Es entonces el mismo Gaviria quien lo pone sobre aviso del traslado lo cual lo incita a fugarse, cosa que logra sin mayor dificultad.

¿En qué condiciones se hará matar algunos meses más tarde? Lo sabremos después del debate en el Congreso, durante un encuentro insólito con... los hermanos Rodríguez Orejuela.

162

Al terminarse el debate, los representantes a la Cámara deciden efectivamente crear una "Comisión de Seguridad Nacional", cuya misión es entre otras, la de proseguir la investigación sobre el caso "Escobar". En su mayoría "samperistas", los representantes ven allí una manera de hundir a Gaviria, desviando las sospechas que se acumulan sobre Samper. Los "mosqueteros" entran a esta comisión conformada por diez miembros.

En febrero de 1995, nos encontramos en una reunión de trabajo del Congreso, que se adelanta en el auditorio de la Gobernación del Valle, cuando nos piden que salgamos un instante. Un hombre está ahí, enviado según él, por los Rodríguez Orejuela. Nos explica que ellos siguieron el debate en la Cámara de Representantes, que oyeron lo que dijimos sobre las condiciones de detención de Escobar y que tienen otras informaciones para darnos. ¿Aceptaríamos entrevistarnos con ellos? Hay que tomar la decisión en el acto, es la única condición que ponen: seguir inmediatamente a este hombre sin dar aviso a nadie. Conmigo está Carlos Alonso Lucio y un tercer miembro de la Comisión de Seguridad Nacional, Giovanni Lamboglia. Nos interrogamos con la mirada.

— Estamos de acuerdo, vamos.

Nos suben a un carro con ventanas polarizadas de adentro hacia fuera, de tal manera que no vemos nada. Durante una hora, nos parece que nuestro chofer toma caminos sin lógica direccional, con el propósito que no podamos tener puntos de referencia para identificar el sitio donde vamos.

Al bajar del carro nos encontramos en el parqueadero subterráneo de un edificio. Tomamos el ascensor, y luego nos hacen entrar a un apartamento. Un apartamento amoblado con esmero pero frío, se siente que no es habitado. Sin embargo, una empleada del servicio morena, con cuello y delantal almidonados, nos pregunta qué queremos tomar.

Luego, las horas se encadenan las unas a las otras y el día se va apagando sin que ocurra nada. La única presencia humana con nosotros en este apartamento parece ser esta mujer, sonriente, atenta, y quien cada cierto tiempo nos trae pasabocas. ¿Tenemos miedo? No. Pero curtida por la experiencia de los Galil, o más precisamente conociendo la manera como el poder, manipulando la prensa, casi me acaba a punta de montajes, tengo el temor de haber caído en una redada. ¿Quién nos dice que no nos van a filmar conversando con los Rodríguez Orejuela y que estas grabaciones no serán difundidas en el noticiero de la noche? ¿No sería esta la mejor manera de cerrarnos la boca? ¿A nosotros que estamos denunciando los nexos entre los políticos y los narcotraficantes? Comparto mis reflexiones con mis compañeros y les digo: "Apenas salgamos de acá le contamos todo a la prensa: la transparencia será nuestra garantía contra futuras trampas".

Al fin, ya entrada la noche, las cosas de repente se empiezan a animar. Ruidos de puertas, ecos de voces. Nuestra anfitriona nos pide que la sigamos y nos instala en una pieza en la cual hay una mesa y seis sillas, tres de un lado y tres del otro. Nos insta a sentarnos en fila todos tres del mismo lado de la mesa.

Pasa un cuarto de hora. Y entonces los veo entrar; mi corazón se acelera porque reconozco esas caras tantas veces publicadas en los periódicos como los símbolos mismos del crimen. Primero Gilberto, el de más edad, de baja estatura, pelo blanco, se dirige hacia mí, me tiende la mano.

— ¡Buenas noches, doctora!

Luego Miguel, más joven y alto y finalmente José Santacruz, fornido.

Gilberto Rodríguez se da cuenta de nuestra sorpresa y seguramente también de nuestro malestar, y sus primeras palabras son para distensionar el ambiente.

— Ustedes están asombrados de vernos en carne y hueso, pero lo que más les sorprende es constatar que somos gente común y corriente. Mírennos, no tenemos ni anillos ni cadenas de oro… Y yo pienso dentro de mí: efectivamente parecen simples comerciantes. La camisa abierta, pantalones azules oscuros, mocasines, como uno se viste en Cali. No llevan nada vistoso.

— ¿Por qué querían ustedes entrevistarse con nosotros? Interrumpe Lucio.

Gilberto se lanza entonces en una disertación asombrosa, en la cual habla de todo lo positivo que ellos hacen por Colombia, decenas de empresas legales creadas por ellos en las cuales dan trabajo a la mitad de la población de la ciudad, del acoso de los jueces de quienes son injustamente víctimas, porque lo único que ellos desean es el bienestar y la prosperidad del pueblo colombiano. Y de pronto, siento que se le fue la mano: ¿cómo es posible que estos delincuentes, se atrevan a creerse los redentores del país?

— ¿Se dan ustedes cuenta que por su culpa los colombianos ya no podemos volver a viajar al extranjero sin que inmediatamente nos convirtamos en sospechosos de ser narcotraficantes? Dije yo con el timbre de

165

voz acelerado. Ustedes han arruinado la imagen de Colombia en el exterior y cuando hablan de trabajo lo que han hecho es traer más violencia e inestabilidad. Por culpa suya los colombianos ya no pueden pensar en el futuro.

Al oír estas palabras Miguel se pone tenso. Se levanta, y aparta su silla hacia un lado, murmura palabras ininteligibles y, furioso, sale de la pieza. Silencio consternado por parte de mis dos colegas, queriendo decir: Ingrid, la embarraste.

Pero Gilberto retoma la palabra con serenidad como si la salida de su hermano no lo sorprendiera.

— Bueno, nosotros teníamos interés en que ustedes supieran cuál fue el trato que hicimos con el ex Presidente Gaviria respecto a Pablo Escobar.

Escobar es el diablo para los Rodríguez; constatamos que Gilberto habla aún de él con horror, él que no es ningún santo. Siendo aliados durante mucho tiempo, entraron en guerra cuando Escobar le pidió a los Rodríguez Orejuela que le entregaran a un miembro de la cúpula del cartel de Cali por no haber pagado el tributo que le correspondía. Esto en realidad era una condena de muerte. Los Rodríguez Orejuela indignados se rehúsan a entregarlo, empieza entonces una guerra sin concesiones.

Cuando Escobar alojado en "La Catedral", asesina salvajemente a los hermanos Galeano, la familia Galeano aterrorizada, busca la protección de los Rodríguez Orejuela. Es precisamente Gilberto quien los convence de contar la masacre de la cual han sido víctimas al fiscal de Greiff. Después de la fuga inverosímil de Pablo Escobar, el fiscal reúne alrededor de una mesa, la llamada *"mesa del diablo"*, todos aquellos que tienen interés

166

en que Escobar sea rápidamente eliminado: un representante del Presidente Gaviria, porque Gaviria no quiere que salga a la luz pública el acuerdo que hizo con él para obtener su entrega, los Rodríguez Orejuela que temen que Escobar los asesine, finalmente la policía quien tiene un odio implacable hacia Escobar porque éste ha mandado matar a decenas de sus miembros. Es así como nos enteramos que los representantes de las más altas instituciones del país deliberan, junto al crimen organizado, sin que esto les cause el más mínimo malestar. Más que todas las otra componendas de las cuales he tenido que ser testigo, esta mesa del diablo simboliza para mí cuán enferma está Colombia, y hasta qué punto la mafia ha permeado nuestra democracia.

Durante este encuentro, los hermanos Rodríguez Orejuela se comprometen a localizar a Escobar y a delatarlo. Se seleccionan aproximadamente diez hombres para esta cacería y los Rodríguez Orejuela prometen a cada uno de ellos un millón de dólares de recompensa. Cumplirán sus compromisos. Gilberto nos cuenta que van a gastar una fortuna para acorralar a Escobar. En particular financia el desarrollo de una técnica de localización electrónica basada en un sistema de triangulación de conversaciones telefónicas. Los Rodríguez saben que Escobar, ese monstruo que enseñó a su hijo de catorce años a torturar a sus víctimas con una cuchara calentada al rojo vivo, tiene una pasión por su última hija. Están convencidos que intentará llamarla y organizan todo para intervenir la comunicación. Escobar cae en la trampa. Lo localizan a principios de diciembre de 1993 y finalmente es abatido al tratar de huir por el techo de la casa en donde se esconde.

El crédito de esta caída, festejada a lo largo y ancho de todo el país y anunciada con bombo por los titulares de la prensa se atribuye al Presidente Gaviria y a la policía. Mis colegas y yo descubrimos hasta qué punto una vez más hemos sido engañados los colombianos, engañados y manipulados. Esta victoria sobre el más temido de los criminales, nosotros no se la debemos a nuestras instituciones sino a la misma mafia. Y la gangrena continúa, porque obviamente los Rodríguez Orejuela negociaron a precio de oro su "colaboración". Eso es lo que entenderemos al seguir nuestra conversación con Gilberto, su hermano Miguel quien finalmente regresó a la reunión, y José Santacruz.

Los Rodríguez Orejuela, multimillonarios, necesitan limpiar su dinero para que sus hijos puedan disfrutarlo. Esto necesariamente requiere que se entreguen y que sean condenados y son precisamente las condiciones de este supuesto sometimiento a la justicia las que deben ser negociadas. A diferencia de Escobar que se entregó sólo después de que fuera eliminado el principio de extradición y con la promesa de ser encarcelado en un hotel cinco estrellas, los Rodríguez Orejuela negocian con Gaviria por intermedio de Gustavo de Greiff. Gilberto, el mayor, estaba dispuesto a entregarse para permitir que los suyos vivieran tranquilamente, con la cabeza en alto, en las próximas décadas, sí, pero Gaviria ya estaba llegando al final de su mandato y de acuerdo con la nueva constitución no puede ser reelegido.

De repente, en ese momento de la entrevista me acuerdo del asunto de los narcocassettes, se oía a los Rodríguez hablar de Ernesto Samper, en muy buenos términos. Intuyo que los Rodríguez Orejuela pudieron haber buscado a Samper como un seguro en caso que su entrega no se pudiera concretar en los últimos meses de la presidencia de Gaviria. Y precisamente es el fiscal de Greiff, quien, apenas elegido Samper, declara que no hay lugar para abrir una investigación sobre las famosas grabaciones, Gustavo de Greiff, el de la "mesa del diablo"… De pronto todo me parece horrorosamente claro y, tomando el riesgo de provocar una nueva crisis, digo intempestivamente:

— Bueno, ¡y cuánto le dieron a Samper para su campaña?

— Doce mil millones de pesos, contesta sin pensar Miguel de manera desafiante.

Entonces Gilberto dándose cuenta de las consecuencias de la salida de su hermano:

— Eso es cierto, pero Samper no tiene conocimiento de ello, esto no se hizo con él, él no lo supo nunca.

Yo sonrío:

— Perdónenme, pero es difícil creerlo. ¿La idea cuando uno da dinero a un candidato, es que una vez elegido, este retribuya el favor, o no?

Gilberto da muestras de estar ofendido.

— Doctora, me replica sentido, nosotros también tenemos derecho a tener convicciones políticas. Numerosas personas donan dinero de manera anónima para uno u otro candidato, ¿por qué no podríamos hacerlo nosotros?

En ese momento, alguien golpea a la puerta y nos piden entonces regresar al salón en el cual estuvimos toda la tarde: las tres cabezas del cartel de Cali tienen otra visita. Oímos pasos, conversaciones en voz baja y de golpe descubrimos con sorpresa a través de la puerta de vidrio opacado que separa el salón donde estamos, que los visitantes de los hermanos Rodríguez no son ni más ni menos que policías en uniforme. ¿No se supone que toda la policía del país los está buscando?

Cuando retomamos la conversación, yo sorprendida:

— Hace un rato ustedes decían que se sentían acorralados, pero parece ser que la policía es bastante comprensiva con ustedes...

Gilberto nos deja entender que efectivamente controla buena parte de la policía. "Tengo buenas conexiones", dice él. Como parecemos atónitos, en tono aireado nos explica:

— ¡Pero pasa lo mismo con el Congreso! La mayoría de sus colegas están en nuestra nómina.

— ¿Cómo así, la mayoría? Pregunto asombrada.

— ¿Un centenar de representantes y más de la mitad de los senadores, doctora, quiere saber sus nombres?

Y sin que yo pida nada me suelta una docena de nombres, y pienso para mis adentros: si controlan a más de la mitad de los representantes (somos ciento sesenta y uno en total), con seguridad gobiernan más al país que el propio Presidente...

El encuentro se termina con esas palabras, y los días siguientes la idea me quedara rondando en la cabeza que los Rodríguez tal vez querían tendernos un puente: ¿Por qué no unirnos a ellos si ellos controlan todo el aparato del Estado? ¿Por qué seguir combatiéndolos y luchar contra la corrupción?

A los dos días tal y como lo habíamos acordado, repetimos a la prensa lo que los Rodríguez nos revelaron acerca de su implicación en la muerte de Pablo Escobar. Defendemos entonces la idea de crear una Corte Internacional de Justicia para hacerle frente a la impunidad de los narcotraficantes colombianos. Pero las conclusiones esenciales que sacamoš de este encuentro las guardamos para nosotros; esto nutrirá mi reflexión y mi futura lucha. Lo esencial, es el control que ejerce la mafia sobre todas las instituciones de la nación: desde el Congreso, matriz de la ley, pasando por la justicia y la policía, encargadas de hacer respetar esa ley. Más que nunca, pienso que la extradición sería el único medio capaz de quebrar esa espiral mortal para Colombia. Luis Carlos Galán lo sabía, se metió de lleno a apoyar la extradición, y esto lo pagó con su vida. En cuanto a la revelación de los Rodríguez de haber financiado la campaña de Samper, verdadera bomba atómica para Colombia, sería irresponsable sacarla a la luz pública. Antes que todo, no dejarse manipular. Es posible como lo sostiene Samper, que esto sea una tentativa para desestabilizar su gobierno (aun cuando pareciera que Gilberto quiso más bien protegerlo). Por otra parte, hay que investigar si fuera del cassette existen otras pruebas. Si eso ocurre, tendremos que confrontar la información.

El primero de marzo de 1995, algunos días después de nuestro encuentro con los jefes del cartel de Cali, los Estados Unidos, quienes se otorgan el derecho de calificar los países a los cuales prestan una ayuda económica, dan a Colombia una "certificación condicionada" buscando presionar para que se emprenda una lucha más vigorosa contra los narcotraficantes.

Evidentemente, esto es una segunda advertencia para el Presidente Samper, ocho meses después de la difusión de los narcocassettes. Pero para los colombianos, que queremos creer en la integridad de nuestro Presidente el mensaje se interpreta como una nueva afrenta por parte de los "gringos": ¿con qué derecho nos juzgan si ellos son lo principales consumidores de droga y cuando somos nosotros los que ponemos los muertos? Una corriente de nacionalismo antiyankee inunda el país, amplificada por titulares de prensa con fuerte sabor patriótico.

Sin embargo, coincidencia asombrosa, al día siguiente, el 2 de marzo, Jorge Eliécer Rodríguez, hermano menor de Gilberto y de Miguel es capturado por la policía. Si Samper hubiera querido dar prueba de su buena fe a los Estados Unidos y afianzar su imagen ante la opinión pública, no habría podido esperar nada mejor. ¡Ah ja! Dicen los periódicos. ¡Fíjense, los gringos nos acusaban de no actuar con suficiente determinación en contra de los narcotraficantes y los dejamos con la boca abierta!. Qué extraño, me digo para mis adentros, recordando las buenas relaciones, recordadas por demás entre la policía y el hermano mayor de los Rodríguez Orejuela, esta captura cae en un momento demasiado oportuno como para ser únicamente el fruto de la casualidad, pero bueno…

Mientras que ocurre este despliegue, se está preparando en silencio, una bomba judicial contra el presidente Samper, a la cual ni los colombianos ni nuestro grupo anticorrupción, le hemos puesto cuidado. Dije anteriormente, que hacia la mitad del mes de agosto de 1994, un nuevo fiscal había sido designado. Su nombre es Alfonso Valdivieso. El nuevo fiscal de la nación es primo de Luis Carlos Galán y lo mueve la misma ética y moral que caracterizaba a éste. Resulta que el bloque de búsqueda al mando del coronel Carlos Velásquez encontró durante un allanamiento, una lista de personalidades que aparecen en la nómina del cartel de Cali. Gustavo de Greiff hubiera seguramente dejado la investigación allí. Alfonso Valdivieso, abre una instrucción judicial. Estamos a finales de 1994. El 30 de enero de 1995, la revista *Cambio 16* habiendo filtrado la información divulga una lista de dirigentes políticos que recibieron para su campaña, camisetas por parte del cartel de Cali, o sea, de los hermanos Rodríguez Orejuela. Por lo visto, murmura la gente, parece que Alfonso Valdivieso sí trabaja…

Y en efecto sí trabaja, y este asunto de las camisetas revelado por la prensa, es prácticamente anecdótico frente a la investigación que prosiguen sus hombres quienes, se sabrá más adelante, están discretamente asistidos por los Estados Unidos. Las cuentas bancarias de aquellos afortunados que recibieron camisetas, son investigadas por la fiscalía. Y, esas cuentas arrojan saldos con sumas considerables y sin relación alguna con los ingresos declarados por sus dueños. Todas las cifras están ahí. Los titulares de esas cuentas no disimularon nada porque no están acostumbrados a que la justicia cumpla con sus funciones. Tienen un sentimiento afianzado de impunidad. Y aún cuando los investigadores los interrogan sobre el origen de los ciento cincuenta millones que reposan en su cuenta, creen poder salir fácilmente librados de esto, pretendiendo haber vendido una obra de arte. Nunca antes nuestros dirigentes políticos habían vendido tantas obras de arte, como lo hicieron en este principio de año de 1995.

El 21 de abril, teniendo ya en sus manos un expediente explosivo en contra de la clase política, Alfonso Valdivieso abre oficialmente lo que quedará en nuestra historia nacional como el "Proceso 8.000". (Es probable que Valdivieso intuyendo que este pasaría a la posteridad, se las haya arreglado para conferirle un número redondo). En ese entonces, el fiscal ya ha encarcelado a uno de los líderes del partido liberal, Eduardo Mestre, y por lo menos diez parlamentarios están a punto de tener la misma suerte.

La noticia de ese proceso provoca una conmoción considerable en todo el país. Nunca antes la justicia había inquietado a la clase política. La gente no sabe cómo interpretar ese giro tan brusco. Sabiendo además que Valdivieso parece no tener el apoyo de Samper, ya que la mayoría de los parlamentarios implicados son cercanos al Presidente. ¿Cuál es el propósito secreto que persigue Valdivieso? ¿Estará actuando sólo preocupado por la ética? La gente se pierde en supuestos. Es difícil entender que un hombre proveniente de las instituciones pueda de pronto salir en guerra solo, contra la corrupción del sistema. Más tarde entenderé este enigma: queriendo llegar a la presidencia, Alfonso Valdivieso está afianzando, gracias a su integridad y a su valentía, el apoyo de Estados Unidos. Para hablar crudamente, él se les está anticipando a sus deseos.

El 9 de junio de 1995, golpe inesperado: ¡los noticieros anuncian la captura de Gilberto Rodríguez después de una larga persecución! Para mí, es el inicio de una toma de conciencia que me va a llevar a implicarme completamente en el drama que se está desarrollando. ¿Cómo así, cómo así, habrían "arrestado" a Gilberto

Rodríguez, el hombre que han invitado a la "mesa del diablo", el hombre que prácticamente controla a la policía de Cali, el hombre que tiene en su nómina a la mitad de los congresistas? ¡Esto no tiene sentido! Esta vez, sé demasiadas cosas como para poderme conformar con la verdad oficial. ¡Gilberto Rodríguez no estaba escondido, estaba negociando su entrega con el Palacio presidencial! Estoy segura de esto, él no fue arrestado, él se entregó. ¿Por qué? ¡Obviamente para darle un momento de respiro a Samper! En el momento en que Valdivieso está diezmando los amigos del Presidente, en que la amenaza se vuelve cada día más apremiante, ¿qué hace el Presidente? Se regala a sí mismo una victoria espectacular: su policía neutraliza al fin al más temido de los narcotraficantes después de Pablo Escobar. ¿Quién se atreverá ahora a pretender que él recibió dinero de Gilberto Rodríguez? Algunos congresistas lo hicieron, sí, tal vez, pero el Presidente no. Fíjense está botando al viejo Gilberto a la cárcel, esa sin lugar a dudas es la prueba… Es entonces cuando yo decido anotar escrupulosamente todos los acontecimientos para poder algún día reconstruir el rompecabezas de un escándalo que adivino será monumental. Y empiezo por dos coincidencias que me parecen interesantes: al día siguiente de la certificación condicional por parte de Estados Unidos, Jorge Eliécer Rodríguez es arrestado; al día siguiente del inicio del proceso 8.000, Gilberto Rodríguez es también "arrestado". ¿Cuándo y cuál será la próxima jugada de ésta extraña partida de ajedrez?

Hostigamiento sordo de los Estados Unidos contra el régimen, investigación judicial contra algunos de los congresistas más famosos, malestar manifiesto del Presidente Samper: en este mes de junio de 1995 el ambiente se vuelve singularmente pesado. No soy la única en tener la intuición que una tempestad se aproxima; pareciera como si todo el mundo estuviese conteniendo la respiración aguardando las primeras señas de su desencadenamiento.

Es en este contexto de desilusión, y de malos presagios que la revista *Semana* revela el 22 de junio, que un golpe de estado militar se está preparando. La gente estaba a la espera de lo peor, ¿será que lo peor es un golpe de Estado? En todo caso el anuncio de esta noticia prueba la fragilidad del gobierno de Samper, después de solamente un año de ejercicio.

Y tal y como me lo esperaba la partida de ajedrez continúa: haciendo eco a los rumores de golpe de Estado, es el turno para José Santacruz, de ser arrestado el 4 de julio. Nuevamente, si Samper hubiera querido demostrar a la opinión pública, al ejército y a los americanos que él era el capitán del barco, no habría podido hacerlo mejor. Pero para mí es claro que los dirigentes del cartel de Cali no han sido "capturados" sino que han volado al rescate de Samper entregándose voluntariamente a la policía… Sin embargo el 26 de julio ocurre un hecho tremendamente preocupante para el Presidente: Alfonso Valdivieso inculpa y encarcela al tesorero de la campaña, Santiago Medina. La noticia llega como una bomba. Medina confiesa haber recibido sumas de dinero considerables del cartel de Cali con el acuerdo de Ernesto Samper y de su mano derecha, el actual Ministro de la Defensa, Fernando Botero. Su confesión no ha sido aún completamente revelada a la opinión pública, pero se puede medir la gravedad de la situación con el anuncio que el jefe del estado se dirigirá a la nación esa misma noche.

Samper aparece en la televisión metamorfoseado. Su aire encantador y despreocupado ha desaparecido. Su rostro parece entumecido, rígido y su mirada inquieta. Si hubo dinero del narcotráfico en mi campaña, sostiene él, eso fue hecho a mis espaldas y por personas que traicionaron mi confianza. Un año antes, él pretendía que esa acusación no tenía ningún fundamento, y que era un complot de los Rodríguez Orejuela para desestabilizar a su gobierno. Esta vez acepta que puede ser verdad, pero que él no estaba enterado.

El 28 de julio, es decir dos días después, de esta primera grieta en la cúpula del Estado, la Cámara de Representantes, en su mayoría samperistas, toma una iniciativa aparentemente paradójica: autoriza a su Comisión de Investigación y Acusaciones a abrir una investigación contra el presidente Samper. La competencia de la Comisión no es la de juzgar al Jefe del Estado, sino la de decidir si debe comparecer ante un juez o no. El Presidente de la República, se beneficia de una inmunidad gracias a la cual Alfonso Valdivieso no puede tocarlo. Sólo la Comisión de Acusaciones del Congreso si encuentra algún comportamiento delictivo, que dé pie para un proceso penal puede enviarlo ante la Corte Suprema de Justicia.

El inicio de la investigación por parte de la Comisión de Acusaciones del Congreso tiene el mérito de apaciguar los espíritus. La gente piensa que al fin van a saber si su Presidente tenía o no responsabilidad en la financiación de su campaña con dinero de la droga. Por mi lado, tengo la convicción que la Comisión se puso en primera línea para proteger a Samper, y evitar a toda costa el terrible siniestro que está por llegar.

Pero la Comisión no ha tenido siquiera tiempo de emprender su labor cuando aparece un segundo foco de incendio. Durante el fin de semana del 29 y 30 de julio, los dos colaboradores más cercanos de Ernesto Samper, su Ministro de Defensa, Fernando Botero y su Ministro del Interior Horacio Serpa, se reúnen con el Presidente en Hato Grande para estudiar con lupa el expediente del fiscal Valdivieso contra Medina, el tesorero encarcelado. El lunes 31 de julio, Botero y Serpa organizan una rueda de prensa para explicar que las acusaciones de Medina no tienen sentido, y que ese tipo quiere enlodar al Presidente con el único propósito que su propia condena sea más liviana, etc.

Entonces, ocurre un hecho inesperado.

— Usted dice que Medina ha confesado esto y aquello, comenta asombrado un periodista. ¿Pero de dónde saca usted esa información, si el expediente está cubierto por la reserva del sumario?

Este es un momento insólito que se transmite por televisión.

— Esas informaciones las tuvimos..., empieza Botero, el señor Ministro del Interior les va a decir cómo...

Y enseguida le pasa el micrófono a Serpa, cuyo rostro se congestiona. Obviamente no puede confesar que durante el fin de semana sonsacaron el expediente de la fiscalía.

Serpa titubea.

— La obtuvimos de una fuente anónima que se presentó al Ministerio del Interior, acaba diciendo él apenado.

178

La mentira es tan manifiesta que al día siguiente en nombre de la independencia de la justicia la prensa, en particular D´artagnan exige la renuncia de los protagonistas de esta lamentable tira cómica. Así empieza a tomar cuerpo un escándalo menor (la violación de la reserva del sumario por dos Ministros) dentro del escándalo mayor, (la financiación de la campaña del Presidente).

El 2 de agosto, el Ministro estrella Fernando Botero, renuncia a su cargo.

Nuevamente, se trata de apaciguar los espíritus en un contexto de urgencia. Para mí es evidente que Botero salta como un fusible leal para proteger a Samper. A toda costa hay que impedir que el nombre de Samper sea mezclado en este asunto tan penoso y lamentable.

El 4 de agosto, la Comisión de Acusaciones del Congreso empieza oficialmente su labor. El acusador Valdivieso le transmite copia de los documentos que le van a permitir forjarse un concepto sobre el grado de responsabilidad del Jefe del Estado en el enigma del financiamiento de su campaña.

Sin embargo, apenas empieza la Comisión sus deliberaciones, cae en bandeja de plata una primera respuesta explosiva a sus interrogantes: el 5 de agosto los noticieros anuncian la publicación por parte de la revista *Semana* de conversaciones comprometedoras de Samper con narcotraficantes. Se trata de la transcripción de la grabación de una conversación telefónica entre Samper y una tal Elizabeth Montoya de Sarria conocida a partir de ese momento como "la monita retrechera", miembro de la mafia, quien le anuncia a Samper la llegada de unos *visitantes*. El tono de esta conversación no deja ninguna duda sobre los lazos estrechos que unen a Samper con esta señora —en varias oportunidades ella le dice "Ernestico..."— pero se entiende sobre todo que los famosos *visitantes* traen fondos al que aún no es sino candidato a la Presidencia.

La difusión de este documento, después de la confesión del tesorero Medina, es absolutamente catastrófica para Samper. Surge en momentos en que la cúpula del Estado da la impresión de estarse descarrilando y de tambalear, con la renuncia de Botero.

¿Qué va a decir Samper? ¿Qué más puede inventar para escapar de este torbellino cataclísmico que nadie más puede controlar? ¡Pues bien, al día siguiente, es decir el 6 de agosto, Miguel Rodríguez, ¡el fogoso Miguel, es capturado! Pero me acuerdo de Miguel escuchando el relato de su hermano Gilberto sobre su posible entrega y sus años de prisión y diciendo: "en todo caso yo nunca iré a la cárcel, prefiero morir". Evidentemente él se entregó porque únicamente la noticia espectacular de su captura puede aún salvar a Samper, y darle un giro a la opinión pública. ¿Lo muestran bromeando con una mujer de la mafia? ¡Sí, tal vez, pero esto no le impide embestir a los jefes de esta misma mafia! ¿Y por qué los Rodríguez Orejuela acuden a su rescate para salvarlo? Simplemente porque hicieron con Samper el trato que no pudieron concluir con su predecesor Gaviria: entrega sin extradición, algunos años de prisión para salvar las apariencias, y luego la felicidad de la opulencia para todo el clan. A cambio de financiar su campaña, Samper garantizó a los Rodríguez Orejuela darles su protección. Samper es el redentor de los Rodríguez. Si se cae, ellos se encontrarán a la deriva bajo la amenaza de una verdadera encarcelación para toda la vida y con el temido regreso de la extradición. Es por esto que llevan en sus brazos a este Presidente moribundo entregándose uno a uno y esperando salir indemnes de esto una vez Samper esté nuevamente restablecido.

La supuesta captura de Miguel Rodríguez produce el bombo esperado: invade los titulares y primeras páginas de todos los periódicos y relega a páginas interiores los comentarios sobre la conversación del Presidente con la monita retrechera.

Ernesto Samper puede enorgullecerse de haber decapitado el cartel de Cali. ¿La gente se deja engañar? Uno tiene el sentimiento que todo el mundo vive pegado a la radio, aturdido como a la espera que cada mañana algún nuevo hecho espantoso les caiga encima. ¿Qué pueden inventar para retomar nuevamente las riendas de su destino? Nada. Estamos pese a nosotros mismos, embarcados en un navío que navega velozmente a través de una espesa neblina.

El 15 de agosto se sacude nuevamente la opinión pública: el ex Ministro Fernando Botero es detenido y vinculado mediante indagatoria al proceso 8.000. Al haber renunciado trece días antes, perdió su inmunidad ministerial. La caída del hombre que había encarnado la defensa de los Galil un año antes, me parece ser obra de la Providencia. Pero ante la amplitud de la crisis por la que atraviesa el Estado colombiano, Botero no es más que un peón entre otras fichas. Pienso en su padre, el maestro Fernando Botero, quien durante toda su vida ha sido un hombre altruista y de una bondad extraordinaria, conocido por su integridad y sufro por él. Es un hombre a quien quiero y admiro. No es justo, él no merecía todo esto.

Un peón decía yo, al cual a pesar de todo se trata con mil consideraciones. Botero no es encarcelado como los ladrones y criminales, no, se le asignó como cárcel la Escuela de Caballería, y la televisión nos lo muestra en su sitio de reclusión montando a caballo en el parque, jugando con sus hijos… Al igual que él, todos los congresistas encarcelados durante el proceso 8.000 gozarán de un tratamiento preferencial. Sin olvidar a los Rodríguez Orejuela quienes viven también con facilidades y en condiciones escandalosas, mientras que los demás detenidos soportan una pesadilla diaria en prisiones congestionadas, teniendo que pagar para obtener el privilegio de dormir acostados. ¿Qué podemos entonces pensar los colombianos? Es claro que el sistema no está hecho para disuadir este matrimonio indecente entre la clase política y la mafia. Aun en la cárcel tienen privilegios.

Al día siguiente el 16 de agosto, un drama me hiela la sangre: el conductor del Ministro del Interior Horacio Serpa, es asesinado en plena calle. Pero no en cualquier lugar sino a cinco minutos de la Fiscalía. Este asesinato constituye para mí una verdadera revelación: mataron a éste hombre en el momento en que iba a rendir testimonio. ¿Y cómo habrán entendido que él constituía una amenaza grave para ellos? ¿Al leer el expediente de la instrucción de Valdivieso durante el famoso fin de semana? ¿Quiénes son ellos? Ernesto Samper, Fernando Botero, Horacio Serpa? Por primera vez, adquiero la íntima convicción fruto de mis propias reflexiones, por una parte que son culpables de haber aceptado dineros de la mafia; y por otra que están dispuestos a todo para salirse de esto. He llegado a esa conclusión personal. Que Ernesto Samper, el amigo de mi mamá, el amigo dicharachero con quien tanto bromeamos y reímos, estaría dispuesto a matar para salvar su poder y su reputación. Sí, para mí esta muerte es una señal de alarma: de ahora en adelante este asunto va a tomar un cariz sangriento.

8

A partir del momento en que tengo conocimiento del asesinato del conductor de Horacio Serpa, tomo la decisión de romper todos mis nexos con Ernesto Samper. No volveré a asistir a las reuniones realizadas en Palacio para los congresistas, y rechazaré todas las invitaciones a entrevistas privadas. Es imperativo que la justicia se pronuncie sobre la responsabilidad de este hombre y mi vocación como congresista es la de ayudar para que esto pueda acontecer.

Sí, siento ahora que si algún papel me corresponde jugar en la tragedia nacional, es el de denunciar sistemáticamente cada vez que tenga las pruebas correspondientes, las mentiras del poder y lo que éstas esconden. El papel también de decir en voz alta lo que muchos colombianos, atónitos, humillados, vencidos al silencio pensamos en voz baja. Más que nunca continúo entonces anotando día tras día todos los hechos y actuaciones de los hombres que nos gobiernan. Tengo la impresión de estarme preparando para encarnar la única oposición que sea válida a este régimen.

Y los hechos se encadenan con una velocidad vertiginosa.

El 31 de agosto de 1995, dos semanas después del "encarcelamiento" del ex Ministro Botero, el partido liberal por solicitud de Samper toma una decisión que muestra un grado de cinismo inaudito: en nombre del código de ética, suspende del partido a Fernando Botero y al ex tesorero Santiago Medina. De esta manera Samper trata de afianzar su última versión de los hechos según la cual sus dos colaboradores habrían recibido dineros de la mafia a sus espaldas.

El 4 de septiembre sin embargo, esta lamentable maniobra es pulverizada por la publicación en la prensa de la primera prueba irrefutable contra Samper: el facsímil de un cheque de treinta y dos millones de pesos firmado por… Elizabeth Montoya —la monita retrechera— esta mujer que habíamos oído un mes antes llamarlo cariñosamente "Ernestico".

¿Ahora sí será que los colombianos vamos a salir a la calle y exigir la salida de este Presidente, cuya indignidad salpica a todo el país? No, nos quedamos callados, como petrificados por el horror. Un año antes, la divulgación del narcocassette en el cual se oía a los hermanos Rodríguez elogiar a Samper había provocado indignación, queríamos creer en la integridad del Presidente. Esta vez, frente al cúmulo de elementos en su contra, la gente no sabe cómo reaccionar, ni en quién confiar. Parece pasmada, resignada ante la fatalidad, como esos pueblos martirizados cuyos muertos se amontonan pero cuya voz no se escucha más… Siento tristeza por todos nosotros, porque nos están pisoteando y siento subir en mí una inmensa indignación.

El cataclismo no acaba: el 19 de septiembre se conoce la noticia que el contador del cartel de Cali, Guillermo Palomari, acaba de huir de Colombia para ponerse bajo la protección de Estados Unidos. Si este hombre que sabe todo sobre la financiación de la campaña de Samper se fue, es porque obviamente ha recibido amenazas de muerte en caso de ocurrírsele atestiguar ante la justicia. Y, para aquellos que aún son incrédulos, algunos días más tarde asesinan a la esposa de Guillermo Palomari, quien se había quedado en Colombia… El mensaje que le hacen llegar al contador es el siguiente: si hablas, mataremos a todos los tuyos. Aun así, este hombre, protegido con el paraguas de los gringos, constituye el peor de los peligros para Samper. Sobre todo también, porque Alfonso Valdivieso pide oficialmente a Estados Unidos autorización para hacerle un interrogatorio a Palomari. La prensa anuncia desde ya que la investigación va a proseguir allá…

¿Qué más podría inventar Samper para invertir el curso de la historia? No pienso sino en eso y la respuesta me llega ocho días más tarde. El 27 de septiembre, un atentado es perpetrado en plena calle contra el abogado del Presidente de la República, el doctor Cancino. Samper designó a este abogado para defenderlo ante la Comisión de Investigaciones y Acusaciones del Congreso. De manera extraña Cancino sale del atentado con una leve herida en un brazo, mientras que sus guardaespaldas caen acribillados por las balas, el estado de sus cuerpos muestran la violencia de las ráfagas de fuego. Nos cuentan que Cancino, perseguido por los sicarios logró escapar. Pero esta versión no me convence. Cancino es un señor de edad, barrigón y no lo imagino ni por un segundo corriendo por las calles empinadas de Bogotá para despistar a los matones. Tengo la intuición que se trata de una cortina de humo y decido buscar la clave. Esta me es brindada a los dos días por el acólito más leal que tiene Samper, Horacio Serpa. Durante una rueda de prensa sobre las circunstancias del atentado el Ministro del Interior medita ostensiblemente ante las cámaras sobre la pregunta de un periodista —"¿Piensa usted que los Estados Unidos tengan alguna responsabilidad en este asunto?"— antes de contestar: "me suena, me suena, tenemos que hacernos seriamente esa pregunta". ¡Y ahí está la clave! Esto era lo que se necesitaba para que se tejiera rápidamente la nueva tesis de un complot de Estados Unidos en contra de Samper.

A partir del día siguiente la prensa se infla de artículos exaltando el sentimiento patriótico y reviviendo nuestro antiimperialismo. ¡Y la estrategia funciona! La gente profundamente desconcertada, inmensamente silenciosa, quiere creer en estas pobres conjeturas. Entonces se llena nuevamente de esperanza, vuelve a erguirse y mientras que la cúpula del Estado está en pleno naufragio, asistimos a una de las más violentas manifestaciones de xenofobia que haya conocido Colombia en los últimos años. Sí, los Estados Unidos quieren derrumbar a nuestro Presidente, sí, quieren desestabilizar nuestra democracia, no soportan nuestra independencia, desean una Colombia servil, coloniza- da… Durante esas semanas de delirio, se insulta a los extranjeros en la calle, en la prensa o en la radio no se habla de otra cosa que no sea de la independencia del país amenazada por el águila gringa.

Este episodio refuerza mi convicción personal que Samper y los suyos estarían dispuestos a matar inocen- tes para dar credibilidad a cualquier discurso que sea susceptible de volcar la opinión pública a su favor.

¿Hasta dónde? ¿Y por cuánto tiempo más? Mientras se fustiga al imperialismo yankee, la unidad de fiscales de Valdivieso salió para Estados Unidos a recopilar la información del contador de los hermanos Rodríguez, información que podría desmoronar el régimen de Samper. Los colombianos sabemos, y en el fondo esto no hace sino agudizar la amargura nacional. Esta manifestación de nacionalismo se parece a la última patada del ahogado. Nunca antes el ambiente había estado tan pesado, tan envenenado.

El 2 de noviembre, un nuevo atentado nos levanta con ducha fría. Álvaro Gómez, el líder conservador es asesinado. Desde hace un año, Álvaro Gómez era el único hombre político de envergadura en reclamar abiertamente la renuncia de Ernesto Samper. El país entero conocía los lazos estrechos que lo unían a los Estados Unidos, de tal manera que se le identificaba como el candidato de Washington una vez cayera Samper. Si su muerte nos deja mudos, es porque esta no puede ser sino obra de Samper, así nadie se atreva a decirlo y mucho menos a escribirlo. A pesar de ser hijo de Laureano Gómez, el "Duce" colombiano (Presidente de 1950-1953), Álvaro Gómez se convirtió en una personalidad de primer plano: candidato presidencial, congresista, embajador. En el momento de su muerte a los setenta y cinco años, beneficia de un aura intelectual y moral que lo ubica en el espíritu de la gente por encima de la clase política tradicional. Es un hombre a quien se le consulta su opinión sobre el acontecer nacional y no duda en decir verdades que causan molestia en la opinión pública. Para muchos él encarnaba el último salvavidas.

Su asesinato vuelca a la gente de la exaltación nacionalista al temor. Este hecho constituye la señal de que el régimen cayó en la locura, que no se rige por ningún principio, y que es capaz de cualquier cosa para salvar su pellejo. Matar a Gómez es una declaración de guerra a los Estados Unidos y dentro de nuestras fronteras, para todos aquellos que pretenden oponerse al régimen: de ahora en adelante el riesgo será de muerte.

Un hombre representa una amenaza directa y temible para él: Fernando Botero. El ex Ministro de Defensa es peligroso, porque aún tiene poder, porque es imposible eliminarlo, porque está en prisión y podría tener la tentación de decir todo lo que sabe a cambio de su libertad. Hasta el momento, a diferencia del ex tesorero, Botero ha callado. Para mí es muy claro que él está esperando que Samper le tienda la mano.

Y precisamente el 10 de diciembre nos enteramos que el Jefe de Estado hizo una larga visita a su antiguo colaborador. Que un Presidente en ejercicio pueda ir a conversar en prisión con un ex miembro de su gobierno culpado de enriquecimiento ilícito por sus nexos con la mafia, sorprendería a cualquiera, en otro país del mundo. Pero esto no sorprende aquí. En realidad ya nada sorprende a los colombianos. Es más, la televisión nos muestra a los dos hombres recorriendo pensativos los senderos de la Escuela de Caballería, en donde está detenido Botero, durante cuatro horas.

¿Qué será lo que se dicen? La respuesta a esta pregunta nos llega algunos días más tarde, pero tan bien empacada que se requiere la perspicacia de un Valdivieso para dar la voz de alerta. Durante la aprobación de una ley, el Senado adopta un artículo diminuto que no tiene nada que ver con dicho texto y que estipula que no se podrá ser perseguido por enriquecimiento ilícito, si no se puede probar el origen de los fondos. Como los hermanos Rodríguez Orejuela aún no han sido juzgados, nada permite asegurar aún que los fondos percibidos por Botero, provienen del narcotráfico. Es decir que si este artículo es aprobado por la Cámara, Fernando Botero recobra en el acto su libertad.

He aquí entonces lo que Samper imaginó para lavar a su cómplice y convencerlo de no hablar. Los políticos tienen la costumbre de incluir en un proyecto de ley, artículos cuyo único objeto, es el de servir algún interés particular. Esos son los famosos "micos", porque como ellos se cuelgan con habilidad a cualquier rama y la mayoría de las veces logran pasar desapercibidos. Este se va a llamar el "narco-mico" y no va a pasar desapercibido. Al contrario, me va a dar la oportunidad de confrontar, por primera vez al gobierno.

El "narco-mico" llega a la Cámara el 15 de diciembre, o sea únicamente cinco días después de la visita de Samper a Botero. Lo que de entrada me sorprende, es que el hemiciclo que de costumbre está prácticamente vacío, reboza de gente esa tarde. Me viene entonces a la memoria la revelación de Gilberto Rodríguez: "la mayoría de sus colegas forman parte de nuestra nómina, doctora, ¿quiere conocer sus nombres?". Lo que ocurre es obvio. El ambiente de tensión y nerviosismo generado por la presencia de todos esos hombres deja adivinar que están todos movidos por las mismas cuerdas jaladas desde arriba, y por los mismos intereses también.

Siento un profundo desagrado al observar ese circo. Para empezar la sesión, se está esperando la llegada del Ministro de Justicia, Néstor Humberto Martínez. Yo también lo estoy esperando, y para encontrármelo me ubiqué al lado de las puertas de entrada.

— Bravo por el "narco-mico", le digo. Ustedes están negociando el silencio de Botero, pues tenga la seguridad que me encargaré de hacerlo saber. Lo siento perturbado. Pero es un hombre hábil que sabe esquivar los golpes.

— Estoy tan preocupado como tú, lo oigo murmurar.

— ¡Entonces hazlo público! En el Senado no te oímos manifestarlo.

— El gobierno me dio instrucciones pero me dejaron solo. Serpa no vino como refuerzo. Tú, Ingrid, habla, tú me puedes ayudar.

— Lo haré.

En ese preciso instante las puertas se abren ¿y a quién vemos entrar? Serpa, el Ministro del Interior, portavoz brillante y astuto de Ernesto Samper, el mismo que había tambaleado en el asunto del expediente de Medina. Me precipito hacia él y en son de chiste le digo:

— ¡Nos cae de perlas! Espero que haya venido para hundir el narco-mico.

— Alterado, balbucea algunas palabras inaudibles, como cuando alguien se siente agarrado, y sigue su camino.

El debate empieza.

Néstor Humberto Martínez solicita efectivamente el retiro del "narco-mico", pero sin mucho entusiasmo lo que se interpreta como una actitud prudente frente a la plenaria. Pero está nervioso y se nota su malestar. Logra entonces inculcar un sentimiento de pánico en algunos de los representantes. El ambiente se tensiona aún más y veo cómo esos hombres cuya corrupción es conocida se cuentan angustiados los unos a los otros. No tienen nada qué temer, son mayoría. Sin embargo, esta tensión, que se percibe también en Serpa, me intriga. Adivino que detrás del telón algo está pasando. Para cerciorarme me acerco a los periodistas. Y ahí, golpe de teatro: ¡La Comisión de Acusación e Investigación de la Cámara de Representantes, supuestamente clavada desde el mes de agosto, estudiando la responsabilidad del Presidente, va a rendir su veredicto de un momento a otro! He ahí entonces el porqué de la llegada inesperada de Horacio Serpa...

Presiento que lo peor va a ocurrir y mi prioridad absoluta es la de denunciar en voz alta, y lo más rápidamente posible, lo que se esconde tras el "narco-mico". Quiero que el país sepa y tengo al fin elementos para decirle a este gobierno lo que pienso.

Me dan la palabra.

— ¿Saben ustedes por qué nuestro Presidente fue a entrevistarse con Botero a la Escuela de Caballería? Veo alrededor mío las caras de mis colegas quedarse inmóviles. La prensa está ahí, ya no pueden hacer nada. Entonces señalo el pacto secreto concluido por Samper y Botero y exclamo:

— Sabemos todos que en caso de ser aprobado el "narco-mico", el proceso 8.000 llega a su fin. Y sería también el final de los problemas para muchos de ustedes y sus amigos que ya están detenidos. Porque son numerosos los que aquí en este recinto, han recibido como Botero, dineros cuestionados. Los colombianos tienen que saber que si los representantes respondieron masivamente con su presencia hoy, no es para defender alguna medida que beneficie a los más marginados, sino para salvar su pellejo. ¿Por qué guarda silencio el Ministro Serpa? Por qué no viene a decirnos claramente cuál es la posición del gobierno sobre este artículo?

Silencio total. Un año antes me había enfrentado a Botero en relación con el escándalo de los fusiles Galil, pero eso no cuestionaba la integridad del gobierno. Esta vez, sí. No sólo al gobierno sino también al Congreso, y además al Presidente de la República... Pienso que Serpa se va a precipitar a la tribuna apenas termine para acabar conmigo. Es un orador de miedo, un hombre que se escucha con deleite, ya que su palabra puede ser tan estruendosa y luminosa como aplastante. Pero Serpa no mueve ni un dedo para protestar. ¿Qué estará esperando?

Otros oradores toman la palabra; pasan dos horas. Y de repente, las puertas del hemiciclo se abren bajo la presión de una horda de periodistas alborotados. Buscan a Serpa, quien inmediatamente entiende lo que sucede y se acerca a ellos. Otros representantes se paran

194

y se precipitan hacia ese grupo de gente. Yo también me apresuro hacia ellos.

La Comisión de Investigación y Acusación de la Cámara de Representantes acaba de dar a conocer públicamente su decisión: se rehúsa a hacer algún pronunciamiento bajo el pretexto de no existir ningún elemento contundente que permita llevar el caso del Presidente ante la justicia. Dicta entonces "auto inhibitorio" en el proceso contra Samper. Samper ya no tiene nada qué temer; no habrá proceso en su contra. La Comisión laboró únicamente para ahogar el escándalo. Serpa recibe la noticia dándole a su fisonomía el aire de gravedad exigido por las circunstancias y luego, maestro del cinismo, dice:

— Respetamos la decisión de los congresistas. Con serenidad y habiéndose tomado todo el tiempo necesario, estudiaron el expediente de instrucción y concluyeron que no existía ningún cargo en contra del presidente Samper. Estamos satisfechos de oír lo que ya sabíamos y expresamos nuestra confianza en la justicia colombiana.

Apenas ingresa de nuevo en el recinto, Serpa toma la palabra. Y, en nombre de la independencia de la justicia, pide que sea retirado el "narco-mico" que se introdujo en el senado, sin que, pretende él, el gobierno haya sido enterado de ello… Comprendo ahí mismo que habiéndose asegurado su propia suerte, Samper suelta a Botero. Amparado en grandes principios, Serpa prosigue:

— Y no aceptamos lecciones de ética por parte de esta parlamentaria exaltada, Ingrid Betancourt, quien se atreve a traer chismes al Congreso y a sospechar comportamientos deshonrosos e indignos en cabeza del Jefe de Estado y del gobierno.

Siento entonces que la sangre se me alborota: pido la palabra para contestar. Serpa finge no oírme. Hablo más duro, él prosigue imperturbable. Me levanto, Serpa continúa hablando pero ya nadie lo escucha: todas las miradas están puestas sobre mí, y en particular las de los periodistas. Nuestro reglamento interno me confiere el derecho de réplica. Como yo no cedo, finalmente Serpa exclama furioso: pues responda entonces por favor.

— Lo que el país quiere saber, digo, al tomar el micrófono con avidez, no es lo que usted piensa de mí, si no por qué usted no trancó el narco-mico en el Senado. Lo que el país quiere saber, es por qué la posición del gobierno sobre el "narco-mico" cambió de un momento a otro, apenas se conoció la decisión de la Comisión de Investigación y Acusación del Congreso, que salva únicamente el pellejo del Presidente de la República.

Y, con un gesto brusco le devuelvo el micrófono a la cara, de manera que él tiene que dar un paso hacia atrás para evitarlo.

La prensa entendió, mis colegas también. El gobierno los deja solos abandonados a su suerte, muchos de ellos acabarán en la cárcel. Botero acaba de perder su última batalla, el gobierno lo deja hundirse solo. Serpa percibió perfectamente el peligro, el silencio en la sala se vuelve amenazante. Él opta por un tono totalmente diferente:

— Perdóneme si la ofendí, tal vez me expresé mal, si lo que quiere es un esclarecimiento, con mucho gusto se lo daré, etc., etc.

Qué importan esas palabras, tengo el sentimiento de haber marcado varios puntos al desenmascarar públicamente lo que se cocinaba.

Estamos en víspera de las vacaciones de fin de año. Las sesiones del Congreso se están terminando y veo llegar aun con más alivio estas semanas de descanso. Tengo la convicción que Botero va a cantar. Conozco su ambición, la alta idea que tiene de sí mismo —él soñaba con ser Presidente de la República—, no creo ni por un instante que va aceptar sacrificarse, ni llevar solo la cruz del escándalo para salvar a Samper.

La solidaridad del gobierno también se agrieta; después de haberme felicitado el Ministro de Justicia, Néstor Humberto Martínez, en quien había yo percibido un gran malestar, renuncia. Para agradecerle su silencio, le ofrecen la embajada de Francia.

Conocí unos meses antes a Juan Carlos, hoy mi esposo. Son nuestras primeras vacaciones juntos y al fin vamos de disponer de un poco de tiempo para nosotros. Permanecemos algunos días en Bogotá, en diciembre la ciudad se vuelve encantadora, las calles se vacían, la vida se vuelve más fácil, más liviana. Luego viajamos con los niños al parque Tayrona. Cambio total de vida. Nos hospedamos en unas cabañas las "Eco-habs" a la orilla del mar. Detrás nuestro, la selva. No hay radio, no hay televisión, siento como si la guerra, la violencia, los narcotraficantes, Samper, estuvieran lejos, muy lejos. Y sin embargo los escasos turistas que llegan se acercan sistemáticamente al identificarme. Trato de escapar de todo para aislarme. Necesito reencontrarme en mi papel de mamá entera y exclusivamente. Juan Carlos me colabora en todo amorosamente. Hacemos castillos de arena, recogemos conchas, jugamos con los niños en las olas enormes del Tayrona. Habiendo nacido en Cartagena, Juan Carlos es hábil en el mar.

Por la noche, sin electricidad, observamos las estrellas, es también la hora de las confidencias; Melanie quiere que le cuente cómo era ella de bebé, cómo fueron sus primeros meses. Lorenzo reclama cuentos de osos y zorros como los que le inventa su papá. Se van a dormir contentos y confiados.

Regresamos a Bogotá, serenos. Una tarde de enero estando Juan Carlos y yo solos, decidimos salir. Juan Carlos tiene ganas de ir a cine y yo de tomar un poco de aire fresco. Cuando empezamos a andar hacia el norte, nos sorprende el silencio y las calles vacías, como si todos los bogotanos hubiesen desertado de la ciudad. Estamos prácticamente solos en estas avenidas que de costumbre están congestionadas por un torrente de carros, de buses destartalados, de camiones. Y de pronto, al acercarnos a la Escuela de Caballería, nos quedamos estupefactos: varios tanques de guerra están posicionados sobre la séptima y a lo largo del muro de la escuela.

— ¡Juan Carlos, mira!

— ¡Uf!! ¿Qué está pasando?

— No sé, con seguridad algo grave.

— Parece ser como un golpe de Estado, o algo así.

— ¡Claro! Es por eso que no hay nadie en las calles, regresemos rápido a la casa, tenemos que oír las noticias.

Hoy es martes 23 de enero de 1996, fecha inolvidable. Por televisión, Fernando Botero entrevistado por

Yamit Amat, inculpa al presidente Samper. Sí, el cartel de Cali financió su campaña electoral; sí, Ernesto Samper sabía.

— ¿Y usted? Le pregunta Yamit Amat.

— Yo no sabía nada.

— Juan Carlos y yo nos miramos desconcertados. ¿Quién puede creer que Botero no sabía nada? Pero no importa: el elemento esencial es que la acusación esta vez emana del que fuera jefe de campaña de Samper, y Samper no tiene los medios, para hacer que Botero se calle. El ex Ministro de Defensa al movilizar los tanques alrededor de su "prisión", está mostrando que el ejército lo protege, pienso yo…

Herido, Samper reacciona al día siguiente, acusando a su antiguo amigo de traidor y de mentiroso. Repite que no sabía nada, que la transacción se hizo a sus espaldas y le devuelve a su antiguo Ministro un argumento de peso: ¿cómo puede Botero acusarlo de un delito cuya existencia él habría ignorado? ¡Uno no puede saber que alguien sabe lo que uno no sabe! La respuesta sin duda es inteligente, pero no es suficiente para convencer de su inocencia a un pueblo que desconfía y a una opinión internacional cada día más distante. ¿Qué puede hacer Samper para tratar de retomar las cosas en mano? Como no renuncia, me imagino que estará ideando otra de sus tantas iniciativas destinadas a reconquistar a los más crédulos.

El 30 de enero su plan está listo y es un verdadero golpe de opinión: Samper solicita que la Cámara de Representantes se pronuncie sobre si es culpable o no. Mejor dicho rechaza la neutralidad de la Comisión de Investigación y Acusación, y exige la reapertura del proceso en su contra y para ello instala sesiones extraordinarias en el Congreso. "Fui absuelto, dice él, pero después de las nuevas acusaciones que se han hecho en contra mía, la duda volvió a inmiscuirse en la mente de los colombianos. Es por eso que les debo entonces la verdad". Y para convencer a aquellos que aún dudan de su buena fe, él va aún más lejos y pide que todo el proceso, sea transmitido en directo por televisión. Esto es un acontecimiento nunca antes visto. Jamás se había transmitido una sesión permanente en directo. ¡Y se trata nada menos que de un proceso en contra del Presidente en ejercicio!

La jugada es perfecta: En nombre de la transparencia, Samper exige a los representantes que lo juzguen. Los colombianos ignoran que la mayoría es tan corrupta como él. Contrario a las apariencias, Samper no corre ningún riesgo, y no es por casualidad si pidió específicamente que el voto sea público: Esto le permite cerciorarse que ninguno de los suyos lo traicionará.

¿Cómo denunciar éste embuste? ¿Cómo hacerle entender a la gente que una vez más nos va a engañar? Es fácil manipular aprovechándose del poco conocimiento que se tiene en la calle del mundo político, es fácil cuando se ignora las profundidades de la descomposición del Congreso. Sí, claro está que los representantes van a debatir en sesión plenaria sobre la responsabilidad del Presidente, pero es la misma Comisión de Investigación y Acusación, aquella que dictó "auto inhibitorio" la que va a dirigir el debate. Lo que hay que hacer, entonces, es actuar de alguna manera sobre la composición de esta Comisión, ¿pero cómo?

Somos varios independientes los que estamos indignados por lo que vemos venir y decidimos reunirnos algunos días antes de la apertura de la sesión. Entre ellos están María Paulina Espinosa y Guillermo Martínez Guerra, dos de los mosqueteros de la época de los Galil, y también una mujer que parece muy irritada, Vivian Morales. Es ella quien propone que hagamos una huelga de hambre para exigir que algunos de nosotros entren a formar parte de la Comisión de Investigación de la Cámara.

— Estoy de acuerdo, les digo a mis colegas, comprometámonos a hacer una huelga de hambre en el recinto del Congreso, hasta que se renueve la composición de la Comisión.

Habiéndose sellado el compromiso, pido la palabra en sesión plenaria.

— Para el futuro de Colombia, es esencial que el proceso que se abre, sea efectivamente transparente, porque lo que está en juego acá, más allá de la suerte del presidente Samper, es nuestro derecho a la verdad, nuestro derecho a escribir nuestra propia historia. Lo que está en juego es saber qué podremos contarle mañana a nuestros hijos; es saber si podremos entonces mirarnos todavía en el espejo sin sentir vergüenza. Como ustedes saben, la Comisión está conformada por los amigos más leales al Presidente. Somos varios en pensar que un proceso equitativo requiere que se renueven sus miembros. Para nosotros, es una condición *sine qua non*. Estamos dispuestos a hacer una huelga de hambre si esa renovación es rechazada por esta Cámara.

Brotan insultos, ocurre una tremenda algarabía, el Presidente de la Cámara levanta la sesión y cuando vuelve el silencio al hemiciclo, sólo quedamos dos de los diez representantes que acordamos hacer la huelga: Guillermo Martínez Guerra y yo. Poco tiempo después descubriremos que Vivian Morales, quien fogosamente tomó esta iniciativa se entrevistó con Samper al día siguiente de nuestra reunión y cambió su posición. Miembros de su familia fueron nombrados en cargos públicos.

Entramos entonces en huelga de hambre. ¿Por cuánto tiempo? Me digo a mí misma que podrán ser dos o tres días, y que luego van a ceder, es imposible que no sea así. Tenemos entonces que organizarnos. Llamamos a nuestras respectivas casas para que nos traigan cobijas y productos de aseo personal. Luego escogemos un espacio en el recinto y allí instalamos nuestro campamento. Primera noche, momentos de euforia. Estamos confiados en que lograremos nuestro objetivo. Guillermo Martínez Guerra, antiguo piloto de la Fuerza Aérea tiene un temple de hierro. Pero al día siguiente cuando el hemiciclo se llena y que la sesión se inicia como si no existiéramos, nos sentimos desanimados. Es como luchar contra molinos de viento. Percibimos las sonrisas burlonas de nuestros colegas y su incredulidad frente al hecho que resistamos mucho tiempo. Además, nuestra huelga de hambre no tiene ningún eco en el país…

Al tercer día la prensa se interesa en nuestro caso, pero como podríamos esperarlo, de la peor manera. La televisión filma la llegada de una entrega a domicilio de pollo, y pretende que es para nosotros. Los editoriales refuerzan esa noticia: hacen huelga de hambre de día, pero son glotones de noche. Y también: mientras que el pueblo se muere realmente de hambre una burguesa hace chantaje y se rehúsa a comer para obtener un puesto en una comisión...

El escándalo se infla. Que se crea o no en nuestra sinceridad, ahora los colombianos no pueden ignorar el hecho que dos representantes a la Cámara, dos de los cuatro mosqueteros, están oficialmente haciendo una huelga de hambre por un motivo que los periodistas se empeñan en hacer pasar por un capricho y quitarle toda trascendencia. Unos policías enviados por el Ministerio del Interior, nos vigilan de noche y de día. Esto atestigua la preocupación que se está apoderando del gobierno. Allá se sabe muy bien que nuestra huelga no es fingida y que pronto vendrá el día en que ya no será posible disfrazar su verdadero motivo. El tiempo corre a favor nuestro. El quinto día, un hecho pone realmente a prueba mi fuerza de voluntad: mi hijo de siete años, Lorenzo, rechaza todo alimento, vomita lo poco que come y se está deshidratando rápidamente. El médico no ve otra solución que la de hospitalizarlo. Mamá me llama por teléfono llorando aterrada y acongojada.

— Mamá por favor tráeme a Lorenzo rápidamente aquí. Tengo que explicarle que yo no me estoy dejando morir, que por el contrario estoy luchando, si no él no querrá comer para imitarme.

Y en realidad, sí, estoy luchando con todas las fuerzas que me quedan. Y Lorenzo va a ser testigo de ello. Cuando llegan me ve completamente rodeada y asediada por periodistas de la radio y la televisión, que nos están grabando desde el primer día. Indignada y fuera de mí, el corazón partido por el daño que todo esto le está haciendo a mi hijo, les explico que yo no

203

habría estado avocada a hacer esto si ellos hicieran su trabajo, si denunciaran la corrupción de este gobierno, en vez de cubrir sus embarradas. El ambiente se pone eléctrico y da lugar a una fuerte tensión entre los presentes. La policía observa, los periodistas tan envalentonados de costumbre, parecen de repente paralizados y atónitos. Se apartan para dejar pasar a Lorenzo. ¿Habrá él entendido, ahí, que estoy del lado de la vida? ¿Que su mamá no va a morir como se lo dijeron en el colegio?

— ¿Quieres saber por qué no estoy comiendo Loli? Porque quiero que me escuchen. Hay personas que están haciendo cosas muy graves en el gobierno, Guillermo y yo lo sabemos, pero no nos quieren escuchar. A veces tú te botas al piso y gritas para que yo te escuche, pues lo que estoy haciendo hoy es más o menos lo mismo. A mi edad, no tiene ninguna importancia que yo no coma, es un sacrificio porque me gusta hacerlo, pero no me voy a morir Loli, al contrario, voy a ganar; pronto la gente me va a escuchar y van a comprender lo que estoy diciendo. Pero para poder seguir tengo que ser fuerte y valiente y no puedo ser valiente si tú no comes. Escúchame Lorenzo, necesito que tú comas para poder continuar. ¿Me entiendes?, necesito que tú comas. ¡Ayúdame!

— ¿Entonces no estás enferma?

— ¡Claro que no estoy enferma! Estoy muy bien. Es una decisión que tomé porque estoy brava. Cuando me dejen hablar, no estaré más brava y volveré a la casa.

Hablamos así durante dos horas y logro que Lorenzo se vaya habiendo recobrado su serenidad. Sé que asimiló mi combate —mi combate que es una prenda de vida—. Esa misma noche cena normalmente y no irá al hospital. Para mí esto constituye mi primera e inmensa victoria.

La segunda me es dada por el giro que poco a poco da la prensa frente a nuestro caso. Nuestra huelga de hambre provoca un interés y emoción crecientes en el extranjero y tenemos la impresión que nuestros periodistas descubren su alcance al leer la prensa internacional. Si los periodistas franceses, alemanes, americanos y japoneses toman esto en serio, no se burlan ellos de esto, después de todo deberíamos tal vez, tomar más en serio esta huelga… Y estos periodistas que nos habían desestimado abiertamente, pasan de ser incrédulos a tener una actitud neutral y luego positiva. Empiezan a notar que hay coherencia en mi lucha, empezando por los preservativos contra la corrupción durante mi campaña electoral, pasando por el denuncio del escándalo de los Galil, y finalmente esta huelga de hambre. Al fin obtengo algún reconocimiento, ellos respetan nuestro compromiso y para nosotros que estamos encerrados en el recinto, esto es la confirmación que muy pronto los colombianos también nos van a entender y nos van a apoyar. La confirmación también que estamos ganando puntos en contra de nuestros colegas representantes cuyo empecinamiento en querer mantener la Comisión tal y como está aparece más y más sospechosa.

Es a ellos a quienes me dirijo en sesión plenaria después de una semana de huelga de hambre. La Cámara aún está debatiendo sobre las modalidades del proceso. Durante los días que precedieron esta sesión, mientras que hacían mofa de nosotros, Samper, se entrevistó ostensiblemente en Palacio con todos aquellos que tienen

205

el poder en Colombia: grandes industriales, líderes políticos, sindicalistas, y todos le reiteraron su apoyo, porque ninguno se atreve a apostar que se va a caer y piensan que Samper sabrá agradecérselo. Los representantes están igualmente amarrados por el mismo anzuelo. Esto es lo que quiero decirles, clavando mis ojos en los suyos y al mismo tiempo hablándole a los ciudadanos.

— Ustedes se están aprovechando de la buena fe de la gente. Lo que se va a llevar a cabo no es un juicio, es una comedia, lamentable, vulgar y ustedes bien lo saben. Pretenden juzgar a un hombre pero todos ustedes tienen un interés objetivo en que él salga bien librado. Mañana él les botará a cada uno de ustedes el hueso de agradecimiento por su apoyo...

Nunca les he lanzado a la cara palabras tan duras y sin embargo nunca me he sentido tan serena ni tan segura de mí misma.

La falta de alimentación me da un sentimiento de irrealidad, un sentimiento de poder también, como si yo no estuviera presente entre ellos, como si yo sacara mi fuerza de una fuente superior e irreductible. Y estas personas que no me saludan ya desde hace meses, que me miran con odio, se sienten tocados a pesar de ellos mismos. Como atraídos. Ninguno de ellos me interrumpe, yo hablo y digo lo indecible. Algunas horas más tarde, sorprendidos por su propio silencio muchos de ellos me acusarán de chantaje moral en los pasillos del Congreso. Y los que se sienten más irritados contra sí mismos irán hasta decirle a los periodistas: "Así se mueran, no vamos a ceder".

Esto es falso, ya empezaron a ceder, ya se emprendieron consultas para dar la impresión que la Comisión no está únicamente constituida por samperistas. Integran en ella dos nuevos miembros conservadores, pero lo suficientemente "lentejos" como para tenerlos de entrada arreglados. Salen dos liberales. La prensa acoge esta noticia con bombo y platillos. ¿Qué pienso yo de esto? "es uno de los eneavos engaños, ustedes bien lo saben, pero no se atreven a decirlo".

Es en este contexto que papá viene a visitarme. Acaba de llegar de un largo viaje en el exterior y se precipita al Congreso para verme. Contrario a mamá en cuyos ojos sólo veo incomprensión e inquietud, y esto desde el primer día, adivino en la mirada serena de mi papá orgullo y solidaridad. ¡Esa mirada, es un regalo del cielo! En el instante en que me cruzo con ella me siento invadida de felicidad. Papá se sienta, me toma la mano. "Habiendo llegado hasta este extremo, me dice él gravemente, tienes solamente dos soluciones: o ganas y sales del Congreso con la cabeza en alto, o si ellos no ceden, tendrás que ir hasta las últimas consecuencias. Y debes prepararte para esto"…

Sí, el amor de mi papá, su apoyo llega hasta considerar mi propia muerte. Ninguna voz diferente a ésta habría podido tan contundentemente liberarme ni indicarme tan claramente el camino a seguir.

¿Casualidad, o estrategia agudamente pensada? Durante las largas horas en las cuales los congresistas no están en sesión, empieza una obra de embellecimiento del hemiciclo. Restauran el techo, y bajan las ventanas de manera que todas las noches un viento helado penetra a nuestro alrededor. Preparan yeso, cemento y las corrientes de aire levantan un polvo acre, irrespirable. Debilitada por diez días de huelga, me enfermo.

La tensión se me baja, y no logro oxigenarme. Los médicos que me están siguiendo piensan que de ahora en adelante es peligroso que me quede en este ambiente. Me opongo a que me hospitalicen y me traen entonces tanques de oxígeno. Estoy ahora recostada todo el tiempo con una máscara de oxígeno que retiro sólo cuando los periodistas vienen a verme.

Ocurre entonces lo que los médicos temían: después de dos semanas sin alimentación, con fiebre, caigo en un estado de inconciencia del cual sólo salgo en el hospital, después de recibir atención médica. Mi papá está ahí, nuestras miradas se cruzan de nuevo, en el mismo instante en que comprendo lo que ocurre, y siento que los ojos se me aguan. Siento tanto no haber podido resistir hasta el final… Entonces papá me dice:

— Fuiste hasta el final de tus fuerzas, Ingrid, hasta que tu cuerpo te traicionó. Eso está bien, puedes sentirte bien. En todo caso yo me siento orgulloso tanto por ti como por mí…

Papá sonríe, trato de devolverle su sonrisa, pero me siento invadida por un sentimiento de fracaso tan grande que me sumerjo en el llanto.

Sí, en ese momento tengo la convicción de que todo ese esfuerzo —el mío pero también el de Loli fue en vano—, que todos los sacrificios que nos impusimos no sirvieron de nada. Pero me equivoco, lo descubriré en los próximos meses. Mi huelga de hambre le abrió los ojos a mucha gente. Oyeron mi mensaje, entendieron que los estaban engañando, que debajo de todo eso ha habido un juego escondido permanentemente y sin que yo tenga aún conciencia de ello, una relación de confianza nació entre ellos y yo durante estas dos semanas. No olvidarán hasta qué punto la prensa fue tendenciosa, al pretender por ejemplo que me alimentaba en las noches y a escondidas y de ahora en adelante —y esto tendré la oportunidad de constatarlo varias veces— podrán inventar lo que sea, ellos me creerán solo a mí. Me podrán enfrentar contra veinte contradictores, organizar entrevistas en televisión como si fuera un proceso en mi contra pero no servirá de nada.

Desde este punto de vista esta huelga de hambre marca una etapa esencial en mi vida: Creó un lazo particular entre la gente y yo, un lazo sobre el cual ninguna campaña de difamación podrá influir y que me llevará dos años después a ser elegida senadora con la mayor votación del país y sin tener el apoyo de ningún partido político.

Mientras que los representantes se preparan para llevar a cabo el proceso amañado del Presidente de la República, la justicia prosigue su trabajo bajo la autoridad del fiscal Valdivieso. No tiene el poder de inculpar ni de juzgar al Presidente quien se beneficia de su inmunidad Presidencial, pero tiene el poder de hacer rendir indagatoria a todos los testigos y podría entonces establecer implícitamente la culpabilidad de Ernesto Samper. El tesorero Santiago Medina y el ex Ministro Fernando Botero hablaron y los perjuicios para Samper son terribles. Él no quiere más testigos. El chofer del Ministro del Interior Horacio Serpa, ya pagó con su vida.

El primero de febrero de 1996, le toca el turno a la monita retrechera. Esta mujer, quien tenía todas las pruebas de la culpabilidad de Samper —la prensa había publicado copia del cheque de treinta y dos millones de pesos que ella le había entregado—, es asesinada con diez balazos en la vagina en un apartamento al occidente de Bogotá. Quieren mostrar este asesinato como un crimen pasional. En realidad, y esto será confirmado rápidamente, Elizabeth Montoya al haber perdido el apoyo de los Rodríguez, y sintiéndose acosada por los secuaces de Samper, tomó contacto con el fiscal Valdivieso. Ella vivía asustada sin saber qué más hacer para tratar de escapar a la condena que presentía. Durante las semanas que precedieron su muerte, ella había empezado a recopilar todos los documentos bancarios que podían servir como prueba de las transferencias de fondos hechas a favor de Ernesto Samper. Ella quería salir del país con esos documentos, convencida que eran su mejor protección...

El primero de marzo, algunas semanas antes del inicio del proceso del Jefe de Estado, los Estados Unidos nos envían un mensaje muy claro: descertifican a Colombia. En otros términos, a sus ojos Colombia no es un país "frecuentable". No podrían expresar mejor su convicción y con seguridad tienen todas las pruebas, que la campaña de Samper fue financiada con dineros del narcotráfico.

En una democracia que se respete una desaprobación internacional como esa que golpea directamente al Presidente pondría por lo menos a dudar a los parlamentarios llamados a "juzgarlo". En el parlamento colombiano el efecto de esa censura es totalmente el opuesto. Lo que desata es una solidaridad y un espíritu de cuerpo por parte de mis colegas, muchos de ellos involucrados con la mafia.

Pero el 5 de marzo ocurre un hecho que me prueba precisamente la confusión y el desconcierto... De la mafia: José Santacruz es abatido, nos dicen, durante su tentativa de huir. Estaba encarcelado con los hermanos Rodríguez Orejuela. ¿Por qué Santacruz habría decidido repentinamente escaparse y romper ese pacto de silencio? Para mí ese gesto es la prueba de que los jefes del cartel de Cali están tomando conciencia que cayeron en la trampa de Samper: Si lo ayudan como lo han hecho hasta ahora, sirven los intereses de Samper. Si se expresan mal de Samper, esto lo beneficia también. En resumen, están maniatados, dependen completamente del Presidente y pienso que Santacruz es el primero en perder la paciencia. Y paga esto con su vida.

En lo que a mí concierne, durante este mes de marzo me restablezco poco a poco de mi huelga de hambre, pero la fecha oficial de apertura del proceso de Samper se aproxima y empiezo a movilizar mis fuerzas. Mi amiga Clara, con quien habíamos hecho conjuntamente campaña para la Cámara, me ofrece su ayuda. Ella es abogada, aún no sospecho hasta qué punto su ayuda va a ser primordial para mí. Nos reunimos en mi casa, como en los viejos tiempos para repensar el mundo, y en particular a Colombia, tomando tinto y examinando sistemática y minuciosamente toda la prensa.

— Dicen que los parlamentarios pueden tener acceso a todo el expediente de instrucción de Valdivieso, ¿por qué no tomar esto al pie de la letra?

— Hay miles de documentos, Clara. Es completamente irrealista, pero tienes razón, tomemos lo que dicen al pie de la letra. Miren lo transparentes que somos, juran ellos, poniéndose la mano en el corazón, pues mis queridos amigos vamos a jugarle a la trans-

211

parencia nosotros también, pero hasta el final, ¡hasta el final!

Efectivamente se puso a nuestra disposición el expediente de Valdivieso, para mostrar su buena fe ante los colombianos la Presidencia lo hizo publicar en *La Gaceta* del Congreso, pero en fragmentos, sin secuencia lógica y en desorden, de manera que sea imposible encontrar en él una coherencia o un hilo conductor y que su estudio sea tan laborioso, que la mayoría de los representantes renuncien a leerlo. Pero Clara no. Clara está acostumbrada a armar ese tipo de rompecabezas. Los documentos se acumulan, invaden toda la mesa del comedor, toman posesión de la alfombra e invaden muy pronto tanto la entrada como los dormitorios, pero Clara no renuncia, y yo tampoco. Con tijeras y grapadora en mano, reconstituimos las declaraciones, abrimos una carpeta para cada testigo, restablecemos la cronología y con una dedicación inusual logramos darle limpidez y coherencia a lo que sólo era una aglomeración de papeles imposibles de explotar.

Pasamos días y noches en este ejercicio pero cuando finalmente logramos penetrar en este impresionante y gigantesco laberinto me doy cuenta del milagro que se realizó: este expediente es una bomba atómica para Samper, pero también para toda la clase política colombiana. Todo figura en él e inclusive más allá de lo que habríamos podido esperar. Al margen de los testimonios contundentes en contra del Jefe de Estado, descubrimos la contabilidad "secreta" de la campaña presidencial, las pruebas de los dineros entregados a cada parlamentario para asegurar su apoyo y a través de éste, el apoyo de sus electores. Por primera vez se revela el sistema de corrupción en forma de pirámide que carcome a Colombia, en toda su amplitud, incluyendo los montos que esto implica. Los parlamentarios firmaron recibos al candidato Samper, y estos recibos los tenemos ahí ante los ojos. ¿Y qué descubrimos? Que las firmas de la mayoría de los parlamentarios que van a juzgar a Samper, aparecen en esos recibos. Estos hombres que expresan en voz alta y fuerte su compromiso con la transparencia del juicio, con la ética, recibieron de manera ilegal dineros provenientes de la mafia por parte de aquel que pretenden poner en el banquillo. ¿Cómo podrían hacerlo si están amarrados a Samper, si en realidad son sus acólitos? Con estas evidencias hay suficiente dinamita como para hacer que el proceso reviente y mostrarle a los colombianos el lado oculto y repugnante de nuestro sistema político. Ahora me corresponde encontrar las palabras adecuadas para convertir estas pruebas en un discurso que le llegue a las miles de personas que van a seguir el proceso por televisión. Es un reto difícil, casi imposible el lograr alegatos elocuentes sobre la base de elementos de contabilidad. Sé que la estrategia de Samper, una vez obtenida su absolución por parte de sus cómplices, será la de decir: miren, tuvieron todo el tiempo que quisieron para escarbar los documentos de la instrucción y no encontraron nada en mi contra. ¿No es esta la mejor prueba de mi inocencia? Lo que quiero es impedir que pueda seguir engañándonos, atravesármele en el camino y atraparlo en su propia trampa, sí, eso es.

El proceso se inició el 22 de mayo y, como se podía esperar después de la descertificación de Estados Unidos, asistimos a llamados vigorosos para unirnos alrededor de nuestro Presidente, a quien los gringos sueñan con tumbar para reemplazarlo por un hombre que tenga su aval y humillar a Colombia… ¿Samper habrá olfateado el trabajo inconmensurable que Clara y yo hemos emprendido? Desde mi huelga de hambre tengo la sensación casi palpable que me siguen y de estar siendo espiada. Más tarde tendré la prueba que efectivamente a través del DAS se contrató personal para hacer el seguimiento de todos los pormenores de mi actividad diaria y que mi teléfono está intervenido.

Me corresponde hablar en la Cámara el 11 de junio. Aproximadamente diez días antes, el portero como de costumbre, me entrega mi correspondencia. Estoy llegando del Congreso, son aproximadamente las ocho de la noche y me dispongo a clavarme buena parte de la noche para revisar por enécima vez mi intervención pública. En el ascensor —vivo en un octavo piso— miro distraídamente los sobres: facturas, publicidad, y de pronto, un sobre escrito a mano. Las cartas manuscritas las abro de primeras porque generalmente me brindan ánimo y apoyo. Cojo mis llaves, entro al apartamento y prendo la luz. El apartamento está silencioso, Melanie y Lorenzo están durmiendo esta noche en el apartamento de su papá. Algo cayó del sobre, lo recojo mientras empiezo a leer la carta en la entrada. Una página de groserías, de injurias, y cuando llego al último parágrafo se me corta la respiración: me dicen que de ahora en adelante se van a encargar que mis hijos paguen por lo que yo hago. Es la primera vez; nunca antes su existencia había sido mencionada a lo largo de mi lucha contra la corrupción. Se me ocurre entonces mirar lo que recogí minutos antes. Una foto: la cara de un niño cortada en pedazos.

Siento primero que la furia le gana al horror que me invade y trituro con rabia y estúpidamente esa horripilante misiva antes de aplastarla con el pie en el fondo de la papelera. Para recobrar aliento, respirar, vivir algunos segundos más como si esto no hubiera existido, como si yo no hubiera visto nada. No me van a intimidar. Y luego con más lucidez me digo que no puedo ignorar lo ocurrido porque sería totalmente irresponsable de mi parte. Esa gente mata y mata de verdad. Estos últimos meses: el conductor de Serpa, Álvaro Gómez, Elizabeth Montoya, José Santacruz...

Esos rostros ya idos, fotografiados por la policía, y divulgados por la prensa desfilan en mi memoria. ¡Dios mío! Saco la carta de la papelera. Llamar a Fabrice de inmediato, sí de inmediato.

— ¡Soy yo!... ¿Los niños están junto a ti?

— ¿Están comiendo, quieres hablar con ellos?

— No, no los interrumpas. Necesito verte Fabrice, es muy urgente, no te puedo hablar por teléfono.

— ¿Tienes problemas?

— Sí. Escúchame, llámame apenas estén dormidos para ir a verte.

Vivimos cerca el uno del otro no muy lejos del barrio en el cual está ubicada la embajada de Francia, en donde trabaja Fabrice y el Liceo Francés, el colegio en el cual estudian mis hijos como lo hicimos mi hermana y yo de pequeñas.

Melanie tiene diez años y Loli ya está por cumplir los ocho —los niños se irán mañana para París—, Ingrid.

Llamaré enseguida a mi mamá, para que los espere en el aeropuerto.

Sí, eso es, mañana. No podemos pasar un día más en esta pesadilla. Esa noche, alistamos sus maletas. La embajada de Francia ya está avisada, nos mandará una escolta mañana a primera hora. Tomarán el vuelo de la tarde para París, y mientras tanto estarán resguardados en la embajada.

Cuando los niños despiertan, se sienten completamente perdidos. ¿Cómo explicarles que tienen que irse sin despedirse de sus profesores, sus amigos, dejando libros y cuadernos? ¿Que tienen que huir como ladrones? No les damos ningún pretexto preciso, durante algunos días estarán más seguros en Francia, sí, a raíz de lo que está pasando en el Congreso. La prisa que tenemos ahoga nuestras explicaciones, vamos mis amores, deben apresurarse, la gente de la embajada los está esperando, hablaremos de esto en quince días. Un abrazo muy fuerte para su abuelita, ella está tan feliz que viajen a verla…

¡Y yo tan aliviada de saber que pronto estarán con ella!… Me imagino su llegada, abrazándolos apenas bajen del avión, las calles iluminadas bajo el sol del mes de junio, sus habitaciones alegres en la ciudad de provincia lejana y tranquila en donde vive la mamá de Fabrice. Hasta logro sonreír interiormente, y sin embargo su partida marca una primera alerta en mi vida de mujer, de madre: por primera vez, mi actividad política repercute gravemente sobre los míos. Hasta el momento había logrado preservar a mi familia de la violencia impresionante del debate público en Colombia —si exceptúo la anorexia de Lorenzo durante mi huelga

216

de hambre—. De ahora en adelante no puedo ignorar más que lo que yo emprenda públicamente puede trastornar profundamente la existencia de aquellos que son los más cercanos a mí.

Pero en este momento el saber que mis hijos están lejos multiplica mis fuerzas. Ahora, aparte del hecho de matarme, —y sé que eso no lo harán— no pueden hacer nada para impedirme que hable.

Faltan ocho días para mi intervención en la Cámara y siento una terrible presión. Pablo Victoria ya hizo una brillante intervención, denunciando al Presidente Samper. En todo el país, muchas personas están a la espera de escucharme. El supuesto proceso del Presidente se ha convertido en la novela preferida de los ciudadanos, quienes desde las cinco de la tarde en adelante están firmes frente a la televisión. Están esperando ansiosamente que alguien diga al fin en voz alta lo que se murmura en la calle y el sentir general es que ese alguien podría ser yo. Estoy obsesionada pensando en esta cita que tengo que cumplir con los colombianos. No me queda ninguna duda sobre cuál va a ser el resultado del "proceso" pero tengo la convicción que el pueblo colombiano podrá ir más allá de este nuevo engaño, si logro darle un aliciente.

— Juan Carlos, necesito que encuentres un símbolo, un logo que sea como un guiño que le hago a la gente. Necesito que desde antes de empezar a hablar se establezca una complicidad entre ellos y yo…

Mi esposo, arquitecto reconvertido en publicista, es mi consejero más cercano durante estos días de efervescencia. Sensible, discreto y con gran disponibilidad para escuchar.

— Entiendo, déjame pensar. Mañana te haré una o dos propuestas.

Al día siguiente, Juan Carlos me trae el dibujo de un elefante y suelto la carcajada. Claro. Hace varios días que no se habla sino de la salida oportuna y ácida del Arzobispo de Bogotá, cuando contestándole a un periodista que le pregunta: "¿Cree usted que Samper pudo realmente ignorar las sumas considerables invertidas en su campaña?", él le responde: "Mire, cuando un elefante entra a su casa es difícil no verlo, cierto?".

— ¡Genial Juan Carlos! ¡Me parece genial! Necesito que no se vea sino ese elefante en mi vestimenta el 11 de junio.

— De eso me encargo yo, no te preocupes.

Ahora sólo me resta obtener que el Congreso me dé el horario que tiene más sintonía en el día: entre las cinco y las ocho de la noche. Sé, a priori, que es difícil que la Presidencia de la Cámara, ultrasamperista me haga ese regalo. El once de junio, en las horas de la mañana, estando yo aún en mi casa me avisan que encabezo la lista de los oradores y que mi intervención está programada para las doce del día. ¿Estarán pensando que voy a ser tan imbécil de contestar presente a un entierro de primera clase? Tomo la decisión de no llegar al Congreso antes de las cuatro de la tarde y de desaparecer hasta esa hora. Como la prensa está esperando mi intervención como la primicia del día, no podrán hacer otra cosa que darme la palabra en la hora que yo escoja.

Me buscan como aguja en un pajar. A medida que el tiempo va pasando siento cada vez más verosímil la posibilidad de estar en la televisión en lo que para

218

ellos es la peor hora del día. Sin saber qué hacer, la Presidencia de la Cámara decide suspender la sesión. Esto es conveniente para mí, en el momento en que se reanude la sesión, seré la primera en hablar. A mi llegada, mis colegas me saludan con exasperación en los pasillos.

— ¿Quién crees que eres? Piensas que todo el país tiene que adaptarse a tu horario? A la gente le importa un comino lo que tú digas…

— Mejor para ustedes si lo que yo digo no le importa a la gente, pero de todas maneras no hablaré antes de las cinco de la tarde.

En la Presidencia de la Cámara, están muertos de la rabia, pero la prensa está por todas partes, el ambiente candente y no pueden hacer nada.

Está bien hablarás a las cinco de la tarde, pero sólo una hora.

— Lo siento, hablaré a las cinco de la tarde, pero no una sino tres horas. Hasta el momento cada cual se ha expresado durante el tiempo que ha querido, ningún artículo del reglamento lo autoriza a usted a limitar mi tiempo de palabra.

Miradas eléctricas de furia, puertas que se tiran. Curiosamente ninguno de esos gestos o palabras de odio me llegan. Al contrario, todo esto me divierte. Después de todas estas semanas de insomnio y de tensión, tengo la sensación de estar flotando. Tengo en la mente a los colombianos con quienes he entablado un diálogo sincero sobre las desdichas que nos achacan, con quienes estoy tratando de construir un futuro a pesar de todo y por encima de una clase política implacablemente gangrenada por la indignidad.

Son exactamente las cinco de la tarde cuando subo al estrado. Para hacer un contraste radical con esta congregación de hombres congestionados y furibundos me puse una minifalda azul aguamarina y una chaqueta del mismo tono encima de una camiseta.

Todas las cámaras están encima de mí. Entonces me quito la chaqueta y aparece estampado en mi camiseta, el elefante de Juan Carlos con esta frase en mayúsculas: "¡SOLO LA VERDAD!".

La nota está dada y leo en los rostros de mis colegas su consternación. Consternación agresiva pero impotente. Esa camiseta, que los colombianos descubren simultáneamente va a bajar a la calle en los próximos meses como para recordarle allí al presidente Samper y a los que pretendían escudarse detrás de la transparencia en este proceso de opereta, que los cuestionamientos siguen vivos.

La historia del naufragio que vive Colombia, empiezo a contarla hablando primero de mí, de mi propia miopía, y con palabras muy simples, como si se la estuviera explicando a Melanie y a Lorenzo.

— Yo era una amiga política de Samper. Yo lo apoyé durante su campaña. Cuando el rumor que la mafia lo habría financiado empezó a surgir, yo sonreí: ¡los adversarios despechados de nuestro joven Presidente estaban perdiendo su sangre fría! ¿Quién podría creer esas insinuaciones? Samper habla de un complot de la mafia contra él y yo como un buen soldadito lo aplaudo. ¡Qué horror de mafia que no respeta nada ni siquiera el Palacio de Nariño!... ¿Y los gringos también caen en la trampa? ¿Nos amenazan con quitarnos la certificación?... Claro, nuestra independencia los asusta replica Samper con serenidad y nuevamente yo aplaudo con ambas manos, pero resulta que algunas personas hablan, que surgen aquí y allá documentos comprometedores. Sólo quiero aún creer en nuestro Presidente, pero repentinamente nuestro Presidente ya no habla de complot, no, dice que efectivamente mirando el asunto más de cerca, la mafia tal vez financió su campaña pero sin que él lo supiera.

Sus colaboradores más cercanos lo habrían sabido, pero él no. Él sería totalmente ingenuo y habría gastado millones de pesos inocentemente. Déjenme decirles: aun a una persona tan confiada como yo, le costó trabajo tragarse el cuento. Especialmente cuando llegan otros documentos. Miren, aquí los tengo, se los muestro a las cámaras para que ustedes también puedan formarse un concepto.

Y, durante horas presento a los colombianos las pruebas irrefutables de la culpabilidad del Presidente. Recorremos juntos ese laberinto reconstituido con Clara, hechos de testimonios, grabaciones, recibos, fotos, cartas, discursos. Les cuento a los colombianos una oscura historia, la historia de este hombre listo a hacer cualquier cosa para llegar a la Presidencia de la República, con nexos con los Rodríguez Orejuela desde años atrás, convencido, seguramente de estar actuando según los códigos de una sociedad demasiado permisiva y siendo él un hombre desprovisto de escrúpulos. Cuento la historia de un líder que engañó fríamente a su pueblo y que se burló de Colombia.

— Para mí, prosigo, el descubrir esos documentos es un golpe terrible. Afortunadamente, estamos en una democracia, y mientras que el Presidente trata hábilmente de justificarse, la justicia sigue su camino. Un Presidente que deja que la justicia siga su curso, podría tener el beneficio de la duda. Excepto si trata de manipular el proceso yendo hasta comprar la Comisión de Investigación. ¡Hubiera querido tanto poder seguir creyendo en este hombre! Sin embargo, con el primer muerto la sangre se me hiela. ¿Quién mató al conductor del Ministro del Interior en el momento en que iba a rendir indagatoria? ¿Quién tenía interés que este hombre callara definitivamente? Curiosamente, la policía no arresta a ningún sospechoso. ¿Será que sí está buscando algún sospechoso? Pareciera como si no. Luego resulta que los testigos uno por uno empiezan a caer bajo las balas de misteriosos sicarios… Hace un momento, les mostré las pruebas que nuestro Presidente está mintiendo. Pero esto no es lo más grave. Lo más grave, fíjense, es que hoy en día tengo la convicción que nuestro Presidente es un delincuente…

Silencio rotundo en el Congreso. Nunca antes en este recinto se habían pronunciado palabras de este calibre. Hasta yo misma empiezo a sentir que me hace falta aire. Tengo un nudo en la garganta.

— Como ustedes pueden entender, es difícil para mí enunciar acusaciones como éstas. Porque es una carga muy pesada la de llevar solo la verdad en un proceso que no es más que una farsa. En pocas horas, estos congresistas que las cámaras nos muestran y que se ven algo aturdidos van a votar por la inocencia del Presidente. ¿Y por qué van a hacer esto? Porque al salvarlo a él se están salvando a sí mismos. Vean este señor por ejemplo sentado frente a mí, pues bien, tengo aquí un recibo firmado de su puño y letra. Este señor recibió estos millones… Les digo mirándolo fijamente a los ojos, si él pensara en condenar al Jefe del Estado, estaría condenándose a sí mismo. Nosotros los colombianos somos los espectadores impotentes de un juego amañado con antelación. Nuestro país esta tarde está en el fondo del abismo, agonizando, y sin embargo, yo sé que está por venir el día en que nuestros deseos de felicidad le ganen a la atracción vertiginosa que sentimos, desde hace tanto tiempo por la muerte. Tengo confianza.

Se produce entonces algo curioso e insólito en el Congreso: el silencio se prolonga mientras que regreso a mi puesto, un silencio impresionante, asombroso, como si a esos hombres, acostumbrados a la agresividad, se les hubiera detenido momentáneamente el tiempo. Algunos miembros del Partido Conservador se levantan para estrecharme la mano, pero sin una palabra, evidentemente desconcertados.

Esa noche a las dos de la mañana la Cámara de Representantes adoptó por 111 votos contra 43, el proyecto de preclusión de la investigación contra el presidente Samper. Samper es entonces absuelto por esta corporación.

Sin embargo, a partir de ese día, y como para atestiguar que ese voto no fue el del pueblo, siempre que saldré a la calle la gente vendrá hacia mí para abrazarme o decirme una palabra de aliento: "Ingrid estamos contigo, tienes que resistir y tienes que seguir…" Logramos repartir más de cinco mil camisetas con el elefante de Juan Carlos!

Las sesiones del Congreso se terminan ocho días después y tengo sólo una prisa: encontrarme con Lo-

223

renzo y Melanie. Por culpa mía ellos fueron apartados de su universo familiar y ahora que toda la agitación del debate está atrás, siento una culpabilidad que me destroza el corazón. A finales de junio, Juan Carlos y yo viajamos a Francia, la cabeza llena de sueños, de desayunos prolongados en familia, de paseos acariciados por el viento caliente del verano y de largas tardes compartiendo el lujo de estar sin afanes y dedicados a los niños. Estoy al borde de mis fuerzas, me he sentido muy tensa en toda esta época: han pasado cinco meses desde la huelga de hambre y no he tenido un solo día de descanso.

No llevamos ni siquiera ocho días juntos; estamos apenas descubriendo de nuevo la placidez de lo cotidiano, cuando una llamada telefónica de mi abogado me causa una nueva descarga de adrenalina. Hugo Escobar Sierra, este abogado experimentado, quien me había sacado del embrollo Colt en el asunto de los Galil, está muy preocupado.

— Tienes que regresar urgentemente Ingrid. Lo siento mucho…

— ¿Pero qué es lo que está pasando?

— Montaron un proceso contra ti por tráfico de influencias.

— ¿Cómo?

— Esto viene directamente de la presidencia, de Samper. Puede ser dramático para ti, podrías hasta perder tu investidura.

— ¡Pero esto es imposible! ¿Cuál tráfico de influencias? Yo nunca le he pedido nada a nadie…

— No te puedo decir nada por teléfono. Toma el primer avión. Aquí te espero.

Es un desprendimiento atroz para los niños y para mí. Habíamos organizado un viaje, reservado los hoteles, todo se desploma. Afortunadamente, la mamá de Fabrice está ahí, disponible y generosa. Ella recibe a los niños con los brazos abiertos. Y Juan Carlos, eficiente y discreto, nos busca dos tiquetes de regreso a Bogotá en pleno inicio del verano, la peor de las épocas... En momentos como ese pienso que sin Juan Carlos perdería el ánimo.

El regreso me parece interminable. En el avión no puedo comer nada, no logro conciliar el sueño: ¿Qué habré podido yo hacer que se pueda asimilar a un tráfico de influencias? Si la Presidencia de la República puede darle consistencia a este asunto, es porque debe disponer de algún elemento que se pueda considerar como un principio de prueba... Le doy vueltas incansablemente a todos mis actos de estos dos últimos años sin lograr encontrar nada.

Hugo Escobar Sierra no exageró al decirme que el proceso que me armaron es grave. Prueba de ello: ¡a mi llegada los periodistas me están esperando en el aeropuerto! Sin saber qué responderles porque aún no sé de qué me están acusando, salgo discretamente gracias a los servicios de seguridad del aeropuerto por la puerta que ellos utilizan.

— Tú te entrevistaste con Ernesto Samper al inicio de su mandato, empieza a decir con mucha calma Hugo Escobar Sierra apoyando las palmas de sus manos encima del escritorio. ¿Te acuerdas de eso?

Sí, en ese entonces, todo el mundo hablaba del narcocassette y tal y como lo conté anteriormente, el Presidente, me había dicho con sentido del humor:

225

"no hables tan duro Ingrid, los gringos tienen mi despacho invadido de micrófonos".

— Lo recuerdo perfectamente. Era una visita protocolaria.

— ¿De qué hablaron?

— De nada en especial. Él se estaba entrevistando con todos los congresistas del partido. Se trataba únicamente de tomar contacto, eso es todo…

— No. El Presidente afirma que tú le pediste un favor para tu papá…

— ¿Cómo? ¡Pero esto es falso yo no le pedí absolutamente nada!

— Ingrid, ¿pero ustedes hablaron o no hablaron de la situación de tu papá?

Entonces me viene en mente que efectivamente hice una alusión a la miserable pensión de mi papá que no ha sido actualizada desde hace veinte años.

— Ahora lo recuerdo, sí. Él me preguntó cómo estaba mi papá y yo le dije que tenía problemas de plata.

— ¡Pues ahí está! No se requiere nada más para enviarte ante el Consejo de Estado…

— ¡Pero esto es increíble! Nunca habría yo hablado de mi papá, si Samper no hubiera pronunciado él mismo su nombre.

— Ingrid pero hay algo que no entiendo. ¿Por qué te habría preguntado Samper por tu papá?

— ¡Porque Samper es amigo de mis papás desde hace muchos años!

— ¡Ah bueno! ¡Y hasta ahora me dices eso!

— Yo pensaba…

— Esto cambia todo, Ingrid. Si tú puedes probar que hablaron de tu papá por motivos de amistad y no

226

para pedir un favor, entonces tienes una oportunidad para convencer a los jueces de tu buena fe. Si no, será la palabra del Presidente contra la tuya y no puedo dejar de decirte que entonces será muy difícil.

— ¿Cómo hace uno para probar la amistad?

— Has todo lo que puedas por traerme aunque sea un simple indicio, que existen lazos de amistad entre tus papás y Samper. Has lo imposible Ingrid. Y rápido, porque disponemos de poco tiempo...

Regreso a mi casa derrotada y llena de pánico. Y llamo a la única persona susceptible de ayudarme: mamá.

Ella me oye y me dice:

— Si es así, te voy a revelar un secreto Ingrid.

Y ella me cuenta las circunstancias de los lazos particulares que los unen tanto a mi papá como a ella con Samper. Cuando mi papá era embajador de Colombia en la UNESCO y que vivíamos en la avenida Foch, Andrés Samper, el padre de Ernesto, ocupaba un cargo en la embajada. Él era una persona frágil que bebía bastante y tenía ciertamente problemas de dinero. Una mañana de depresión se cortó las venas en su bañera. De suerte fue encontrado por alguien, posiblemente por la portera, y ella buscando a quien llamar, encuentra por casualidad el número de teléfono de mis padres. Mi mamá acudió enseguida. Fue ella quien le dio los primeros auxilios a Andrés Samper y lo condujo al hospital. Los días siguientes ella lo atendió afectuosamente como mamá sabe hacerlo con las personas que sufren, acompañándolo varias horas a su lado, para ayudarlo y reconfortarlo. De tal manera, que cuando el padre del futuro Presidente salió del hospital aceptó seguir su mejoría en nuestro apartamento. Mis padres sentían una gran compasión hacia él, así como una amistad sincera. Andrés Samper era un hombre inteligente que sabía expresar su amistad con afecto, bondadoso y de fuertes principios arraigados en la religión católica. Él pasó varias semanas en nuestra casa, en donde yo seguramente me crucé con él sin conservar memoria alguna de ello. Luego regresó a Bogotá y mi mamá continuó con él una correspondencia no muy frecuente pero siempre muy afectuosa.

He aquí por lo tanto la explicación de esa amistad que no terminaba de intrigarme entre Ernesto, el político tradicional y mamá…

— Bueno, pero necesito pruebas de esa historia, si no, los jueces rehusarán tomarla en consideración.

— ¿Pruebas?… Espera, tengo tal vez lo que necesitas. Recuerdo que cuando Andrés murió yo envié una notica de pésame a Ernesto y me parece que él me contestó con una carta, en la que creo que hace referencia a esa época. La debo tener en alguna parte. Mira, dame una o dos horas…

Ella cuelga. Media hora después suena el teléfono.

— La encontré, mi amor. Está fechada del 18 de abril de 1988. Te la leo: "Estimada Yolanda: Mil gracias por tu generosa nota con motivo de la desaparición de mi papá. Él jamás olvidó el cariño y la ayuda que le brindaste en los momentos difíciles que vivió en París. Nosotros tampoco la olvidaremos para honrar su memoria. Recibe en nombre de toda la familia y en el mío propio un fuerte abrazo, Ernesto Samper".

Llega el día de la audiencia. De nuevo la aglomeración de periodistas, y luego el rostro serio de los jueces.

Se dice que el Consejo de Estado es samperista... Repentinamente me lleno de un sudor frío. ¿Cómo luchar sola contra todo un aparato de Estado? Este pánico debió leerse en mi rostro pues mi experimentado abogado me toma la mano con ternura.

— Ánimo, Ingrid. Todo saldrá bien, para eso estoy aquí...

La declaración de Ernesto Samper, aparentemente, no tiene ninguna falla. Él pretende que no me conoce y que a sus ojos soy una parlamentaria más. Declara su asombro frente al favor que yo le habría pedido para mi papá. Pero él va aún más lejos. Deja entender que si yo fui la única a erigirme en contra suya durante el juicio en la Cámara, es por despecho, porque él se habría rehusado a ayudar a mi papá. Además se atreve a afirmar que hasta el último momento, es decir que hasta la apertura del juicio, yo lo habría acosado para obtener su ayuda. En vano. De ahí, explica él, mi furia y mi empeño en perjudicarlo...

Es fácil adivinar la fogosidad de los periodistas: ese es entonces el estímulo secreto de Ingrid Betancourt, ¡la venganza! ¡He aquí entonces lo que escondía detrás de esos bellos discursos sobre la ética! Definitivamente, ella no vale más que el más corrupto de los políticos...

Pero al querer tener tantas pruebas, Samper cometió un error, y es por ahí que yo empiezo. ¿Que yo lo acosé? Admitamos que así sea. Entonces cómo se explica el hecho que yo sea la única parlamentaria que se haya rehusado sistemáticamente a asistir a todas las invitaciones del Jefe de Estado, desde el mes de agosto de 1995, es decir, prácticamente un año antes de la apertura del juicio en la Cámara?

Casualmente además conservé algunas de las respuestas tajantes que le envié, y en particular esta con fecha abril 1996, la cual leo públicamente: "Señor Presidente: Agradezco la invitación formulada por usted para asistir a un desayuno de trabajo el día 25 de los corrientes, invitación que debo rechazar mientras no se dé por concluida la labor fiscalizadora de la Cámara en el proceso que ya conoce. Cordialmente, Ingrid Betancourt." Para ser una supuesta "lagarta" podemos convenir que me hace falta por lo menos algo de amabilidad.

Luego, sigo con lo que constituye el meollo de este asunto, la amistad que une a mis papás con la familia Samper y la cual explica que el Presidente haya tenido la cortesía de preguntar por mi familia. Cuento entonces el drama que vivió Andrés Samper ante una sala del Consejo totalmente asombrada y muda. Y por último, leo la carta que el futuro presidente Samper enviara a mi mamá luego de la muerte de su padre.

— Después de todo esto, les digo yo, ¿cómo es posible que el Jefe de Estado pretenda que no me conoce?

Dirigiéndome a mis jueces quienes ahora parecen estar evadiendo mi mirada, agrego en voz baja y repentinamente desanimada:

— Armar un proceso de esta naturaleza, qué vergüenza. Ya de por sí es tan difícil hacer una oposición política seria en nuestro país, ¿cómo lograrlo si además se tiene a la justicia en contra de uno?

Entonces la representante del Ministerio Público se pone de pie, una mujer rígida de fisonomía áspera. Me preparo para escuchar lo peor. Con el estómago hecho un nudo, la cabeza ardiendo, no logro seguir su raciocinio, incapaz de concentrarme en algo diferente al desespero. Y de pronto, me parece estar soñando. ¿Cómo? ¿Qué está diciendo? ¿Que el Consejo de Estado nunca ha debido prestarse a semejante farsa? ¿Que en el expediente no hay sino chismes lamentables cuyo disparate fue perfectamente demostrado por la representante Betancourt?… levanto la mirada. Mi abogado sonríe asombrado él también. La mirada de los periodistas dio un vuelco total y ahora nos observan con benevolencia y simpatía. De verdad… ¿Estoy ganando? "¡Es por este motivo que les solicito, concluye con fuerza la acusadora, de clausurar sin espera y archivar este proceso!". La audiencia se termina, la gente se para y mientras que la prensa se nos bota encima, tres de mis jueces, tres mujeres, se quedan atrás de sus colegas que salen de la sala de audiencia y vienen ostensiblemente a darme un saludo. "Quería decirle lo mucho que me siento cercana de usted", me murmura una de ellas.

El 20 de julio de 1996, cuatro días después de este proceso del cual salgo indemne pero agotada, el Congreso inicia sesiones nuevamente. Tradicionalmente, la Cámara y el Senado se reúnen en plenaria para escuchar el discurso del Jefe de Estado. Es un día de gloria para Samper: cinco semanas después de su absolución, él regresa con la cabeza en alto al Congreso. Para mí es un día de duelo, un día inolvidable. Teóricamente yo ocupo un escaño en la bancada liberal, pero como todos o casi todos apoyaron a Samper, me rehúso de ahora en adelante a sentarme con ellos. Además, ellos tampoco quieren estar a mi lado, la mayoría voltean la mirada al verme. Esta vez, me instalo en el fondo del recinto.

De repente, ruidos de botas, órdenes que repican, el Presidente entra. Nos ponemos de pie. Ernesto Samper sube solemnemente al estrado, saluda y se queda inmóvil al escuchar las primeras notas del himno nacional. ¿Me habrá buscado con la mirada? Tal vez. En todo caso, yo me topé con la suya y ahora nos miramos fijamente mientras que dura el acto solemne. Vuelve a mi memoria la imagen de este hombre de chistes a flor de piel durante nuestro viaje por la Costa Atlántica, casi día por día, diez años antes. No veo ningún rastro del hombre afable y encantador en su mirada. Leo en ella en cambio un odio profundo, metálico, implacable. Yo, lo que quiero en ese momento es que él sepa que lo estoy juzgando en nombre de las víctimas de su ambición demente. Yo sé que las amenazas de muerte contra mis hijos provienen de él. Se lo digo silenciosamente y este intercambio ocular es de una violencia inimaginable al tiempo que el himno nacional mientras dure, suspende el tiempo en el espacio. Pero le digo también, y eso es lo esencial, que yo no siento odio hacia él, que me tiene sin cuidado la parte afectiva, los sentimientos personales que inevitablemente nos atraviesan tanto al uno como al otro. Quiero que él entienda, si es capaz de hacerlo, que lo juzgo culpable frente a nuestro pueblo, frente a nuestra historia, y que eso es de una dimensión mucho más importante que la fuerza que nos opone el uno contra el otro.

Ese mismo 20 de julio después de su discurso, Ernesto Samper ofrece un cóctel en el Palacio Presidencial en honor de los congresistas. Sólo unos jardines separan al Capitolio Nacional, del Palacio de Nariño. Esa tarde, observo a todos mis colegas tomar con alegría la dirección del palacio y me siento profundamente abatida. Ante la mirada de todos los colombianos, ellos se esforzaron por enterrar la verdad, salvar su pellejo, y ahora, sin dignidad alguna, van a recibir su gratificación de manos del más corrupto de ellos. Yo tomo la dirección opuesta hacia la Plaza de Bolívar. La noche ya está cayendo, y es una noche helada, una de esas noches en las que el viento polar de las montañas vuelve desiertas las calles de Bogotá. La Plaza de Bolívar tan animada de día, está desierta. Sobre la derecha se encuentra únicamente mi vehículo personal, así como el de los guardaespaldas que el Ministerio del Interior me asignó recientemente. Bajo los escalones del Capitolio y apresuro el paso. Confío ciegamente en mi conductor, Alex, pero sólo a medias en mis guardaespaldas que pertenecen al gobierno. Logré recientemente que ellos tengan su propio vehículo y que no se desplacen en el mío en donde tengo la sospecha que tenían instrucciones de escuchar mis conversaciones. Levanté el cuello de mi sastre, Alex me vio, ya prendió el carro y las luces.

Subimos por la calle de la catedral, luego giramos a mano derecha por la calle San Felipe de Nery. La escolta nos sigue, sus luces iluminan el interior de mi vehículo. No se ve ni un alma por las calles estrechas de La Candelaria, pero curiosamente al voltear a mano izquierda frente a la Universidad Libre un carro bloquea la calle. Me escucho protestar:

— Pero quién se cree que es ese tipo, tiene todo el espacio para parquear, ¿por qué se estaciona ahí?…

233

Mi conductor también parece perplejo, estamos inmovilizados. Me volteo impaciente, estoy cansada, deprimida, quiero llegar a la casa. La mejor solución es la de retroceder para tomar la calle anterior, pero en ese momento me doy cuenta que otro carro nos está trancando también atrás.

— ¡Qué vaina! Tampoco podemos ir hacia atrás... Alex, él entendió. Mi carro es pequeño, gracias a Dios es de doble trasmisión. Y veo que de pronto gira bruscamente, pone la doble y las plenas, y se lanza sobre la acera para meterse por un estrecho espacio entre la esquina de la universidad y el carro que nos está trancando el camino. Lo logramos, y ahora estamos subiendo a todo dar la calle San Francisco. Oigo el ruido de unos disparos, y al fin entiendo lo que ocurre, pero estamos ya lejos, cerca de la séptima. Entonces me doy cuenta con alivio, que la escolta también logró pasar.

No faltó mucho para que hubiésemos caído en una emboscada, pero lo que es probable es que esta gente, que no logró culminar, lo intentará de nuevo para cumplir con su contrato. Sin embargo mi primer reflejo es el de creer que no quisieron matarme sino solamente asustarme. Más adelante hago parar los dos carros.

— Ni una sola palabra sobre lo que acaba de ocurrir. ¿Está entendido? No quiero que se sepa.

Mis guardaespaldas hablarán, pero esto no saldrá del ámbito de los servicios de seguridad.

Yo no quiero ver la realidad de frente. Y en el fondo sé muy bien por qué. Si mi familia se entera, si Fabrice se entera, Melanie y Lorenzo no volverán jamás a Bogotá... Su regreso está previsto para finales de agosto y yo no vivo sino esperando que llegue ese día.

9

A principios de este mes de septiembre de 1996 Melanie y Lorenzo entran de nuevo al Liceo Francés como si no hubiera pasado nada. Sin embargo para ellos, este año escolar se anuncia muy diferente de los anteriores: Su papá ya no vive en Colombia, fue nombrado en Auckland y se trasteó en el mes de agosto. De ahora en adelante, los niños tienen solamente un domicilio, el mío y en caso que se presente algún problema ya no puedo recurrir a Fabrice de manera inmediata. Pero ganamos un refugio, un santuario: si se volviera imposible vivir en Bogotá, los niños tendrían a Auckland… Ni Fabrice ni yo lo expresamos claramente pero es evidente que pensamos en ello. Desde aquella carta de amenaza que venía acompañada de esa horripilante foto de un niño despedazado, para Fabrice es muy difícil saber que Melanie y Lorenzo están en Bogotá, pero al mismo tiempo él no se atreve a alejarlos de mí. Yo percibí su preocupación y también sus escrúpulos. Por mi parte, soy consciente de los riesgos que implica el que se queden aquí pero separarme de ellos está por encima de mis fuerzas. Tengo el sentimiento de haber ya dado mucho de mí a mi país, a la política, pero aún no estoy lista para sacrificar mi vida familiar. El inicio de este año escolar está impregnado para mí de una angustia indecible. Para no perder a Melanie y a Lorenzo, oculté el incidente del 20 de julio y estoy pagando ahora el precio de mi irresponsabilidad: No dejo ni un instante de sentir miedo por ellos. Un miedo animal. Un pulpo cuyos tentáculos me trituran el vientre y me destrozan el corazón. Lo llevo en mí y no logro olvidarlo ni por un segundo. Aun de noche cuando están ahí cerca de mí, en pijama en su cuarto, y que Juan Carlos verifica el seguro de la puerta de entrada, aun en esos momentos que podrían ser dulces y tranquilos, que deberían serlo tengo miedo…

Es cierto también que me aislé del mundo para llevar a cabo mi último combate contra Ernesto Samper: la redacción de un libro en el que mis compatriotas puedan encontrar todas las pruebas de la culpabilidad del Presidente. Cómo influye la soledad para que se amplifique la angustia, me doy cuenta de esto a cada instante al estar atenta a todos los ruidos insólitos que escucho. Y sin embargo, escribo obsesionada por la necesidad de avanzar, de salvar lo que se pueda salvar aún de la verdad. Escribo para que este "proceso" contra Samper que los representantes abortaron, pueda a pesar de todo tener su sitio en nuestra historia, para que jamás se olvide en Colombia la indignidad de la cual fuimos víctimas, y que mis compatriotas dispongan de todos los documentos contundentes que presenté tres meses antes desde el estrado de la Cámara de Representantes ante las cámaras de televisión. Me rememoro una conferencia de una de mis profesoras de Sciences-Po —Hélène Carrère d´Encausse—, en la que nos describía de manera punzante cómo los regímenes totalitarios logran reescribir la historia. La amnesia colectiva sobre medidas, eso me horroriza más que todo. Me parece que el alivio cobarde que tendríamos todos la tentación de sentir sería nuestra perdición. En esos momentos tan negros, tan llenos de amenaza me digo a mí misma que si me queda una batalla por dar antes que me maten, si lo logran, es esta: impedir esta manipulación, esta última humillación.

Ya casi no salgo a la calle, me encierro en mi casa, y noche y día escribo, afiebrada con la loca esperanza que este libro exista rápido como si representara la salvación de nuestra memoria colectiva, pero también para los míos, para Melanie y Lorenzo. ¿Por qué? ¿Cómo podría este libro proteger a mis chiquitos tan vulnerables? No sabría decirlo. Pero es esta profunda intuición, esta convicción, este deber por cumplir, lo que me da la fuerza de continuar.

No logro conciliar el sueño. Apenas me recuesto, mi espíritu reconstruye sin parar el guión de nuestra huída en caso de ser atacados. Ya lo dije, el edificio en el cual vivimos se encuentra en un callejón sin salida y recostado contra la montaña, teatro ideal para una emboscada. ¿Cómo escaparse? ¿Cómo salvar a los niños si los sicarios surgen de la escalera? Al principio, me imagino una cuerda con nudos que nos permita llegar al balcón de los vecinos de abajo. Pero la cuerda es otra causa de angustia, ¡una escalera de cuerda me parecería mucho más segura! Eso es, sí, una escalera de cuerda —mandarla a hacer apenas amanezca—, ahora, la escalera está ahí instalada y afianzada, lista para ser utilizada, pero son los tenis los que me preocupan... Sí, es absolutamente necesario que cada uno tenga los suyos, que estén listos permanentemente delante de la ventana del balcón... De ninguna manera deben los niños tomar esta escalera descalzos, podrían resbalarse... ¡Oh no! Dios mío... ¿Y si surgieran por el techo? No podemos seguir sin un arma... No podemos. Tenemos que conseguir una pistola, una ametralladora... Aprenderé a usarla, Juan Carlos aprenderá a usarla y me enseñará... Sí, eso es, Juan Carlos me enseñará, colgaremos el arma a la izquierda de la puerta de entrada... Lorenzo, tienes prohibición absoluta de tocarla, me escuchas, es muy peligroso, es muy peligroso... ¿Qué me está pasando? Estoy delirando. ¿No me estaré volviendo loca?

El libro sale el 12 de diciembre, bajo el título SÍ SABÍA, así es, Ernesto Samper sabía que los miles de millones de pesos que se tragó su campaña electoral provenían de la mafia. Ese día, tengo una sesión de autógrafos organizada en una librería de un centro comercial. ¿La gente se atreverá a venir? ¿Atreverse con la prensa al lado, los fotógrafos, las cámaras, arriesgarse a ser identificado? Nosotros tememos un atentado. Me instalaron en el fondo de la librería, la espalda contra la pared. Dos hombres armados en ambas entradas y otros discretamente ubicados adentro. Y la gente aflu-ye, se empujan para entrar, con una audacia y un or-gullo de estar ahí, que muy pronto nos olvidamos de nuestro dispositivo de seguridad. Hay aglomeración, la cola se prolonga hacia afuera. Muchos trajeron una cámara fotográfica y quieren una foto conmigo, me abrazan. Tengo entonces la sensación de recobrar la luz, de saborear nuevamente y por primera vez desde hace tiempo el increíble placer de vivir. Estas personas me liberan, abren mi cárcel, me dicen que me escu-charon, que saben, que me apoyan. Estoy tan emocio-nada y conmovida por su confianza que me sorprendo a mí misma pensando que podemos ganar, sí, que Colombia no será eternamente dirigida por mentiro-sos, por estafadores, por delincuentes.

En los días que siguen al lanzamiento de mi libro, retomo mis actividades en el Congreso. Y trabajo por dos, porque me despreocupé completamente de mi mandato por fuerza de las circunstancias que me ro-dearon en esa última época. Las sesiones del Congreso están llegando a su fin, las vacaciones de Navidad se aproximan, tengo que apurarle. Multiplico las idas y venidas entre el hemiciclo y mi despacho, en el cual atiendo un sinnúmero de citas.

Uno de esos días de agitación, mientras que termino como puedo mis audiencias antes de correr a la Plenaria, mi secretaria abre con cuidado la puerta de mi oficina.

— Doctora, alguien quiere verla urgentemente…

— ¿Tiene cita?

— No. Pero insiste…

Más tarde, me preguntaré por qué las personas que me condenaron a muerte pensaron que era oportuno enviarme ese mensajero. Y, recordando mi entrevista con los hermanos Rodríguez Orejuela, veré en esto tal vez un indicio. Imagino que en lo más hondo de su ser, ellos tal vez no deseaban mi muerte, al contrario deseaban que yo existiera, que yo siga existiendo a pesar y en contra de todo, como si el hecho que personas como yo sobrevivan al universo de pesadillas que ellos crearon, los tranquilizara. Tal vez piensen en el mundo que sueñan para sus nietos.

"Su familia está en peligro", dijo él. Esta vez ya no puedo hacer trampa. Esa noche preparamos nuestra huída, tal y como lo conté al iniciar este testimonio. Por segunda vez, con seis meses de intervalo, Melanie y Lorenzo deben irse de Colombia de manera precipitada, pero esta vez, tengo la certeza que no regresarán antes de mucho tiempo. Vislumbrar esa partida de los niños, a pesar del dolor… me alivia después de estos meses de pavor, de culpabilidad. No quiero pensar, aún no, en lo que será mi vida sin ellos. Juan Carlos está aquí para reconfortarme. Fabrice nos espera en Auckland: por el momento en plena tempestad, logramos mantenernos a flote. Sebastián también está allí. Ahora es todo un hombre. Y sobre todo es un hermano mayor enternecido por Melanie y Lorenzo, atento y cariñoso con ellos. A él también le ha tocado vivir los ires y venires, los viajes al otro lado del mundo, los cambios difíciles. Él entiende. Él está pendiente de ellos, como un ángel de la guarda.

Cuando pienso nuevamente en esos dos meses pasados en Auckland, los dos últimos de mi vida familiar, no logro imaginarme sino como una mujer condenada a una larga pena de cárcel y que trata afiebradamente de aprovechar sus últimos días de libertad para organizar la vida cotidiana de los suyos, que quiere quedarse prendida a ellos hasta en los más pequeños detalles, hasta en las cosas más insignificantes, con la esperanza de que no sufrirán por su ausencia o más bien, —tal vez— que no la olvidarán. Decoramos juntos sus cuartos, recorremos juntos el trayecto de la casa al colegio, compramos juntos los libros, los cuadernos, los útiles, y también la ropa para todo el año. "Coge una talla más grande Melanie, vas a crecer ¿sabes?…" Llenarse la cabeza de recuerdos… Y en el secreto de mi corazón: mírala bien, Ingrid, de lo contrario, en algunos meses no lograrás imaginarte su silueta, mírala bien, grávate todo en la mente, el corte del pantalón, el color de la blusa…

A mediados de febrero del año de 1997, Juan Carlos y yo regresamos a Bogotá. Adivinamos tanto el uno como el otro lo dura que va a ser la vida de ahora en adelante, y Juan Carlos hace algo que lo personifica totalmente: me propone que nos casemos. ¿Cómo podría él expresar mejor que está conmigo, enamorado, pero también solidario, dispuesto a seguirme hasta el final del camino? Ambos ya pasamos por un primer matrimonio, y normalmente no le daríamos ninguna importancia a este lazo formal. Pero precisamente la época en que vivimos no es normal, y las palabras de Juan Carlos ese día me conmueven.

Nos casamos en el camino del regreso, en pleno océano Pacífico y según el rito de la Polinesia: un matrimonio bíblico, fuera del tiempo, en donde el futuro esposo surge al ritmo lento de una piragua, como si por espacio de un día se nos hubiera dado la gracia de

241

remontar al origen de la vida, antes que los hombres traicionaran la inocencia. Por espacio de un día, sí, de tres precisamente, hasta que el avión nos arranca de este archipiélago bendecido por los poetas para precipitarnos en las convulsiones furiosas de la vida real, de la nuestra, la de los colombianos.

Puesto en el banquillo de las naciones por culpa de su Presidente (Estados Unidos le quita la visa a Samper), el país que nosotros encontramos en marzo de 1997, ya tiene la mirada dirigida hacia nuevos horizontes de esperanza: en un poco más de un año tendremos nuevas elecciones presidenciales. Tenemos la certeza que pronto estaremos librados de Ernesto Samper. ¿Tenemos sin embargo la certeza de recobrar nuestra dignidad? No, porque Samper emprende la tarea de proteger su salida. Él sabe que al volverse de nuevo un simple ciudadano no podrá escapar a eventuales nuevas investigaciones. El proceso 8.000 se prolonga en contra de sus más próximos colaboradores: en particular en contra de Medina, su tesorero, y de Botero, su antiguo Ministro de la Defensa. Mientras está en el poder, tiene entonces que, tratar de trancar definitivamente la máquina judicial. De manera más general, si quiere vivir en paz con lo amasado en el poder, debe lograr imponerle a los colombianos, su sucesor. Su nombre ya está en boca de todo el mundo: Horacio Serpa, Ministro del Interior, fiel entre los fieles, y tan comprometido como su mentor. No existe duda al respecto: si Serpa le sucede a Samper, éste podrá vivir días tranquilos... Asisto, impotente al sabotaje del proceso 8.000. ¿Y por qué estoy impotente? Porque la estrategia empleada no resiste ninguna crítica. El hombre que encarna el proceso 8.000

es el fiscal Valdivieso. ¿Y qué hace Samper? Pues detrás del telón le exige al partido liberal que designe a Valdivieso como su candidato a las elecciones presidenciales. Pocos hombres podrían resistirse a una propuesta de esta índole, sobre todo cuando se les hacen vislumbrar que de acuerdo con las encuestas, están prácticamente elegidos por el país… Valdivieso se deja seducir por las sirenas, renuncia a su cargo y se lanza a la presidencia. Está en su derecho. Él no se da cuenta de la trampa que le está tendiendo Samper. Mal orador, político torpe, va a perder en pocos meses todo el crédito que acumuló en el espíritu de la gente y va a desaparecer del escenario. Entonces surge ante los reflectores, el verdadero candidato del partido liberal, Horacio Serpa. Y mientras tanto Samper habrá logrado que sea nombrado en el cargo de Valdivieso el más devoto de sus abogados del proceso 8.000. Es fácil adivinar las consecuencias de esto.

Para asegurar la victoria de Serpa, Samper lanza de nuevo en los últimos dieciocho meses de su mandato el llamado "salto social". Una serie de medidas irreprochables desde el punto de vista de su contenido pero cuyo objetivo escondido e inconfesable, es el de enganchar a los futuros electores del Ministro del Interior. El gobierno crea por ejemplo, el Sisben que le permite a los más pobres obtener atención médica, pero a través del Sisben se hace el censo de la población para luego intercambiar servicio médico por votos. Igualmente, crea para las familias bonos que dan derecho a tener útiles escolares; manera esta de amarrar a una población necesitada dispuesta a votar por quien le digan para obtenerlos. Los pensionados

243

también entran en el juego con tiquetes de alimentación...

Detrás de cámaras, el "salto social" le va a permitir al dúo Samper-Serpa desviar masas considerables de dinero para financiar la campaña Presidencial del candidato. Van a ejercer un verdadero asalto a las finanzas del país que terminará en banca rota, recesión prolongada, y millones de desempleados. Durante todo este año de 1997, mi labor esencial va a consistir en desenmascarar este hurto.

Una vez más, me encuentro casi sola en el Congreso para tratar de explicarle a la gente lo que se esconde detrás de las repentinas preocupaciones sociales de nuestro gobierno. ¿Y cómo hacerle entender a personas a quienes les hace falta todo, que lo poco que les están prometiendo hoy, es en realidad un regalo envenenado para mañana? ¿Cómo hacerles entender que estas migajas no van a resolver la penuria en la que se encuentran? Por el contrario, ya que éstas constituyen el pretexto para desviar sumas de dinero monumentales que habrá que reponer al día siguiente de las elecciones con más impuestos... Mi margen de maniobra es estrecho. En cada intervención que hago, tomo el riesgo de aparecer como una opositora sistemática y frente a este asunto en particular, como la que rechaza unos beneficios sociales esperados con impaciencia en los barrios más pobres.

En este último trimestre de 1997, el debate sobre la extradición de los narcotraficantes vuelve a aparecer en el escenario después de haber sido tantas veces trancado por Samper y los suyos. Los Estados Unidos están perdiendo la paciencia, la presión es considerable.

Samper no puede oficialmente decir que está en contra de la extradición, eso sería darle la razón a la opinión internacional que sigue acusándolo de haber sido financiado por el cartel de Cali. Él se declara entonces en pro del restablecimiento de la extradición pero obviamente piensa en sus aliados los hermanos Rodríguez Orejuela, quienes siguen en prisión. Para él es inconcebible entregar a estos hombres a los Estados Unidos. Traicionar el contrato que los une significaría firmar su sentencia de muerte en un plazo más o menos breve. ¿Cómo hacer entonces para salvar a los Rodríguez y salvarse a sí mismo? Declarando simplemente la no retroactividad de la extradición, lo que excluye la posibilidad de aplicarla a aquellos que ya se encuentran presos.

Los parlamentarios, cuya gran mayoría ha sido también financiada por los Rodríguez Orejuela acogen con alivio esta salida milagrosa de la no retroactividad. Para ellos también, enviar a los Rodríguez hacia los Estados Unidos, habría correspondido a una sentencia de muerte. El día del debate, soy la única en abogar públicamente por una extradición retroactiva, total, implacable, y esto frente a un hemiciclo lleno, como lo es cada vez que se trata de debatir los intereses de los narcotraficantes. Y estos congresistas, cuyos lazos con el cartel de Cali son de conocimiento público (publiqué los recibos de estos pagos), emprenden, con la mano en el corazón y sin sonrojarse alegatos vibrantes contra la retroactividad a nombre de la lucha contra el imperialismo yankee y a favor de la seguridad jurídica. Les digo de frente que el imperialismo yankee no tiene nada que ver en esto, pero más allá de estas explosiones

245

de oratoria percibo con nitidez en mis colegas, inclusive en aquellos que son los más íntegros, el miedo sordo, terrible, que inspiran los narcotraficantes. Es así como sólo somos tres los que votamos a favor de la extradición total, y en consecuencia por la partida de los Rodríguez Orejuela hacia las cárceles americanas...

Samper va a seguir pagando sus deudas al introducir al parlamento un texto aparentemente anodino. Bajo el pretexto de descongestionar nuestras cárceles sobrepobladas, se prevee la posibilidad de continuar cumpliendo una pena, tomando la casa por cárcel. Sería de esperar que esta medida de clemencia se aplicara a ladrones de gallinas, pero no, está destinada curiosamente, únicamente a una cierta categoría de delincuentes de cuello blanco. Al mirar el texto más detenidamente, en realidad se refiere a las diferentes formas de enriquecimiento ilícito, y en particular a los delitos cometidos por los acusados del proceso 8.000. Sobresalto. La mayoría de los acusados del proceso 8.000 son congresistas y serían puestos en libertad por sus propios colegas desde antes de haber sido condenados... Finalmente ganaré esta batalla. Gracias al cubrimiento eficaz de los periodistas en torno al debate y a sus posibles consecuencias, el proyecto no será aprobado, por el Senado.

Este año 1997, es el año más doloroso que he vivido. Impotente, asisto a la redención de un Estado corrupto, a la salvación de los sepultureros por esas mismas instituciones que están enterrando, prueba que todo el aparato de Estado está gangrenado y podrido hasta los huesos. ¿Y sin tener ninguna esperanza de curación siento que el hombre que sube en las encuestas, aquel

246

que parece ser el mejor opcionado para sucederle a Samper es su clon, Horacio Serpa? Por primera vez me interrogo, sobre la razón de ser de mi lucha. Y si me interrogo, es porque ahora he sacrificado todo por llevarla a cabo. ¿Para tener cuál resultado? ¿De qué se ha beneficiado Colombia con mis esfuerzos? Ineluctablemente ella se está hundiendo, y en vez de salvarla, tengo el sentimiento que Colombia me jala con ella.

Algunas tardes, salgo del Congreso totalmente desanimada. ¿Para llegar a dónde? A un apartamento vacío, terriblemente silencioso. La mayoría del tiempo, Juan Carlos aún no ha llegado, entro a las alcobas de los niños y me siento en la cama del uno o del otro. Contemplo sus objetos familiares, arreglo la almohada, a veces tengo la fuerza de sonreír acordándome de alguna palabra, de alguna costumbre de ellos, a veces mis ojos se inundan de lágrimas y me quedo postrada preguntándome por qué. ¿Por qué haber saboteado la extraordinaria felicidad de estar juntos? ¿Para renovar la política? ¿Para mostrar qué? Pero yo no he renovado absolutamente nada, el poder sigue en manos de los mismos hombres, y todo ocurre como si yo no hubiera dicho nada, escrito nada, como si yo no existiera. Estoy agobiada, y perdida. ¿Cómo puede ser esto? Estos hombres contra los cuales estoy combatiendo, contra los cuales me estoy agotando, no valen una sonrisa de Melanie, ni una mirada de Lorenzo… Y sin embargo no lo dudé, escogí estar ahí, en vez de estar con mis hijos. Ni por un segundo, cuando los dejé en Auckland, pensé en renunciar a mi propósito. Seis meses, ocho meses han pasado y la violencia por la que atraviesa Colombia no ha disminuido, tampoco las amenazas que recibo; no puedo entonces pensar en retomar una vida familiar. ¿Irán mis hijos a crecer definitivamente lejos de mí? Me siento ahogada por la tristeza y recorro sin rumbo este apartamento que escogí para ellos, que decoré para ellos, y el cual esconde detrás de cada puerta su recuerdo, su ausencia.

Nuestros contactos telefónicos lo único que hacen es acrecentar en mí la impresión que están del otro lado del mundo, lejos, muy lejos... Un domingo cualquiera los llamo con la nostalgia de nuestros domingos en Bogotá, pero para ellos ya es lunes, no tienen un segundo, se están apurando para no llegar tarde al colegio... Siento que vivimos sistemáticamente desfasados, como si no viviéramos en el mismo planeta. Luego, a medida que pasan los meses ya no sé de qué hablarles, siento que mis palabras ya no les llegan, sólo engañan el silencio, sí, son como unas retahílas que ya no generan ninguna espontaneidad por parte de ellos.

— ¡Loli, mi corazón, estoy tan feliz de oírte! ¿Cómo estás, cuéntame cómo te ha ido en el colegio?

— Todo está bien mamá, pero tengo que irme...

— ¿No te hago mucha falta? ¿No te sientes triste, no es cierto Loli?

— Mamá tengo un partido, precisamente ya estaba saliendo.

— ¿Un partido de qué mi amor?

— ¡De fútbol!

— ¿Ah si... ahora juegas al fútbol?

— Uff hace tiempo. ¿Papá no te lo había dicho?

— Sí, sí, sí, perdóname... ¿Y en el colegio todo está bien de verdad?

248

— Sí mamá, ya te contesté...

Hasta un día en que Lorenzo se enerva.

— Mamá, por qué me haces siempre la misma pregunta: "¿Cómo te va en el colegio? ¿Cómo te va en el colegio?". Pues me va bien en el colegio. Siempre nos decimos las mismas cosas y eso es jarto...

Y ese día entiendo que mis llamadas los fastidia tanto al uno como al otro, porque ya no tenemos nada qué decirnos, nada para compartir, yo ya no sé nada de sus amigos, de sus centros de interés, y que ellos por su parte son aún muy jóvenes para entender mi combate. Esta vez lloro a escondidas...

Sin embargo, después de desahogarme, la reacción de Lorenzo me reconforta. Es el símbolo que está creciendo, con avidez de vivir, de divertirse y que en realidad puede perfectamente hacerlo sin mí... y esto me parece muy bien.

De pronto esto es lo más doloroso para una mamá: aceptar que sus hijos crezcan felices a pesar de su ausencia. Yo lo acepto, no tengo otra opción, pero a veces el sufrimiento me sumerge y me agarro entonces con desfogue a tal o cual acontecimiento de su vida como para compartirlo a pesar de los diez mil kilómetros que nos separan. Cuando sé que Melanie se está dedicando a aprender a tocar piano, y que además es excepcionalmente talentosa, según lo dicho por su profesor, me parece inmediatamente indispensable instalar un piano en mi apartamento y me lanzo febrilmente en esa compra a un costo exagerado. Voy a todos los almacenes de música, a los anticuarios, y me informo exaltada de pensar que al fin estoy contribuyendo a la educación de mi hija...

Melanie tiene once años. Muy pronto va a entrar en la adolescencia, a volverse mujer, y me parece imposible que viva eso sin mí. Imposible y demasiado cruel, tanto para ella como para mí. Esto me obsesiona a tal punto, que en mis sueños más delirantes acomodo mi deseo al raciocinio siguiente: "es absolutamente indispensable que Colombia salga rápidamente pero muy rápidamente de la pesadilla en que se encuentra, para que mi hija pueda volver".

Colombia aún no está en fase de mejoría, pero los niños y yo descubrimos el internet. Atrás quedaron esas conversaciones ciegas, lejanas y desesperantes. Ahora, nos hablamos frente a la pantalla, nos sonreímos, toda nuestra complicidad vuelve a renacer. Muy pronto nuestros horarios se van a acomodar a esta cita casi cotidiana por internet. Para mí la hora fijada es entre las dos y las tres de la tarde y llego casi siempre siste-máticamente tarde a las sesiones del Congreso. Los niños no fallan una sola cita, porque la inmediatez está ahí, veo a Lorenzo vestido de futbolista, a Melanie en su cuarto, las fotos de sus amigos, los libros que les gustó leer… Para el cumpleaños de Melanie —sus doce años— organizo una verdadera fiesta. Mis papás están conmigo, llenamos el cuarto de bombas, encargamos un pastel y cuando aparece en la pantalla vemos cómo estalla de la risa, feliz y al mismo tiempo tímida. Mamá estira sus brazos hacia ella por encima de las doce velitas.

— Voy a soplar las velas por ti mi amor y ¿tú me regalas tu pedazo de pastel de acuerdo?

Melanie y Lorenzo van a buscar el pastel alistado por Fabrice y nos lo comemos juntos. Realmente juntos.

En este momento envueltos por la misma risa, nos olvidamos que un océano nos separa…

Y luego mis hijos descubren los hijos de mi hermana Astrid, sus primos hermanos, y se tejen nuevos lazos. Anastasia nació poco antes de su partida para Auckland; Melanie y Lorenzo quieren ahora verla crecer y pasamos a veces dos buenas horas riéndonos con sus gracias. Cuando nace Stanislas, las presentaciones se hacen por la red y veo entonces la emoción de Melanie, y el asombro maravillado de Lorenzo…

Esta proximidad artificial engendra a veces también momentos difíciles: mis hijos están ahí, sí, como si pudiera tocarlos, pero si fuesen amenazados por algún peligro, yo no podría hacer nada por ellos. Un día nos conectamos, por mi parte con más impaciencia que de costumbre, ya que sé que Fabrice tuvo que viajar a Francia. Melanie y Lorenzo quedaron bajo el cuidado de Lise, la nodriza que ha estado con ellos desde la época de la Seychelles y en quien tengo total confianza. Pero aun así la ausencia de Fabrice me inquieta. Melanie está cumplida a la cita, y aparentemente feliz de hablar conmigo y sin embargo la siento preocupada.

— ¿Estás solita? ¿En dónde está Lorenzo?

— Está ocupado.

— Cómo así ocupado. ¡Llámalo enseguida Melanie, que por lo menos pueda verlo un segundo!

— Precisamente, él no quiere que tú lo veas mamá.

— ¿Mela cómo? ¡Pero estás loca! ¿Qué es lo que está pasando? Loli mi corazón ponte frente a la cámara…

— No quiere, mamá.

— Melanie, te lo suplico, ve a buscar a tu hermano. ¿Qué es lo que está sucediendo?…

251

— Lorenzo aparece, y siento que me muero: está imposible de reconocer, tiene la cara totalmente hinchada y cubierta de granos rojos, el cuerpo inflado como si estuviera a punto de estallar.

— ¡Loli! ¿Qué te pasa? ¿Qué hiciste?

— Es una alergia, mamá, precisamente Lise me iba a llevar donde el médico cuando llamaste…

— ¿Donde qué médico? Esto puede ser muy grave. Pásame rápidamente a Lise.

— …

— Lise escúcheme bien. Tome un taxi directamente al hospital. No vayan a ningún consultorio médico, tiene que llevarlo a urgencias. Váyanse rápido y llámeme apenas regresen. Quiero saber todo.

Luego, desde Bogotá alboroto al mundo entero. Desde la secretaria de Fabrice en Auckland, su oficina en París, a tres especialistas de alergias en Bogotá, al hospital de Auckland, de nuevo a París… Lo que logro captar detrás de lo que dicen los médicos es que Lorenzo tiene seguramente una insuficiencia renal, ahogo mis gritos de angustia, me siento impotente con las manos atadas y el corazón me aturde de tanto latir.

Ese día me quedé pegada del teléfono, no pude hacer nada hasta que no me llegaran noticias alentadoras del hospital: Lorenzo estaba recibiendo un tratamiento que lo ponía fuera de peligro, los médicos estaban seguros de ello, no tenía por qué preocuparme más.

En las vacaciones de mitad de año de 1998, al fin nos encontramos todos en los Estados Unidos. Pienso día y noche en estas primeras vacaciones en familia después de dieciocho meses de separación. Las preparé con gran emoción convencida como todos los papás

que se sienten culpables, que la multiplicación de regalos logrará como por encanto reemplazar todo el
amor que no pude darles. Recorrí los mejores almacenes de ropa para ellos de Bogotá, quiero darles gusto,
ver sus caras iluminadas con todos mis regalos. Llego
entonces acompañada de dos pesadas maletas y con
el corazón lleno de ilusiones. Lorenzo tiene diez años,
es aún un niño, todo le queda bien, y sobre todo, todo
le gusta. Pero rápidamente me doy cuenta que con
Melanie no atiné. Mi hija me mira con una expresión
de decepción creciente a medida que ve desfilar ante
sus ojos mis regalos. Y yo, llevada por el entusiasmo
de todo lo que escogí para ella con amor:

— Y esto, mi amor con seguridad te va a fascinar…
Melanie mira, sí, y de repente:

— ¡Pero espera, mamá, hace ya mucho tiempo que
no me pongo camisetas con ositos! Parece que no te
dieras cuenta que… que…

— Es cierto, dice Juan Carlos con dulzura, Melanie
está más grande de lo que la imaginamos, Ingrid.

Y veo entonces a Melanie como es, y no como la
niñita cuya imagen retenía con todas mis fuerzas en mi
mente. Siento como un malestar que me invade, y una
profunda tristeza. Una tristeza tan grande que crezca
sin mí, que su primera niñez ya se haya apartado de
mí…

Pero durante ese largo tiempo de separación Colombia volvió a ocupar un lugar inmenso en mi vida y
ya no tengo duda alguna sobre el hecho que mi combate sí es útil. Fui elegida senadora, fundé un nuevo
partido político y me digo a mí misma que si mañana
logro que nuestro país sea una democracia íntegra,

abierta y generosa, habré contribuido a mi manera,
también a la felicidad de mis hijos.

10

El año de 1998 se acerca, en marzo habrá elecciones legislativas y tengo la aspiración de llegar al Senado. Un senador tiene más autoridad que un representante ya que se requieren muchos más votos para lograr una curul en el Senado. Necesito ampliar esa legitimidad para incrementar mi audiencia y continuar con la lucha. Pero esta vez ya no quiero la bandera liberal, aquella detrás de la cual se escudan Samper, Serpa, esos hombres cuya corrupción ha puesto al país de rodillas. El partido liberal, no se ha atrevido a excluirme a pesar de los golpes que le he propinado. Esto habría sido como confesar que la ética no hacía parte de sus principios. Tengo la firme intención de salirme del partido, pero no quiero tampoco integrar las filas de su adversario legendario, el partido conservador, cuyos integrantes tampoco tienen ya mucho valor a mis ojos. Es tiempo de inventar algo nuevo, otra familia política en la cual pueda congregarse gente que piense como muchos de nosotros. Y si me eligen senadora, lo haré por ellos, para hablar en su nombre...

— Eso se llama un partido político, me contesta un día Juan Carlos. En el punto en que estás Ingrid, no puedes continuar si no creas tu propia formación. Fíjate, lo sola que estás...

— Se requieren cincuenta mil firmas para crear un partido, es imposible hacerlo, sobre todo, en quince días.

— No sé cómo puedas lograrlo. Reúne a todos aquellos que te apoyan, y reflexionen juntos. Rápidamente. Si te lanzas, estaré contigo. La idea me entusiasma y creo que después de cuatro años de Samper, es ahora o nunca.

Ahora o nunca, sí. Eso es también lo que piensan las veinte personas —el núcleo de fieles— con quienes me reúno esa misma noche en la casa. En la euforia en que estamos, la idea de recoger cincuenta mil firmas por todo el país en sólo dos semanas no nos parece imposible de realizar. En cada ciudad tenemos un grupo de amigos que nos apoyan, hay que movilizarlos, hacerles llegar cuanto antes los formularios para recolectar firmas. Toda persona con edad para votar tiene el derecho de firmar. Nos queda sólo contar con la pugnacidad de nuestros amigos benévolos, y con mi imagen, porque sólo comprometerán su firma aquellos que ya me conozcan.

¡Y funcionó!

Un mes más tarde —por suerte la fecha límite fue prorrogada— hemos recogido casi setenta mil firmas. El camino está libre, tenemos ahora que organizar el partido. La noticia emociona tanto a Juan Carlos que sin pensarlo más, y yendo aún más lejos de lo que yo esperaba, deja de lado sus actividades profesionales en curso para dedicarse por completo a la causa. Es extravagante, magnífico, porque fuera de nuestras firmas y del resentimiento de la clase política que nos espera a la esquina, no tenemos nada de lo que se necesita para construir un partido. Ni los militantes, ni las oficinas, ni sobre todo, el dinero. Pero Juan Carlos confía totalmente en lograrlo. En mí, en todos aquellos que nos apoyan desde hace cuatro años y que según él van a responder positivamente apenas se ize nuestra bandera, precisamente, lo primero que hay que hacer es darle un color, un nombre, una identidad, que dé ganas de acogerse a ella, de construir conjuntamente, de soñar…

—Juan Carlos, idéate una palabra que signifique lo que somos y lo que queremos. No quiero nada que se asemeje a lo que ya existe: partido de trabajadores de lo uno o de lo otro, eso suena triste, lúgubre…

Estamos en el carro, regresando de hacer mercado, y de repente Juan Carlos da un golpe en el timón.

— ¡Ingrid, ya lo tengo! Tengo el nombre: ¡"Oxígeno"!

Estaciona el carro, feliz y emocionado. Y yo, me siento de inmediato identificada con ese nombre.

— ¡Eso es! Es exactamente eso ¡Oxígeno! Esta palabra dice todo, primero la ecología pero también el ahogo que significa la política tradicional, la esperanza que representamos. Una esperanza vital. Es una palabra mágica y aérea.

Y él, transportado de entusiasmo:

— Ingrid, tú eres oxígeno. Ya estoy viendo tus afi-ches. El mensaje debe ser muy sencillo: "Ingrid, es oxígeno, punto". En Colombia estamos metidos en la mierda, ya no se respira, ya no hay esperanzas, ya no hay sueños, ya no hay nada. Este Samper, nos metió en esto hasta los ojos. Pues el afiche tiene que ser azul celeste. Eso es, tu imagen tiene que estar sobre fondo azul, representas la esperanza, la transparencia, la ju-ventud...

Esa noche, no se acuesta a dormir. Temprano en la mañana me traerá el primer boceto de nuestro afiche, mi foto sobre fondo azul, y con el siguiente slogan: "Ingrid es oxígeno". Y "Oxígeno" se convierte en logo-tipo alegre de nuestro partido, gracias a la metamorfo-sis de la *"X"* de la misma palabra, en un muñequito amarillo, radiante y listo para la acción, cuya cabeza es el punto de la *i*.

El partido ya tiene una cara, podemos movilizar a los militantes, pero también y sobre todo a los candida-tos. Tenemos la intención de presentar listas en todos los departamentos tanto para la Cámara de Representan-tes como para el Senado. Esa es la obsesión de Juan Carlos, lograr que yo no esté sola en el Congreso para hacer chatarra a estos bandidos, para que poda-mos en la próxima legislatura constituir un grupo de choque.

Este afiche sobre fondo azul se ve muy pronto en todo el país, con el mismo logo "Ingrid es Oxígeno", y según las regiones nuestras cabezas de lista figuran en primer plano. Juan Carlos nos inventa un "look" —llevamos todos la misma camiseta de manga corta pero en tonos diferentes— y nuestra campaña se diferencia totalmente de la de los otros partidos.

En realidad esto es porque los candidatos no le dan mucha importancia a su campaña oficial, simplemente porque lo que es esencial para ellos se teje fuera de cámaras. Lo esencial para ellos es la compra de votos barrio por barrio ofreciendo prebendas y promesas. Los afiches entonces no son primordiales e invariablemente en ellos aparecen los candidatos vestidos con trajes de ceremonia sobre un fondo de biblioteca. Pero esta vez, frente a nosotros, ellos parecen tener medio siglo de retraso. En algunos muros nuestros afiches aparecen pegados al lado de los suyos y el contraste es impactante: Nuestra apariencia casual incrementa el estilo empastado de otras épocas de nuestros competidores.

Y siguiendo la línea de los condones, —preservativos contra la corrupción que yo había repartido en las calles cuatro años antes—, Juan Carlos nos inventa dos objetos que no son caros y que van a encarnar nuestro mensaje: una máscara antipolución y una pipa de oxígeno. Nuestros candidatos inundan sus regiones con estos dos símbolos: Uno dice en silencio hasta qué punto el hedor es fuerte, y el otro la fortaleza de nuestra aspiración de volar hacia un mundo más limpio.

Falta la camiseta electoral, objeto impajaritable con el cual los partidos inundan tradicionalmente al pueblo feliz de ese regalo, ya que por lo general no tienen prácticamente sino esas camisetas para ponerse. Juan Carlos crea una camiseta que representa nuestra imagen nítida, moderna, con un diseño tan bonito que aún hoy sigo poniéndomela. Pero, no tenemos los medios para hacer más de dos mil camisetas, cifra esta irrisoria, cuando se sabe que nuestros vecinos las distribuyen por camiones enteros. Reunimos nuestro Estado Mayor. Hay que tomar rápidamente una decisión.

— Evidentemente si compramos camisetas chinas de contrabando por el mismo precio podríamos imprimir un número diez veces más grande, observa discretamente uno de los miembros.

— ¡Espero que esto sea un chiste! Les recuerdo que la esencia de nuestro compromiso es la de luchar contra la corrupción. Hablemos con los fabricantes nacionales y tratemos de obtener una buena rebaja. Si no, serán solamente dos mil camisetas y punto.

Creo que no sacamos más de mil camisetas, pero paradójicamente nuestro rigor nos acarreó probablemente más votos que si hubiéramos impreso cien mil. Curiosamente ocurrió algo que nos favoreció: un mes antes de las elecciones los textileros, ahogados por la política del gobierno Samper lanzaron una encuesta para conocer las medidas que cada uno de los candidatos iría a tomar frente a este sector, uno de los pilares de la industria colombiana. Cada cual hizo sus promesas, pero muy hábilmente los textileros quisieron ver cómo se comportaba en la práctica cada candidato. ¿Y qué descubrieron? Que exceptuando la gente de Oxígeno, todos habían comprado camisetas de contrabando asiáticas… Diez días antes de las elecciones el escándalo salió en la prensa, vergonzante para los partidos tradicionales y formidable para nosotros. Recuerdo uno de esos comentarios que le calientan a uno el corazón y que escuché en la radio, estando ya en la recta final: "Se puede creer en las promesas electorales de Ingrid

Betancourt, ya que las pone en práctica desde antes de ser elegida: Ninguno de sus candidatos compró contrabando. Las camisetas de Oxígeno son cien por ciento colombianas!".

Durante las últimas semanas vivo subida en un avión, yendo de ciudad en ciudad para dar apoyo a nuestros candidatos. Al mismo tiempo esto es entusiasmante y extenuante: Por primera vez tengo la experiencia de una campaña nacional. Voy a Barranquilla, a Cali, a Medellín, Bucaramanga, Popayán, Cúcuta, Pasto y en todas partes la gente acude encantada y con fervor, con la máscara antipolución, nos abrazamos, —fotografías llenas de globos— y hablo ante multitudes convencidas. Creen en mí, en nosotros. Tengo la impresión de que en cada nueva reunión a la cual asisto, marco puntos. Sí, la gente vuelve a tener confianza, tengo la certeza de esto. ¿Pero cuántos serán en realidad los que nos apoyan? Serán suficientemente numerosos como para abrirnos las puertas del Senado? Algunas noches, sola en un cuarto de hotel, agotada y agripada por los incesantes cambios de clima entre el trópico de nuestras costas y las noches heladas de las montañas, algunas noches, ya ni sé. ¿Qué peso pueden tener estas multitudes por más convencidas que estén, frente al sinnúmero de barrios, caseríos y pueblos… Que nuestros políticos logran amarrar a ellos a cambio de millones de pesos y sin tener siquiera que desplazarse? ¿No seré yo ridícula de querer jugar sola el juego de la democracia? ¿Ingenua y ridícula?

Escucho aún al Presidente de la Cámara, quien también es candidato al Senado, decirme en los pasillos: "Representante por Bogotá, sí, Ingrid y eso que tuviste suerte, pero al Senado, estás soñando, no tienes ningún chance. Sólo los grandes, los políticos aguerridos entran al Senado. Mira por ejemplo en mi región, Santander, que conozco como la palma de mi mano. ¿Cuántos votos puedes esperar tener? Yo diría que un máximo de tres mil. Y eso ya es mucho. Y así será en todo el país, no te hagas ilusiones. Si totalizas veinticinco mil votos, será todo un éxito, y sin embargo no será suficiente para ser elegida. ¡Es imposible!, ¡Imposible!..." Él lleva años preparando su entrada al Senado, y sé cómo lo hace, porque ni siquiera lo oculta: ofrece viajes por todo el mundo, pagados por el Congreso, a todos los manda-callar locales a cambio de quinientos votos por viaje. Le corresponde a cada uno de estos caciques idearse los regalos que convencerán a los electores de votar por su candidato… Y yo no ofrezco nada, ni siquiera una camiseta, ni siquiera un sándwich, sólo promesas, palabras de esperanza, palabras, siempre palabras. ¿Si yo no tuviera con qué alimentar a mis hijos, no iría tampoco a aplaudir a Ingrid Betancourt sino a votar por X o Y candidato a cambio de un trabajo o una comida gratis para toda mi familia? Algunas noches, no tengo confianza en nadie, ni siquiera en mí misma.

El día esperado llega y como de costumbre está lloviendo, lo que no es de buen augurio… Apenas se abre el escrutinio, salimos con Juan Carlos a visitar algunos puestos de votación de Bogotá. Nos acompaña un fotógrafo de *El Tiempo*, es un domingo, las calles están vacías, todo está apagado y gris. Me siento muy angustiada, nuestras primeras visitas no me dan ningún alivio: la gente no me saluda, ni una sonrisa, nada, ni siquiera parecen reconocerme. Pienso para mis

adentros, si así es en todo el país, estamos en la olla...
Miro de reojo el fotógrafo, él debe pensar que está
perdiendo su tiempo. Mañana espantosa, Juan Carlos
también está preocupado y como de costumbre no
trata de maquillar la realidad. ¿Vamos a fracasar en el
momento en que Colombia, desangrada, con pésima
imagen internacional, tiene una necesidad tan grande
de reconquistar su sitio? ¿Y quién más si no es gente
como nosotros, podría darle esta última oportunidad?

A las cuatro de la tarde, se cierra la votación y muy
pronto la radio empieza a dar las primeras estimaciones
para Bogotá, en función de los primeros conteos.
Nuestros peores presentimientos se confirman: Ni siquiera me nombran entre los candidatos que están en
la contienda... Juan Carlos y yo nos miramos, dese-
chos, incapaces de intercambiar una sola palabra. En
silencio, él dirige el carro hacia la Registraduría en donde
se centralizan los resultados de todo el país. Por lo
menos allí tendremos hora por hora, las cifras de nuestro
naufragio. En la radio, los boletines siguen siendo igual
de desalentadores. Entramos discretamente, decenas
de periodistas se aglomeran en el inmenso salón en el
cual están instaladas las pantallas. Ciudad por ciudad,
puesto por puesto, las pantallas van sacando los resultados. Nos quedamos frente a los ascensores a una
distancia prudencial de donde está el agite: lo que
quisiera es encerrarme en un salón más calmado en
el primer piso. Pero de repente un periodista me ve y
observo cómo un grupo de gente se viene hacia nosotros. Fotógrafos y cámaras se empujan, dirigen los
proyectores hacia nosotros, me tienden los micrófonos.

— ¿Qué piensa de los primeros resultados?

— Nada, no los conozco. Acabo únicamente de escuchar la radio y aparentemente...

— Doctora, usted está entre los tres primeros.

— ¿Cómo así, entre los tres primeros?

— Por el momento usted tiene uno de los mejores resultados a nivel nacional. ¿Qué comentarios quiere hacer?

Juan Carlos y yo nos miramos asombrados.

— Esperen, les digo yo, no sé nada al respecto, apenas estoy llegando. ¿En dónde están las cifras? Denme tiempo para informarme.

Unos periodistas me abren el paso, otros me empujan hacia la pantalla en donde figura la lista de los candidatos que totaliza por el momento el mayor número de votos. Y ahí, quedo estupefacta: ¡no soy ni tercera ni segunda, estoy de primeras! No hay duda alguna, mi nombre es el que está arriba de la pantalla... Una emoción impresionante me atraganta, tengo ganas de abrazar a Juan Carlos, ganas de que todos aquellos que me han acompañado día y noche en esta lucha desde hace varias semanas se reúnan con nosotros, ganas de llorar: Entonces sí ganamos, Colombia ganó, silenciosa durante cuatro años, al fin está desaprobando magistralmente a Ernesto Samper y a ese Congreso que lo absolvió. El país nos está explicando que cree en nosotros, en mí, que tiene confianza. Trato de recobrar mi respiración, de acordarme sobre todo, que esto es una contienda política sin piedad y que de ahora en adelante soy jefe de un partido...

— Escuchen, les digo, con la voz un poco alterada, son sólo las cinco y treinta de la tarde, todo aún puede cambiar, esperemos un poco para hablar de cifras.

Algo en mí me dice que estos hombres que trataron de asesinarme no me van a dejar ganar así no más. De pronto me doy cuenta que este lugar de "primer puesto" me parece demasiado humillante e injurioso para ellos, para el sistema que encarna. Y una angustia terrible eclipsa mis primeros instantes de felicidad. Ellos tienen control sobre todo, sobre la mayoría de la gente que hace el conteo, van a tratar de robarnos esta victoria, de eso estoy segura.

Prometo a los periodistas estar presente en el momento oportuno y me hago junto a Juan Carlos. Mi intuición ahora es la de seguir el conteo ciudad por ciudad. Sólo hay que hacer click en el computador y éste da en tiempo real el número de votos acumulado por cada candidato. Nos instalamos frente a una pantalla.

Son las seis de la tarde, ha pasado aproximadamente media hora sin que surja ningún problema. Y repentinamente la información procedente de Cali se interrumpe. En todas las otras ciudades las cifras se mueven, pero curiosamente las de Cali se quedan inmóviles. Juan Carlos, subamos a ver al registrador. Esto no me parece normal. Temo que haya alguna manipulación. Curiosamente, es precisamente el conteo de Cali, el que se trancó…

Encontramos al registrador en su oficina rodeado de unas veinte personas.

— ¿Qué está pasando? Cali ya no está transmitiendo ningún resultado.

— ¿Ah sí? Esperen… sí, así es.

— Quiero saber por qué está pasando esto.

— Los llamo enseguida, doctora.

265

Presencio la llamada, él asiente y cuelga.

— Es un daño eléctrico, no hay de qué preocuparse.

— ¿Cómo así, un daño eléctrico?

— Parece que los cables fueron arrastrados por un viento considerable que está soplando en toda la región…

Tomo mi celular y sin ni siquiera contestarle llamo a mi gente en Cali.

— Eduardo, es Ingrid. ¿Qué está pasando?

— Cerraron la Registraduría, no dejan entrar a nadie.

— ¿Parece que hay una falla eléctrica?

— No hay ninguna falla eléctrica, todas las luces funcionan perfectamente.

— ¿No hay ni tempestad ni vendaval?

— Nada de eso Ingrid, ¿por qué me lo preguntas?

Cuelgo, y esta vez estallo:

— Mire, escúcheme bien, no hay ni viento ni daño eléctrico en Cali. Evidentemente se trata de un montaje para camuflar un fraude. Le advierto, que antes de la interrupción yo estaba encabezando el resultado en la región, si cuando vuelva la transmisión he cambiado de lugar, aviso a los periodistas.

El registrador llama de nuevo, habla agitado con varias personas, escucho que dice a sus interlocutores que yo me encuentro en su despacho. ¿Será él cómplice de esto? No lo sé, pero *a priori* este hombre no me inspira confianza.

Cuando los resultados aparecen nuevamente en la pantalla veinte minutos después, la tendencia se invirtió totalmente: en el momento de la interrupción tenía aproximadamente quince mil votos en el departamento del Valle, en el resto de la tarde no voy a tener ni un

266

solo voto más, mientras que obviamente los resultados de los otros candidatos, no harán otra cosa que aumentar.

Un mes después, algunos empleados de la Registraduría me confirmarán con promesa de secreto absoluto, que esa noche me robaron aproximadamente cuarenta mil votos, con la complicidad de algunos funcionarios, y que si yo no hubiera subido al despacho del registrador, mi elección al Senado habría tambaleado.

Pero eso no ocurrió, es más, estuvo lejos de ocurrir, porque a pesar del fraude, cuando se acaba el conteo de votos, encabezo la lista de los elegidos. Es una victoria inmensa en la sede de nuestra campaña, me encuentro con una multitud en delirio. La casa está iluminada y hay gente a todo alrededor. A mi llegada me emociono con los aplausos, los gritos, algunos seguidores lloran, otros me abrazan. Me abren difícilmente el paso y me demoro mucho tiempo en llegar adentro porque quiero también agradecer a esas mujeres y a esos hombres que sin duda lucharon por nosotros y acudieron de todas partes al escuchar nuestra victoria. Cuando al fin llego al hall de entrada, una papayera —llevada no sé por quién— entona el himno nacional. Mis papás y mi hermana están ahí; mamá se bota a mis brazos con lágrimas de felicidad. Más tarde los músicos tocan una tanda de vallenatos y papá emocionado y con ceremonia me tiende la mano: mi amor, abramos juntos el baile.

Una fiesta popular improvisada se prolongará hasta la madrugada. Esa noche me reencuentro con amigos del Liceo Francés que había perdido de vista desde hace casi veinte años. Siento como si todas aquellas personas me quisieran decir que esta vez me reconocen como digna de poder pesar en el destino del país. Logro al fin localizar a Fabrice en Nueva Zelanda, él también está muy emocionado.

— Pásame un segundo a los niños, me gustaría tanto que estuvieran aquí conmigo...

— ¡Pero si están en el colegio, Ingrid!

— Excúsame, estoy tan agitada por los acontecimientos que ni sé qué horas son.

Voy enseguida al colegio para darles la noticia. Ellos estaban esperando tu llamada.

Hace ocho años, nos separamos en Los Ángeles. Hoy en día la herida está cicatrizada, cada cual por nuestro lado labramos nuestro camino, pero no nos perdimos de vista. Esto también es una victoria. Fabrice es el mejor papá que puede existir y volvió de nuevo a ser para mí un compañero invaluable.

Al día siguiente del escrutinio, estoy en primer plano en toda la prensa. El éxito de Oxígeno y el mío en particular, constituyen la verdadera sorpresa de estas elecciones. Inevitablemente me convierto entonces en una carta importante para los candidatos a la Presidencia de la República, quienes en ese momento entran en la recta final de sus respectivas campañas.

268

11

Los dos candidatos que se perfilan como los más opcionados para ganar la Presidencia son: Horacio Serpa, el cómplice fiel de Samper por el partido liberal, y Andrés Pastrana por el partido conservador.

Candidato derrotado por Samper cuatro años antes, Andrés Pastrana se había ido de Colombia después de haber puesto en conocimiento público el famoso narcocassette. En ese entonces los colombianos querían creer en la integridad de su nuevo Presidente y habían desaprobado en su mayoría la actitud de Pastrana, el hombre a través del cual se vislumbraba el resurgimiento de un escándalo. Pastrana acaba de regresar a Bogotá, después de haber estado un tiempo largo en exilio y hoy en día muchas personas concuerdan en decir que su único error fue el de haber tenido razón demasiado temprano. Muchos colombianos reconocen estar en deuda con él. ¿Será esto suficiente para ganarle a Serpa? Aparentemente no. El sistema mafioso de sometimiento a la causa partidista, reforzado por Samper durante su mandato, hace que en las encuestas su sucesor sea considerado como favorito...

Esto muestra lo que representa Oxígeno para ambos candidatos. La cantidad de electores que logramos movilizar en torno nuestro, significa una fuerza evidente sobre el campo de batalla político; estamos en medida de arbitrar el duelo y de asegurar la victoria del uno o del otro, a cambio de compromisos que nos parecen esenciales.

Al día siguiente de mi elección en el Senado, Andrés Pastrana me llama.

— Ingrid, tenemos que reunirnos, estoy seguro que podemos trabajar juntos.

— No sé. No quisiera arriesgar nuestra credibilidad al unirnos a un partido tradicional. Si lo hiciéramos sería a cambio de reformas radicales en la vida política del país y no estoy segura que tú estés listo para efectuar esos cambios.

— Hablemos de eso. Estoy listo para profundas transformaciones. Por lo menos estamos de acuerdo sobre una cosa: Colombia no puede seguir así.

Nos damos cita para un primer encuentro informal en mi casa. Andrés Pastrana puede estar confiado. Él sabe muy bien que jamás negociaríamos con Serpa, quien es la encarnación de la corrupción. Por otra parte nos unen múltiples lazos. Andrés Pastrana es conocido de vieja data de Juan Carlos, quien como publicista ayudó en su campaña en 1994. El hermano de Andrés, Juan Carlos Pastrana, es uno de mis mejores amigos. Nos conocimos en París a principios de los años ochenta, cuando yo estaba en Sciences-Po. Juan Carlos Pastrana, periodista brillante estaba en ese entonces dedicado a crear una fundación para la democracia en Colombia con fondos de origen alemán.

El día acordado, llegó con un poco de retraso, y encuentro a Andrés y a Juan Carlos conversando animada y cómodamente instalados en la sala.

— Estaba tratando de convencer a tu marido que te convenza de unirte a mí. Me dice con simpatía Pastrana.

— ¡Es falso, Ingrid! Se apresura en contestar Juan Carlos. Yo no intercedo por nadie. Y a propósito los dejo, no puedo hacer nada por ti, Andrés.

Y Juan Carlos desaparece.

— Ingrid, hay que trancar a Serpa, me dice Andrés con seriedad. Tú has adquirido un peso considerable en la opinión pública, te necesito.

— Estoy consciente de ello, pero muchas cosas nos separan, sabes, y en particular la compra de votos. La gente de tu partido lo hace y jamás vamos a aceptar eso. Es una cuestión previa a toda discusión.

— Ingrid, yo estoy luchando para acabar con eso; soy el primero en haber sido víctima de esas patrañas: te recuerdo que en 1994, yo le habría ganado a Samper si él no hubiera comprado la mitad de los electores con la plata de los Rodríguez. Si hay una víctima de ese sistema, ese soy yo. Ahora, lo que dices es cierto, algunos miembros de mi propio partido están corruptos hasta la médula, pero, si yo actúo de manera muy brusca, ellos se van a unir a Serpa y yo no tendré chance de ganar. Ten confianza en mí, si quiero llegar a la Presidencia de la República, es entre otras cosas para acabar con el clientelismo, y te necesito.

— Déjame pensarlo. Sea lo que sea yo no estoy sola. Me voy a reunir con mi gente y te contactaré.

Andrés Pastrana se va manifiestamente optimista. Él me habló de manera convincente, se mostró muy receptivo y jugó la carta de la simplicidad hasta en la forma de la visita: siendo que está en plena campaña electoral, vino sin guardaespaldas, vestido casualmente, al estilo de Oxígeno, y me dedicó un momento bastante largo para él, cuya agenda está sobrecargada. El mensaje es entonces muy claro.

En los días que siguen a esta charla, tenemos una intensa discusión dentro del equipo de Oxígeno y con más de veinte grupos independientes. Supongamos que Pastrana sea elegido Presidente, ¿qué desearíamos que él hiciera en los cien primeros días de su gobierno, para que las cosas cambien radicalmente? Después de debatir esta pregunta en varias sesiones llegamos a una respuesta de diez puntos. Se deben promulgar urgentemente diez reformas para establecer una verdadera democracia en Colombia: Reformas electorales, reformas constitucionales, para asegurar la independencia de las instituciones y en particular de la justicia… Y como sabemos que el parlamento está profundamente gangrenado, exigimos que esta plataforma de principios sea adoptada por referendo, estando seguros que el pueblo, contrariamente a los parlamentarios, se identificará con estas medidas.

Impaciente, Pastrana me dejó hasta su número de celular. Apenas estamos de acuerdo sobre el texto, lo llamo.

— ¡Ah, Ingrid! ¿Entonces?

— Te queremos hacer una propuesta. ¿Cuándo puedes venir?

— Esta tarde.

— Está bien te esperamos a las siete en mi casa.

Le presento nuestra plataforma, y él inmediatamente, sin ni siquiera parpadear:

— Estoy totalmente de acuerdo. De todas maneras yo tenía en mente hacer estas reformas.

— Espera, Andrés, yo no te estoy pidiendo un consentimiento vago, nosotros exigimos que estos diez puntos sean adoptados por referendo en los primeros tres meses de tu mandato.

— Lo entendí perfectamente, y te repito que estoy de acuerdo. Además, para que las cosas estén bien claras te propongo que firmemos conjuntamente un pacto público del cual los colombianos y en particular mis electores sean testigos.

Algunos días después, Andrés Pastrana me envía dos de sus más cercanos colaboradores, entre quienes se encuentra su futuro Ministro de Relaciones, Guillermo Fernández de Soto, para finiquitar el texto de nuestro pacto. En él se prevé que las diez medidas serán presentadas al Congreso en los treinta días siguientes a la posesión de Pastrana. Si el Congreso las rechaza, el Jefe de Estado se compromete a organizar un referendo dentro de los cien días.

El 6 de mayo de 1998 ante una impresionante acogida de periodistas, y bajo la mirada de numerosas cámaras de televisión, Andrés Pastrana y yo firmamos ese pacto. Él a nombre de su campaña, y yo, a nombre de más de veinte grupos de independientes que se han unido a esta propuesta.

Al día siguiente, me lanzo en cuerpo y alma en la batalla para la victoria de Andrés Pastrana. El tiempo apremia: falta menos de un mes para la primera vuelta y Horacio Serpa encabeza todos los pronósticos...

Pastrana me embarca con él, y de ahora en adelante abrimos conjuntamente sus grandes reuniones electorales. Descubro la increíble locura de una campaña presidencial, la fiebre, la carrera contra el tiempo, los incesantes vuelos en avión, las reuniones del Estado Mayor en mitad de la noche... Descubro sobre todo la esperanza que para el pueblo representa mi presencia. Sí, la gente ovaciona a Pastrana, pero cuando lo saludo, la ovación se convierte en fiesta. Una fiesta alegre de una nueva generación cansada de elocuentes discursos y que se siente entusiasmada con mi sinceridad y mi terca espontaneidad. Me siento honrada y orgullosa, sí claro, pero sobre todo adquiero la certeza que esa Colombia va a barrer mañana a la que le vendió el alma al diablo.

En el entorno del candidato mi éxito molesta. A lo último me apartan de la campaña y Pastrana va solo a los últimos encuentros.

Horacio Serpa gana la primera vuelta, pero solamente con treinta mil votos más que Pastrana. La tercera candidata, Noemí Sanín, quien le apuesta a una franja al margen de los dos partidos tradicionales con un discurso aparentemente renovador, obtiene un resultado impresionante: 2.800.000 votos, y con este hecho abre la vía a los independientes para futuras elecciones presidenciales. Financiada por los grandes grupos económicos, Noemí Sanín es una especie de caballo de Troya, engendrado por la clase dirigente, para mantenerse en el poder, bajo un aspecto más presentable. Sintiendo que el viento está cambiando y que los partidos tradicionales tienden a desmoronarse, Noemí Sanín es la cara amable que este sistema podrido quiere de ahora en adelante venderle a los colombianos. Ella deberá asegurar la permanencia del *statu quo* así como la de los privilegios de aquellos que la financian. Aun cuando nunca haya sido elegida antes, Noemí Sanín se lanza nuevamente a la presidencia en el año 2002.

Nos quedan entonces quince días para sobreponernos al otro candidato. Pastrana y yo decidimos hacer campaña cada uno por nuestro lado, para duplicar las fuerzas y lograr un cubrimiento de todo el país. Esto me entusiasma totalmente; infatigablemente reitero los términos de nuestro pacto y en cada reunión veo acudir grandes multitudes. Pero las encuestas dan a Pastrana como perdedor. Y entre más se publican cifras desalentadoras, su discurso va perdiendo temple. Petrificado, pierde toda su audacia y da la sensación, electoralmente catastrófica, de no buscar sino el estar de acuerdo con la mayoría.

Una mañana, camino hacia el aeropuerto, no aguanto más y lo llamo.

— Andrés, vamos a perder las elecciones, y te voy a decir por qué. Tú no volviste a hablar de lo que hace nuestra fuerza: la lucha contra la corrupción. Das la impresión de no creer ya en nada, ni siquiera en ti. ¿Sabes qué es lo que se desprende de tus discursos? Que tienes miedo de perder, tanto miedo que en vez de ofrecer un programa de gobierno estás es pidiendo caridad. Pero los electores no tienen ningún regalo para ti, y sobre todo, no quieren un presidente tibio. Estamos saliendo de cuatro años de crimen organizado desde la cúpula del Estado, Andrés, y si tú no convences a la gente que tienes la fuerza y la valentía de poner de nuevo el país por el camino recto van a preferir a Serpa, definitivamente. Por lo menos con él saben a qué atenerse y Serpa muy hábilmente les da contentillo con su discurso antiimperialista contra los gringos y la consecuente exaltación del patriotismo. Eso es todo lo que les queda...

Pastrana aprueba lo que le digo, está muy preocupado y extremadamente tenso. Me asegura que va a cambiar. ¿Irá a encontrar dentro de él la fuerza de retomar el combate? Le quedan menos de diez días para volver a conquistar esta población flotante del electorado que hará la diferencia. Sí, dos días más tarde, es un hombre diferente el que aparece en la televisión.

Ofensivo, agresivo, hasta el punto de tomar el riesgo de no gustarle a todos, Andrés Pastrana afirma que para empezar, su programa se resume en una lucha implacable contra la corrupción, "porque ninguna labor seria de fondo podrá llevarse a cabo en este país mientras que no se haya acabado con el clientelismo". Juan Carlos imprimió los diez puntos de nuestro pacto bajo la cobertura simbólica de un pasaporte y lo difundimos ampliamente por todo el país. De pronto, Pastrana lo muestra ante las cámaras.

— Aquí está nuestro pasaporte anticorrupción, exclama él, este es el programa que nos va a permitir devolverle a Colombia el lugar que se merece en el concierto de las naciones. Me comprometo a someterlo al pueblo colombiano por referendo...

La campaña también cambia bruscamente de tono. De lo único que se habla es de cruzadas contra la corrupción, de llamamientos a la transparencia y, frente a esto, las elocuentes alocuciones nacionalistas de Serpa parecen de otra época, ligeramente grotescas y vacías de mensaje para la generación de los menores de cuarenta años que anhelan una Colombia nueva.

El 21 de junio de 1998, Andrés Pastrana es elegido Presidente de la República con 450.000 votos más que Serpa. Una foto inmortaliza esta victoria: ella nos representa, él y yo abrazados saludando a las multitudes que están celebrando con nosotros en el Centro de Convenciones. Pastrana tiene el traje perfecto del nuevo huésped del Palacio de Nariño, yo estoy en blue jean y camiseta pero nuestro júbilo compartido traduce el entusiasmo y la esperanza que se agarra de todo el país cualquiera que sea la clase social. Como ilustración de lo anterior, mientras que desde hacía meses las encuestas nos aturdían con cifras desalentadoras del desencanto y pesimismo de los colombianos por la política, por primera vez, ochenta y seis por ciento se declaran optimistas. A pesar de una situación económica catastrófica, la esperanza acaba de renacer. La gente confía en Pastrana, cree que él cumplirá sus promesas y todos están listos a seguirlo, a apoyarlo.

Yo tengo claramente conciencia de ser la garante de esas promesas. Me corresponde entonces obtener de él que cumpla al pie de la letra sus compromisos. Colombia no va a soportar un nuevo engaño. Sin embargo el riesgo es grande porque apenas es elegido, Andrés Pastrana se encuentra en la intersección de dos corrientes contrarias: por una parte la esperanza silenciosa de un pueblo, y por otra la maquinaria de la clase política tradicional que quiere impedir cualquier reforma. Esto lo habíamos previsto en Oxígeno con los demás independientes y es por ese motivo que le impusimos a Pastrana el recurrir a un referendo si este Congreso, vivero de corrupción, rechazaba la primera tanda de medidas.

¿En dónde podré yo ser más eficaz? Participando en el gobierno, como lo decía Pastrana, quien obviamente me propone una cartera ministerial para Oxígeno, o siendo libre de opinar, lo que implica no tener participación alguna. Tengo la convicción que el aceptar un Ministerio para Oxígeno equivaldría más o menos a condenarnos a callar so pretexto de lealtad, prefiero entonces rechazar globalmente los honores.

El Presidente tiene que nombrar rápidamente la comisión encargada de redactar el texto de la ley de reforma que se someterá al Congreso y llegado el caso a los colombianos por referendo. Acepto con beneplácito el formar parte de ella al lado de universitarios y juristas de renombre. Entre ellos figuran mi abogado, Hugo Escobar Sierra y, Humberto de la Calle, el hombre que cuatro años antes me apoyó cuando defendía el código de ética del Partido Liberal.

La Comisión está ya en plena labor cuando Andrés Pastrana constituye su gobierno. Curiosamente, nombra en el Ministerio del Interior —Cartera preponderante en un país en el cual el primer Ministro no existe— un samperista de vieja data: Néstor Humberto Martínez. Ministro de Justicia de Ernesto Samper, Néstor Humberto Martínez es aquel hombre que combatió débilmente el narco-mico antes de renunciar a cambio de la embajada en Francia. Su repentina reivindicación política para servir esta vez a Pastrana al más alto nivel, es de muy mal augurio. Martínez es a mis ojos un hombre sin convicciones, capaz de tragarse todos los sapos para subir peldaños en su carrera. Su nombramiento me preocupa sobre todo, teniendo en cuenta, que es a él a quien se le va a presentar la ley de reforma cuya redacción estamos terminando y quien como Ministro del Interior tendrá que defenderla ante el Congreso... ¿Será esto una trampa que nos está tendiendo Pastrana? ¿Será el principio de una traición que temo secretamente desde el primer día?

Llamo al Presidente.

— No entiendo por qué nombraste a ese tipo. La reforma que va a constituir los cimientos de tu mandato va a estar en sus manos, y tú sabes perfectamente que él no es ni un pensador ni un valiente...

— Ingrid, ten confianza en mí. Necesitaba a un hombre capaz de agrupar entorno mío a parlamentarios de todas las corrientes, Néstor Humberto Martínez tiene ese perfil, sabe hacerlo, es tan cercano de los liberales como de los conservadores. En lo referente a la reforma, no te preocupes, yo seré directamente quien la va a pilotear.

Me siento tranquilizada a medias, y los acontecimientos que siguen no van a contribuir a calmarme. En efecto, muy rápidamente, Néstor Humberto Martínez traiciona la Comisión de Reforma, de la cual como Ministro del Interior, es miembro por derecho propio. Siendo que la Comisión apoya plenamente la posibilidad de recurrir al referendo, el Ministro deja entender a los periodistas que el referendo es improbable. Esto evidentemente es una mano discretamente tendida a los congresistas, quienes inmediatamente entienden su significado: Martínez está ahí para sabotear la reforma y hay que apoyar a este hombre, providencial para que sobreviva el clientelismo.

Por su parte la Comisión, ella, no lo capta así. Empecinada en llegar a un acuerdo con el Ministro, ella prolonga incansablemente su labor. Consecuencia directa: el plazo previsto no es respetado, septiembre llega y la ley de reforma aún no ha sido presentada al Congreso... Pastrana sabe que si tarda demasiado va a agotar su crédito de confianza. El 8 de septiembre, tiene una intervención televisiva en la cual, reitera su compromiso contra la corrupción así como su promesa de consultar al pueblo por referendo.

Se adivina que él ya no tiene los medios para lograr sus ambiciones, y las primeras muestras de incredulidad, de desencanto, se manifiestan bajo la pluma de los caricaturistas y chistes amargos que se pasan de boca en boca.

Y efectivamente hay materia para dudar. En los días siguientes a la alocución presidencial, el Ministro del Interior levanta un frente contra el referendo. Es inadmisible, dice él, poner a los congresistas contra la pared; estos están abocados a escoger o todo o nada (aceptar la reforma o rechazarla) deberían poder modificar el texto, reescribir algunos de sus artículos... Esto es reducir a la nada el pacto que firmé con Pastrana, es matar de raíz la reforma anticorrupción.

Nuevamente alerto al Presidente.

— Andrés, lo que está ocurriendo en el Congreso es muy grave; Néstor Humberto Martínez manipula a todo el mundo y nos engaña a todos. La Comisión está al borde del colapso. Si tú no intervienes rápidamente, me temo que la reforma esté condenada al fracaso y con ella tu compromiso hacia los colombianos.

Él me escucha y me propone una reunión en petit comité, una reunión únicamente con tres representantes de la Comisión de Reforma: Humberto de la Calle por el partido liberal, Hugo Escobar Sierra por los conservadores, y yo por los independientes. Nos damos cita en el Hotel Casa Medina el 19 de septiembre.

Estoy esperando que esta sea una reunión de crisis alrededor de un Presidente debilitado, sí, pero con la voluntad intacta y preocupado por retomar la situación en sus manos. Los cuatro nos conocemos muy bien, iremos directo al grano, severamente pero con confianza. Esto es por lo menos lo que estoy imaginando. Pero de entrada veo que las fuerzas no están equilibradas, y sobre todo que no están a mi favor: Pastrana no llega solo, como me lo había dicho, sino con cuatro Ministros, el Secretario General de la Presidencia y su secretario privado. Inmediatamente sospecho una trampa. Y desafortunadamente tengo razón.

— Lo que quiero, empieza él diciendo, es que la reforma vislumbrada sea el fruto de un consenso entre todos los partidos, que sea aprobada por el Congreso, no habrá referendo.

Capto enseguida por qué nos convocó solamente a nosotros tres. Ante la Comisión en pleno, estas palabras habrían engendrado un motín.

— Señor Presidente, digo yo, dejando de lado el tuteo, usted está negando el pacto que hicimos juntos. Nunca se habló de un consenso entre los partidos lo que llevaría al inmovilismo, sino de una consulta popular. Usted nos está anunciando hoy, que renuncia al referendo…

Al oír estas palabras, veo que se sonroja. No me deja terminar, se levanta como un resorte y, de pie, fusilándome con la mirada, da un violento puñetazo sobre la mesa.

281

— ¡No le permito que me hable en ese tono! Sepa que yo nunca pensé en llevar a cabo esta reforma en contra de los partidos tradicionales, y es más, yo me comprometí a hacer una reforma política, nunca prometí embarcar al país en un referendo.

Es una escena terrible, jamás vista. El Presidente de la República en persona vocifera, está fuera de sí, la frente enrojecida con las venas del cuello a punto de estallar, su comparsa parece estar alentándolo para que no cambie de tono, y yo comprendo en un instante de qué se trata la película. Este hombre tiene miedo de enfrentarse a mí, si no, no hubiera venido tan acompañado. Sabe perfectamente que está traicionando su palabra y por eso está furioso. Furioso contra él mismo, claro está, pero furioso también contra mí que llevo un mes acosándolo, por medio de la prensa. No pasa un día sin que la prensa evoque mi empecinamiento en llevar a cabo lo que los cronistas ya no llaman sino "el referendo de Ingrid". Para un hombre soberbio, que no cabe en él, ese repique puede convertirse en una pesadilla. Una semana antes de la reunión, *Semana* consagró un artículo a la "Reforma de Ingrid", presentando esta vez a Pastrana como un tipo ingenuo que se estaría dejando llevar a ciegas. Nada podría haber sido más eficiente, para incitarlo a hacer marcha atrás…

Y Andrés Pastrana es un hombre vanidoso, le cuesta trabajo soportar mi franqueza, mi manera de hablar sin protocolo. Sobre todo porque desde su adolescencia ha desarrollado en secreto un profundo complejo. Mal alumno, estudiante mediocre, Andrés está muy lejos de tener el bagaje intelectual y cultural de su brillante hermano mayor. Si él también se volvió periodista, fue gracias a su papá, propietario de un noticiero de televisión, del cual fue presentador durante mucho tiempo antes de lograr acceder a la Alcaldía de Bogotá sin mucha dificultad, gracias a la popularidad lograda en televisión.

¡Esto es lo que tengo en mente durante este extravagante espectáculo que lo único que hace desafortunadamente es confirmar la poca envergadura de un hombre llamado a decidir sobre el destino de Colombia hasta el año 2002! Y por segunda vez, tengo el sentimiento atroz de haber sido engañada, como si la historia se repitiera. En 1994 quise creer en Samper, en su discurso social, y a pesar de mis profundas reticencias yo lo había preferido, en vez de Pastrana, cuyos límites conocía. Esta vez, apoyé a Pastrana contra Serpa, sin entusiasmo, pero con la garantía de un pacto firmado ante los colombianos. Ante estos mismos colombianos que en nuestro país sólo pueden escoger entre la peste o el cólera. ¿Cómo no darles razón? Incapaz de cumplir con sus compromisos, Pastrana reniega de ellos ante nuestros ojos, este 19 de septiembre de 1998.

"¡Dicen que me estoy dejando llevar a ciegas por ella, —parece estar diciéndole a sus Ministros—, pues miren quién es el que está al mando!" Tengo la convicción que él necesita esta escena, para curar sus heridas de amor propio.

Pero lo peor está por llegar. Cuando nos despedimos, pocos momentos después envalentonado con su actitud y queriéndose mostrar magnánimo, Pastrana me aparta del grupo:

— No te preocupes, Ingrid, todo va a salir bien. Vas a ver, esta reforma se va a hacer...

Ese día llego a la casa abatida y apenas cierro la puerta de entrada, estallo en lágrimas. Lloro de rabia sin poder parar, como si nunca hubiera llorado. Tengo la sensación de haber sido traicionada, utilizada, manipulada, y vuelvo a pensar en los estudiantes de Medellín, quienes durante la campaña me decían: "No te confíes Ingrid, ese tipo te necesita, es un político tradicional como los demás". Y yo defendía a Pastrana, con el pretexto que él también había sido víctima de la corrupción, queriendo creer que a través de él podíamos tener una puerta de salida.

Con esta traición, una de las más dolorosas de mi vida política, va a nacer la convicción que algún día tendré que aspirar a las más altas funciones del Estado si queremos salvar a Colombia de esa corrupción que la está matando. La convicción también que ningún compromiso es respetado cuando se concluye con representantes de la clase política tradicional. Al día siguiente, Andrés Pastrana oficializa su nueva posición al anunciar a la prensa que próximamente se va a entrevistar con todos los dirigentes políticos para definir el eje de una reforma basada en el consenso. Ya no se habla de referendo y la comisión de reforma se encuentra relegada a un consejo de expertos encargados de servir de apoyo para la reflexión de los políticos de siempre… Es entonces sin lugar a duda el regreso a la primera fila de la vieja guardia corrupta, y para aquellos que todavía pudieran dudar de ello, el nombre del primer hombre citado al Palacio Presidencial llega como un baldado de agua fría: ¡Horacio Serpa! Después de haber prometido tanto, de haber sembrado la esperanza, Pastrana le abre entonces la puerta al diablo. ¿Qué estará él esperando al anunciar públicamente que se entrevistará conmigo el mismo día? ¿Obtener un aval para una reforma de la cual ya no se puede esperar nada?

La cita se fija para el 25 de septiembre. Chocada por la manera como Pastrana me humilló en el hotel Casa Medina, esta vez el Estado Mayor de los independientes decidió acompañarme. Nuestra llegada al Palacio Nariño causa sensación, sobre todo porque Horacio Serpa y Noemí Sanín, están en ese entonces en el despacho del Presidente. Andrés Pastrana se rehúsa a recibirnos al mismo tiempo y nos hacen seguir a la oficina de su secretario, Juan Hernández.

— Muy bien, digo yo, dale nuestras saludes al Presidente, nosotros nos vamos.

— No, no, esperen, no se vayan así, ya le aviso al Presidente…

— No tenemos nada qué esperar de él. Pastrana firmó la reforma conmigo, pero hoy prefiere negociar con su enemigo de ayer…

Hernández presiente el escándalo; hay decenas de periodistas *ad portas* del Palacio Presidencial…

Pastrana sabe el riesgo que corre. Nos pide que lo esperemos algunos minutos.

Al fin, aparece sonriente y amable.

— ¡Ingrid! Entra un segundo, tenemos que hablar.

Nos encontramos frente a frente, esta será mi última entrevista privada con él.

— Andrés lo que estás haciendo es profundamente triste. Habías logrado devolverle la esperanza a los colombianos, los estás perdiendo y tú te estás perdiendo. Jamás obtendrás en el Congreso la reforma con la

285

que soñamos. Estás haciendo la peor de las apuestas: traicionas a los que te apoyamos para asociarte con tu más vil enemigo.

— No, Ingrid trata de entenderme, yo quiero propiciar una reconciliación nacional.

— Eso no fue lo que los colombianos te pidieron. Tú no estás aquí para encontrar un consenso con los bandidos, al contrario, tú fuiste elegido para cortar definitivamente los nexos con esa clase política completamente podrida. No estamos en una democracia europea en donde todos los elegidos, no son ni más ni menos, buenos o malos, los unos en comparación de los otros, estamos en Colombia...

La ruptura entre nosotros está consumada. Sin embargo, mientras me acompaña a la puerta, Pastrana me dice: Ingrid sólo te pido una cosa: al salir de aquí no digas que rompimos relaciones.

— ¿Y qué quieres que diga? ¿Que seguimos juntos? No, yo voy a decir que tú te vas de tu lado, pero que yo seguiré defendiendo el referendo.

— No me guardes rencor.

— Yo no te guardo rencor por mí Andrés, pero estoy muy decepcionada de ti por el país. Tú no supiste captar el momento histórico que vivimos.

Lo dejo, sabiendo que nunca más regresaré. Triste, sí, pero convencida que hay que decirle lo que pienso.

Afuera aguardan los periodistas.

— Acabamos, les digo yo, de romper el pacto que nos unía al Presidente. La reforma que queríamos se convirtió en carnada para los politiqueros. Serpa y Noemí entran por una puerta, nosotros salimos por la otra...

Dieciocho meses más tarde, en marzo del año 2000, Andrés Pastrana con su gobierno mezclado en sombríos asuntos de corrupción, sorprende a la opinión pública al anunciar que finalmente cumplirá con su promesa de someter a referendo la gran reforma política que incluye la disolución del Congreso y el rediseño de normas electorales. En ese momento está en el punto más bajo de popularidad —aproximadamente 20% de opinión favorable— y esta sola noticia lo hace subir 20 puntos!

Obviamente en nombre de Oxígeno, le ofrezco mi apoyo y repito por todas partes que esta iniciativa es un acto de valentía. Pero liberales y conservadores toman enseguida la ofensiva y dos meses más tarde incapaz de mantener su rumbo en medio de la tempestad, Andrés Pastrana se desentiende nuevamente de su compromiso: "Haremos la reforma, dice él, pero sin disolver el Congreso". Esto equivale a confesar que la corrupción ganó. Los colombianos lo han entendido; sólo 15% de ellos tienen confianza en este Presidente dramáticamente versátil.

Para nosotros, la lucha por el referendo sigue, pero a medida que pasan los meses es de más en más evidente que esta reforma tan anhelada quedará pendiente. Entonces, Colombia, habrá perdido cuatro años.

12

Infortunadamente, no es la primera vez que Andrés Pastrana recurre a pronunciamientos que no conducen a nada.

El Presidente inició diálogos de paz con las FARC (Fuerzas Armadas Revolucionarias de Colombia) la principal guerrilla del país con cerca de quince mil hombres armados. Puntos positivos: primero el hecho de haberle demostrado a los colombianos que se puede dialogar con los jefes de la guerra, que pueden pensar, proponer y en algunos casos obrar con base a ideales; segundo, al llevar abiertamente estas negociaciones bajo el ojo de las cámaras, el Presidente logró sensibilizar a la opinión internacional respecto del conflicto que se vive en Colombia. Eso es algo que nadie le podrá desconocer al gobierno de Pastrana.

Pero hoy en día ya son evidentes las debilidades del "Método Pastrana". Probablemente por su formación de periodista, parece como si el Presidente le diera más importancia a los golpes noticiosos que a una estrategia de fondo.

Esto se vio de entrada cuando estando aún en la euforia de su elección, y queriendo hacer un gesto histórico a favor de la paz, le cedió a las FARC, 42.000 kilómetros de territorio nacional, y accedió a la creación de la llamada zona de distensión. ¿Cuáles fueron los compromisos adquiridos por la guerrilla? En realidad ninguno. Este abandono de soberanía se hizo de forma tan vaga e imprecisa que el país tiene el sentimiento que el estado estaría dispuesto a debilitarse para congraciarse con los jefes guerrilleros.

La improvisación con la cual se manejó el tema de la zona de distensión llevó a la guerrilla a abusar de un espacio concebido como un laboratorio ciudadano para la paz, y no como una retaguardia militar en la cual la convirtieron ellos. El gobierno es consciente que allí se ha montado un exitoso corredor de ingreso de material bélico, allí se mantienen secuestrados civiles y militares, y allí se produce coca y desde allí se exporta.

¿Por qué el gobierno de Pastrana no ha reaccionado? Porque para este gobierno lo más importante es mantenerse sentado en la mesa de negociación. Esta debilidad no es ajena al hundimiento de la reforma política. Como la reforma no se hizo, Pastrana quedó preso de los politiqueros. Estos le impiden moverse, porque pretenden que nada cambie para seguir disfrutando de sus privilegios.

No quiso, no lo hizo, perdió la oportunidad histórica de librar al Estado colombiano de la corrupción, y esto lo llevó al fracaso de su programa económico. Subir impuestos para pagar el despilfarro, nos empujó hacia la mayor recesión del siglo y a un desempleo devastador. Sin política social, cuestionado por los innumerables escándalos de corrupción de su gobierno, Pastrana está agarrado de la zona de distensión como de una tabla de salvación. Es lo único que le garantiza que las FARC no se levanten de la mesa, para que al final del mandato pueda por lo menos mostrar que la duración de los diálogos fue su gran logro.

Pero que las FARC sigan sentadas a la mesa, no es suficiente. El país los ve conversando, pero los muertos no paran. Todo ocurre como si los dirigentes políticos y los guerrilleros se dieran el hombro mutuamente para mantener un estado de guerra que arruina al país, pero les permite a ambos permanecer en el statu quo y enriquecerse.

A los jefes guerrilleros no les gusta escuchar que su combate refuerza paradójicamente a la clase política que ellos dicen combatir y causa la desdicha del pueblo que pretenden defender. Si de lo que se trata para ellos es de tumbar el régimen, la verdad es que han sido ellos mismos quienes han facilitado su permanencia. Porque la guerrilla, al haber perdido el apoyo ciudadano por los hechos de barbarie que la han caracterizado, le ha dado los argumentos al establecimiento para congelar todos los avances sociales. En el Senado fui testigo de cómo las reformas más serias quedan archivadas, con el pretexto de no abrirle el paso a "esos criminales".

Una tarde después del fracaso de la reforma política y escépticos por los desarrollos de un eventual proceso de paz, decidimos en Oxígeno que es conveniente hablar con los grupos alzados en armas, comprender lo que está pasando.

La idea es de Eduardo Chávez. Él es mi consejero en el Senado. Lo conocí en Francia, trabajaba en la embajada nombrado por el gobierno de Gaviria. Eduardo había sido comandante del M-19, y elegido senador en las filas de Navarro después de la desmovilización. Me lo encuentro de nuevo haciéndole campaña a Rudolf Hommes para la alcaldía de Bogotá. A partir de ahí, no volvemos a separarnos. Comenzamos a trabajar juntos en la consolidación de Oxígeno y en las actividades del Senado.

Ese día, Eduardo está tratando de convencernos:

— Cuando me tocó explicarle el proceso de paz del M-19 a la coordinadora guerrillera, me sorprendí con la reacción de Jacobo Arenas, el comandante de las FARC. No entendía porque estaba tan furioso, hasta que me dijo: "Es como si la novia se va con otro. Uno no puede decirle: " tan lindo el novio que te conseguiste, mi amor". ¡No! Uno se pone bravo."

Soltamos la carcajada. Pero nos queda claro el mensaje: si uno no habla, no entiende. Comenzamos los contactos para entrevistarnos con todos: FARC, ELN, y paras. Decidimos poner las cartas de entrada sobre la mesa: todos deben saber que vamos a hablar con los otros. Por esa misma época, muchas delegaciones de parlamentarios se hacen su propia publicidad con las visitas a los alzados en armas. Decidimos ser discretos. El objetivo es medir su nivel de compromiso con una reforma de fondo al poder político.

Estamos a finales del 98. Vamos primero a Itagüi. En la cárcel de máxima seguridad están detenidos Francisco Galán y Felipe Torres, voceros oficiales del ELN. Los alambrados, las garitas y las cámaras de circuito cerrado bastan para ponerme incómoda. Para sorpresa mía, después de pasar múltiples puestos de control, puertas blindadas y requisas, llegamos a un patio acogedor, parecido al patio de recreo de cualquiera escuela de pueblo.

Sale un perrita ladrando. Acabamos de conocer a Maguncia, la fiel compañera de Francisco Galán. Este primer contacto es cálido. Eduardo es amigo de Felipe Torres, llevan años sin verse. Nos hacen seguir a sus celdas. Cada una tiene dos espacios, dormitorio y oficina. Nos sentamos en la oficina de Torres, de fondo se oye la música de los Beatles. Comienza una conversación inusual. Ellos están molestos porque Pastrana ha detenido el proceso de paz con el ELN que se había iniciado en el gobierno anterior.

— Terminamos nosotros pagando el pato, dice Felipe Torres. El Estado colombiano tiene que entender que para nosotros Samper, Pastrana, y los que vengan, todo eso es lo mismo.

— ¿Y de la reforma política qué? Por qué de eso se trata, de que lleguen otros distintos y las cosas cambien.

Galán y Torres se miran, sonríen:

— Nosotros hemos propuesto una Convención Nacional, las FARC quieren una Asamblea Constituyente,

293

ustedes proponen un Referendo, al final todo eso debe confluir a un mismo punto. Lo claro es que lo que hay hoy no sirve y si esto no cambia, el país no aguanta!

— No aguanta más violencia, eso sí. Lo que yo veo es que a punta de secuestrar y de volar torres, ustedes se están echando al país encima. Si siguen así, no les va a ir nadie a esa convención.

El ambiente se pone algo incómodo. Con todo, Felipe Torres contesta con calma:

— Nosotros nos financiamos así porque no queremos financiarnos con la droga. Somos los únicos en prohibir que se siembre coca en las zonas que controlamos. Los paras se financian con el narcotráfico, y eso ha sido uno de los motivos de nuestro enfrentamiento con ellos.

— ¿Bueno pero si el gobierno de Pastrana no les da pie para negociar, que pasa? Pregunta Eduardo.

— Hay que apostarle a la paz. La paz es irreversible, dice Galán. Nosotros creemos en la negociación. Si dejaran, Felipe y yo ya hubiéramos avanzado mucho. Nos mandan a un funcionario de cuarta... ¡Pero que va! Si nos toca negociar con la señora de los tintos, con ella negociamos.

Salimos de allí tocados. No esperábamos una posición tan firme a favor de los diálogos, sobre todo a sabiendas que los están excluyendo. Sentimos que estas personas son serias. De hecho, el futuro nos dará la razón: Cuando Pastrana reanuda los diálogos con el ELN, los vemos salir a ambos de la cárcel para participar en las negociaciones y regresar sin intentar nunca escapar.

— No les debieron faltar las ganas, me comenta Eduardo.

Nuestra segunda visita nos lleva hasta Córdoba. Un antiguo miembro de la CRS nos organiza la cita con Carlos Castaño. Ahí las cosa son más complicadas. Levantada a las cuatro de la mañana, salida en camioneta con conductor desconocido hacia un destino igualmente desconocido. En el trayecto cambiamos de carro una y otra vez. Finalmente, por una carretera destapada, después de un cruce, vemos a un grupo de hombres armados hasta los dientes. Seguro que estamos ya cerca, pienso. El carro parquea debajo de un árbol, nos hacen caminar hasta una caseta abierta. Hay una mesa grande, bancas, y al fondo un hombre sentado, uniformado, perfectamente afeitado levanta la mirada hacia nosotros. Es Castaño. Viene a saludarnos. Mucho más joven y más bajito de lo que pensé.

— Tiempos sin verla doctora, ya no sale casi nunca en televisión.

— La censura del gobierno, contesto en son de broma.

Comienza la normal disertación para justificar la existencia de su organización:

— Existimos porque existe la guerrilla. Cuando ellos hagan la paz, nosotros nos desmovilizamos.

— Bueno pero eso no... ustedes están cometiendo horrores, masacres y crímenes atroces, matando campesinos con motosierra...

— El día en que se me demuestre que eso es así, yo le pido perdón al mundo, responde Castaño indignado. Es más, nosotros hemos venido trabajando con organismos humanitarios para formar a nuestra tropa y ceñirnos al Derecho Internacional Humanitario. Pero que quede claro, nosotros aplicamos los mismos métodos de la guerrilla, lo que ellos hacen, lo hacemos nosotros.

— ¿También se financian con el narcotráfico?

— Al principio sí, pero ya no. Desde la muerte de mi hermano Fidel, las autodefensas hemos cambiado mucho. Antes teníamos relaciones con los militares. Ya no. Hoy defendemos ideas, mire.

Saca un plegable y me lo muestra. Son las propuestas políticas de las AUC. Quedo fría cuando me doy cuenta que coinciden casi punto por punto con el acuerdo firmado para la reforma política con Pastrana durante la campaña presidencial.

— Pero...¡si estos son los puntos del referendo!

— Claro, es más, ¡yo le recojo quinientas mil firmas para ese referendo!

— No, no, ni se le ocurra. Esto es una iniciativa ciudadana. Además yo no entiendo, ¿Cómo así que ustedes apoyan estas reformas, pero son al mismo tiempo el brazo armado de una oligarquía que quiere impedirlas?

— No se equivoque, nosotros no estamos al servicio de la oligarquía. Es más, si a mí no me hubieran matado a mi papa, yo estaría seguramente luchando del lado de la guerrilla. Es que aquí es mucho lo que hay que cambiar. Por eso le apuesto a los diálogos, yo creo en eso y creo que la paz es irreversible...

Eduardo y yo nos miramos perplejos. Es la misma frase de los Elenos.

Días más tarde, en la plenaria del Senado se acerca Piedad Córdoba. Ella conoce de nuestro deseo de entrevistarnos con Marulanda. Ella ya estuvo en el Caguan.

— Pedro está en el recinto, me dice.

— ¿Cuál Pedro?

— ¡Pues Pedro! El señor que me llevó a mí allá, el que puede llevarlos al Caguan. Vengan y hablamos con él.

Efectivamente ahí está Pedro. Recostado contra una columna, sonríe mientras nos acercamos, la camisa por fuera, las gafas caídas, y esto lo hace ver como un estudiante.

A la semana nos encontramos con Pedro en el aeropuerto, todo está listo para la entrevista. Tomamos el primer vuelo hacia Florencia. A la llegada logramos evadir los periodistas que desde hace un mes se mantienen en el aeropuerto esperando agarrar alguna chiva. Pedro nos empuja entre un taxi.

Una vez en San Vicente, nos hace bajar, despacha el taxi, y nos pide que lo esperemos en una tienda. Es la primera vez que pongo los pies en San Vicente. El pueblo está lleno de gente, se siente una calma chicha, la gente está sobre alerta, como a la espera de alguna noticia espectacular. Todavía la zona de distensión no ha sido decretada. En ese momento no alcanzo a imaginar que dos años después, Oxígeno estará eligiendo al alcalde de San Vicente, ganando las elecciones por encima del candidato de la guerrilla y el del partido liberal.

Al rato, Pedro vuelve contento. Nos embarca en otro taxi y emprendemos de nuevo el camino, esta vez por carretera destapada. Las lluvias han hecho de la carretera una verdadera montaña rusa. Pedro decide entretenernos durante las próximas tres horas de viaje poniendo tangos y contándonos los amores de Pablo Catatumbo y Alfonso Cano cuando eran estudiantes recién llegados a Moscú. No sentimos las horas pasar.

Cuando finalmente llegamos al sitio de encuentro con Joaquín Gómez e Iván Ríos, y como para probarnos que todo es cierto, se saludan todos en un ruso impecable, de "tovarich" a carcajada limpia y gran abrazo. El cielo está rojo, como incendiado por un atardecer maravilloso. Unas garzas salen volando de un matorral. El paraíso, pienso.

Mientras se organiza nuestro transbordo a las camionetas de las Farc, se acerca un viejito que ha estado pendiente desde que llegamos. Me jala del brazo hacia un palo de mango y allí, lejos de las miradas, me abraza con tanta fuerza que me asusta. Pienso por un momento que debe estar loco. Levanta la mirada, sus ojos azules oscuros están aguados, las lágrimas del viejo me conmueven. Mi abuelo tenía la misma mirada, los mismos ojos, sin saber porqué termino llorando con él.

— Doctora, cuando me dijeron que usted venía, yo pensé que se estaban burlando de mí. Es que ellos saben que cuando usted habla en el Congreso, yo dejo todo tirado y corro a mirarla por señal Colombia.

— ¿En serio? Y ahora soy yo la que lo estoy apretando con ternura y agarrándole la cabeza como a un hijo.

— Doctora, mire, yo quería decirle solo una cosa. Aquí sufrimos mucho con esto de la guerra. Yo he rezado mucho, pero sé que la gente allá en Bogotá ni sabe lo que sufrimos aquí. Los que quieren hacer la guerra, no mandan a sus hijos, ni ponen los muertos. Pero yo sí, de mis siete hijos ya he perdido cinco. Estoy muy viejo, sé que pronto me voy a morir, pero quiero que me jure, aquí bajo este cielo, ante los ojos de Dios que nos está mirando, que usted les va a hablar a todos, yo sé que usted puede, para que esta guerra se acabe pronto. Júremelo, júremelo doctora.

Me levanta la mano derecha. Está esperando que hable. Desde la carretera me están llamando, hay que irse ya mismo.

— Se lo juro señor, delante de Dios y por todos los seres que más amo, se lo juro, digo mirándolo en lo profundo de sus ojos azules.

La camioneta de las Farc es una burbuja azul nuevecita. No tiene placas. ¿De dónde la habrán sacado? pienso. El aire climatizado es tan fuerte que siento que me estoy subiendo a una nevera. Joaquín Gómez está al volante. Maniobra con gran habilidad por los potreros de la finca a la cual hemos ingresado. Pasamos dos broches, nos los abren centinelas adolescentes afanados al reconocer en la penumbra a uno de sus comandantes.

Finalmente veo de lejos una caseta en madera. No, es más bien una pequeña casa campesina. Hemos llegado, Joaquín Gómez parquea la camioneta a escasos metros. Recostadas contra las barandas del pasillo, tres mujeres uniformadas, el fusil entre las piernas. Están peinadas con coquetería, discretamente maquilladas, aretes. Son realmente hermosas, pienso. Que bueno que haya mujeres en la cúpula de las Farc.

Le damos la vuelta a la casa. Nos conducen a un pequeño solar, el piso es de tierra, una vieja mesa en el centro, algunas sillas rimax apiladas en una esquina.

Llegan los comandantes, todos uniformados, botas, camuflados, el primero que reconozco es al Mono Jojoy. Mientras los vamos saludando uno a uno, dice en tono de regaño:

— Llegaron tarde, los estábamos esperando para almorzar. Ahí les guardamos algo porque me imagino que vienen con hambre. Hace una seña, las mujeres desaparecen trayendo al rato unas cazuelas con huevo frito, chorizo y arroz que vamos a devorar. Pero estoy desilusionada. Esa no era la función que me había imaginado para ellas.

En contra luz, reconozco la silueta. Allí está Manuel Marulanda. Él no está uniformado pero también lleva botas puestas, botas embarradas que contrastan con su pantalón verde y su camisa azul clara perfectamente limpias. Lo observo, es un hombre mayor pero vigoroso para la edad que me imagino debe tener, su camisa tiene el cuello roído. Es curioso, pienso, hay en él algo que inspira respeto. De hecho me doy cuenta que todos están conteniendo la respiración como esperando a que él haga alguna seña. El también me está observando. Imposible saber que está pensando. Finalmente hace un paso hacia mí, me extiende la mano y me saluda.

— Bienvenida Doctora, siéntase cómoda por favor. Ninguna sonrisa, la voz profunda, la mirada quieta.

En un segundo las sillas están todas en el suelo, organizadas alrededor de la mesa. Me doy cuenta que la de Marulanda está puesta sobre un charco, al sentarse las patas delanteras se van hundiendo en el lodo. Eso no parece perturbarlo. Piedad rompe el hielo:

— ¡Cómo les pareció la reforma tributaria de su querido Presidente, ahí nos clavaron a todos con más impuestos, no pudimos hacer nada!

— A todos no, dice El Mono Jojoy. A los grupos económicos no los tocaron, porque fíjese que el impuesto a la cerveza lo volvieron a envolatar. Y en son de chiste agrega, pero tranquilos, que de ese impuesto me encargo yo. Yo ya tengo un frente en Duitama. Carcajada general.

— Bueno doctora, dice Marulanda poniendo orden, cuéntenos más bien lo de su referendo, eso sí que se lo envolataron, ¿no?

Me demoro en contestar. No sé por donde empezar.

— Sí, en el congreso, ese tipo de reformas no pasa, digo. Cuento la historia del compromiso de campaña, luego la decisión del Presidente de dejar la reforma en manos de los politiqueros y de archivar el referendo, y al final la frustración de todos nosotros que creímos tanto en él. Veo que Joaquín Gómez asiente marcadamente con la cabeza, como queriéndome animar a dar todos los detalles del asunto. Lo que yo quiero, es explicarles la importancia de tener reglas limpias para llegar al poder. Sin eso, digo, el poder es sólo asunto de corrupción.

Llevo puesta una camiseta a favor del referendo que Juan Carlos diseñó. El logo es una urna electoral de la cual sale una flor, con la siguiente frase: "El Referendo: para que florezca la democracia".

— Mire, esto lo resume todo, digo mostrándole mi camiseta.

Marulanda observa con cuidado el dibujo, y después de unos largos minutos de concentración, se echa de para atrás en la silla:

— No, yo esos monachos pintados no los entiendo, yo soy un campesino, con migo las cosas tienen que ser reales.

Nos reímos juntos. Todo un mundo nos separa, y sin embargo sé que él ha comprendido lo que trato de hacerle ver.

— No necesita explicar tanto, doctora, si nosotros estamos en guerra, es por que la oligarquía de este país no ha hecho otra cosa sino hacer trampa y engañar.

Tiene las manos cruzadas sobre las piernas. No las mueve mientras cuenta su historia, la de la violencia del país, la de la injusticia, la de la persecución. Es como si hubiese logrado, a punta de disciplina, enfriar sus emociones.

Veo que Jairo y Fabián Ramírez han salido y traen una tabla. Ellos también se han dado cuenta de la incomodidad de su jefe. Con gran cuidado y ceremonia, hacen parar a Marulanda, ponen la tabla en el suelo de manera a que las patas delanteras de la silla reposen sobre ella. Marulanda deja que hagan, como si estuviera muy lejos de este mundo. Se sienta y sigue su relato. Tantos años, pienso, y sin embargo…

— Al oírlo no puedo dejar de pensar que esta guerra tan larga ha servido finalmente para consolidar a esos mismos que ustedes han venido combatiendo. Fíjese, ustedes son la mejor razón para que el establecimiento no cambie.

— Este es un camino largo y nosotros hemos venido estudiando a los que mandan aquí, ya los conocemos. Es posible que con Pastrana se avance, pero no podemos confiar, acuérdese lo del reloj.

— ¿Que es lo del reloj? Pregunto.

Todos se miran incómodos. Nadie quiere hablar.

— Que es lo del reloj, cuéntenme porque de verdad que yo no sé.

— ¿Se acuerda doctora cuando Víctor G. Ricardo vino a verme antes de las elecciones? Bueno, pues me regaló un reloj de la campaña de Pastrana. Yo lo recibí y lo puse encima de la mesa. Entonces él insistió para que me lo pusiera en la muñeca. Apenas me lo puse, me tomaron una foto, la sacaron en todos los periódicos y Pastrana salió elegido.

— ¿Entonces no cree en Pastrana?

— No me gusta que traten de manipularme. Yo creo en la paz. La paz es inevitable. Pero no quiero una paz espectáculo, a cambio de nada. Yo quiero que la lucha de toda una vida sirva para que Colombia cambie de verdad.

Que curioso, pienso, otra vez esa frase. Cuando empecé este recorrido, tenía la sensación que la paz era un espejismo. Para mi gran sorpresa, quienes esperaba que fueran aún más escépticos que yo, me han dado razones para creer. No tanto porque existan condiciones mensurables, objetivas, sino porque la paz está en el ambiente. He conversado con todos, e independientemente que esté dispuesta a creerles o no, el caso es que para justificar lo que hacen, todos pintan un país ideal, y ese país ideal, es el mismo para todos. Que absurdo, matarnos entre colombianos cuando todos buscamos lo mismo.

Piedad está seria, ella también está sacando sus propias conclusiones. La abrazo con cariño, mientras nos dirigimos hacia afuera.

Hay que hacer la paz, aún cuando todo nos lleve a hacer la guerra, pienso. Hoy es posible porque hemos aprendido de los errores del pasado. No podemos dar más bandazos, y echar por la borda los esbozos de entendimiento que se han construido. Siento que es necesario decirlo, porque después de verlos uno tras otro, he comprendido que somos ante todo colombianos, que a pesar del acumulado de horrores que nos separa, estamos marcados por la misma tierra, por la misma historia, por la misma cultura, hacemos parte de la misma familia. Hay por encima del odio, un mismo dolor que nos une, y que debe permitirnos alcanzar la reconciliación.

Cuando nos despedimos, ya es de noche. El aire está lleno con el canto de las cigarras. La luna lo ilumina todo. Los veo a ellos alejarse hacia un bosque, mientras nosotros nos subimos de nuevo en la burbuja.

Durante el trayecto de regreso, no digo una palabra. Todo lo que he oído desfila en mi cabeza como una película. Sé que si seguimos metidos en la lógica de la guerra, hablando solo de zona de distensión, de tregua, de canje, no podemos avanzar. Los problemas de guerra se resuelven en la lógica de la guerra, y eso lleva a la traición, al engaño. Necesitamos más que una zona de distensión, un proyecto de vida para todos. Para volver a creer los unos en los otros. "Es necesario meterle política a la paz". Alguien dijo eso, no sé quién. Recuerdo las palabras de Francisco Galán: "Todos estos esfuerzos deben confluir a un mismo punto". Es verdad, tenemos que sentarnos a diseñar entre todos los colombianos, sin exclusiones, una nueva Constitución. ¿Cuándo será eso? No lo sé, en ese momento me parece un proyecto tan lejano. Pero sé que debemos dar pasos que nos acerquen.

De regreso a Bogotá, los ánimos están caldeados. He propuesto la revocatoria del congreso. Siento que tengo autoridad para hacerlo, puesto que he sacado más votos que todos. Estoy convencida que Colombia necesita un congreso nuevo, con personas movidas por ideales y que lleguen limpiamente. Lo entiendo como una etapa necesaria hacia la paz. Para hacer reformas sociales importantes que no queden trancadas por los corruptos. Eso solo se logra si todos los candidatos tienen las mismas oportunidades, con igual cantidad de recursos y con la misma cantidad de tiempo ante las cámaras de televisión para hacer su campaña. Pido que se convoque a nuevas elecciones y que se apliquen nuevas condiciones de elección. Esto quiere decir una revocatoria del congreso. Mis colegas están iracundos. Estoy todavía en mi casa, lista para salir hacia la plenaria, cuando suena el teléfono, es Eduardo.

— Están adelantando un debate en contra del referendo, en realidad es un debate en contra de ti. Vente inmediatamente.

Cuando llego al recinto, está hablando un joven parlamentario liberal que considero ser de avanzada. Pero ésta vez, está adelantando con vehemencia la defensa de la clase política tradicional. Con lujo de argumentos jurídicos trata de demostrar que la revocatoria es inconstitucional. Me preparo para defender mis ideas, anotó en un papel los fundamentos legales de mi propuesta. En algún momento, mi colega hace una referencia displicente en contra mía. Pido la palabra invocando mi derecho a réplica, tal como lo establece el reglamento del congreso. El presidente del Senado me informa que al inicio de la sesión se ha votado una moción para no conceder ni réplicas ni interpelaciones durante el debate. Hay cuarenta y cinco senadores inscritos, ofrece anotarme de últimas en la lista de oradores.

Me doy cuenta que he caído en una trampa. Durante más de seis horas, uno tras otro, mis colegas desfilan en el estrado para señalarme, inculparme, levantarme acusaciones, burlarse de mí, incriminar a mi familia. Los más osados no dudan en insultarme como mujer y como madre. Tengo la sensación de estar metida en una fosa llena de fieras. Pero siento también la imperiosa necesidad de hacerles frente con altura. Uno solo de mis colegas se me acerca.

— Vete, Ingrid, no tienes porqué aguantar esta orgía de odios.

— No, yo me quedo hasta el final. Es que ésta es la mejor demostración que la revocatoria es indispensable.

Nunca antes el congreso había dedicado una sesión entera a hacer un debate en contra de una parlamentaria, cuando estos están reservados a los ministros. El espectáculo es tan grotesco que hasta la transmisión del debate por señal colombia queda suspendida. Siendo las doce de la noche, cuando todos han saciado su sed de venganza y me corresponde hablar, veo a mis colegas salir en estampida del recinto. No tienen ningún argumento de peso contra la revocatoria, pienso. Hablo en un salón absolutamente vacío, exigiendo que se quede el presidente del Senado concediéndome el uso de la palabra, para que por lo menos él, me oiga.

Cuando salgo, solo quedan dos periodistas y mis escoltas. Uno de ellos, se me acerca y me dice:

— Doctora, me siento orgulloso de estar a su servicio. Gracias por lo que está haciendo. Me coge con cuidado del brazo, para que me apoye.

Después de semejante andanada, sus palabras son el mejor bálsamo.

Mis hijos han estado la mayor parte del tiempo viviendo fuera de Colombia. Sin embargo he logrado en los últimos dos años que pasen largas temporadas escolares conmigo. Hoy siento que a pesar de la distancia son y se sienten totalmente colombianos. Mi hija Melanie sueña con vivir de nuevo aquí, le hacen falta sus amigos, pero sobre todo lo que ella llama " nuestra manera de ser". Para Lorenzo, Colombia soy yo, la posibilidad de estar cerca de mí. He podido transmitirles a ambos el amor que siento por nuestro país. Me han acompañado a los lugares más difíciles, y entienden la razón de lo que hago.

He sentido casi de manera irracional, que trabajar por Colombia es darme la posibilidad de volver a vivir con ellos. Por eso quiero perseverar en la reconciliación de la familia colombiana. Siento que es una responsabilidad de nuestra generación, precisamente para que nuestros hijos y nuestros nietos, tengan un mejor porvenir.

De allí que sí realmente estemos buscando salir del laberinto no podamos improvisar. Mucho menos podemos seguir aceptando que se haga demagogia con el tema de la paz.

He adquirido la convicción que la primera condición para avanzar hacia ella es la de obligar a que cada cual ponga las cartas sobre la mesa. Las negociaciones empezaron sobre bases falsas. El gobierno pretende creer en la versión de una guerrilla angelical sin nexo alguno con el narcotráfico, y sostiene con igual desparpajo que el Estado no tiene ninguna relación con los paramilitares.

A partir de ahí, es necesario definir cuál es la paz de la cual estamos hablando, cuál es la paz que queremos. ¿Queremos una paz fruto de la arbitrariedad y del uso del terror? Eso es lo que nos ofrecen los paramilitares. ¿Queremos una paz que resulte de la derrota militar de la democracia para que se imponga una nueva versión del comunismo tropical? Eso es lo que sostienen los voceros de la guerrilla. ¿Queremos un acuerdo de paz negociado por algún gobierno corrupto, donde la paz se convierta en una nueva repartición de privilegios entre negociadores? Eso es lo que busca la clase política tradicional.

Ninguna de estas posibilidades nos libera de la violencia. La paz que los colombianos queremos es diferente. Es una paz construida sobre las reglas de la democracia. Y ésta no puede ser negociada por un estado arrodillado, corrupto, y además arbitrario.

Algunas personas piensan que la corrupción puede ser aceptada en cierto grado como precio a pagar por la estabilidad política. Pero el problema hoy es mucho más complejo y delicado. Hacemos todos parte del mismo mundo, estamos llamados a jugar bajo las mismas reglas. Lo que pasa afuera nos afecta. Estos son los resultados prácticos de la globalización. Y para que podamos funcionar en el mundo de hoy se requiere compartir los mismos valores, pero sobre todo y ante todo los valores democráticos.

Hoy no podemos pretender combatir el narcotráfico y el terrorismo y tolerar simultáneamente gobiernos y políticos corruptos. Porque son de lo mismo, y trabajan juntos.

Hoy no podemos esperar que se respeten los derechos humanos y civiles, cuando al mismo tiempo cerramos los ojos frente al fraude electoral. Porque eso es lo que genera la violencia por el acceso al poder.

308

Una democracia legitima es lo que va a inducir el surgimiento de una Colombia nueva. No hay soluciones rápidas, no hay propuestas milagrosas. Pero estoy convencida que elevando los niveles de consciencia, recuperando la confianza, cohesionándonos como nación, actuando con valor, estamos avanzando resueltamente por el camino que nos permite transformar a Colombia.

13

Cuando regresé a Colombia a principio de los años 90, Luis Carlos Galán acababa de ser asesinado. El país golpeado por décadas de violencia y de corrupción, estaba nuevamente, a sangre y fuego, atemorizado por los atentados terroristas cotidianos de Pablo Escobar. Como candidato a la Presidencia de la República, Galán aseguraba que nuestra salvación tenía un nombre: la ética. La corrupción, repetía él, era el origen de la desdicha de los colombianos. Yo le creía, tenía la sensación que por ahí era la cosa, pero aún no había yo cumplido 30 años y sobre todo, no tenía ninguna experiencia de la cosa pública.

Hoy en día, la situación es diferente. Y las conclusiones a las cuales he llegado son fruto de mi propio análisis, de mi experiencia, de lo que he visto y de lo que no me ha gustado. He hecho lo que he hecho por mí, por defender mi derecho a ser colombiana. Por mis hijos y mi familia porque he sentido la necesidad de demostrarles a ellos que no todo esta perdido. Y lo he hecho también a nombre de todos aquellos que han muerto sin haber podido ver los primeros destellos de la luz del alba. Porque se lo debemos a ellos, a los constructores de nuestra identidad como nación, pero también a los miles de héroes anónimos que han enfrentado lo intolerable y han muerto, solos, sin reconocimiento.

Y lo he hecho porque el alba está ahí y nos está esperando a todos.

Hemos recorrido la mitad del camino. Sentimos en ocasiones que no hemos avanzado. Pero eso se debe a la neblina de la desinformación con la cual cubren nuestra realidad. Cuando escucho a papá decirme: "Sabes, ahora ya no me presentan como el ministro, sino como el papá de Ingrid", siento su orgullo de papá, claro, pero siento sobre todo la fuerza de un hombre que a los 83 años, sigue creyendo en su país. Es el eco de una nación que quiere mantener vivas las esperanzas, que quiere creer en sí misma, y que a pesar de un siglo de mentiras y traiciones de su dirigencia, sigue adelante.

Yo no voy a traicionar. Pienso de otra manera, no hago parte de ese sistema. Amo a Colombia. Amo a la gente de aquí porque sé que a pesar de haber sido víctima durante más de cien años de la más cruel de las violencias, lleva en el alma tesoros de valentía y de pasión. Su locura colectiva, su violencia, es un S.O.S. al mundo, un mundo que hasta ahora no ha querido escucharnos.

312

Esta violencia es el grito sordo de todos aquellos que están hartos de un estado bandido, de un estado sin ley. Es también nuestra vergüenza. La guerrilla, los paramilitares, los narcotraficantes, las bandas de delincuencia común, que desangran nuestro país se han convertido en organizaciones aún más bárbaras, más crueles, más frías, que el estado indigno que pretenden desafiar.

A pesar de nuestra situación, la inmensa mayoría de los colombianos no hemos querido firmar un pacto con el diablo. Así muchos de nosotros vivan un infierno cotidiano, no hemos perdido la esperanza. Soñamos con la paz, con la armonía, con la justicia, y le enseñamos a nuestros hijos a vivir en la ingenuidad para no perder lo que nos queda de paraíso.

Con tantos tesoros que tenemos, no será difícil construir el país con el que tantos de nosotros soñamos. Durante estos diez años he aprendido mucho, hoy en día me siento suficientemente fuerte para avanzar en la realización de este sueño. Imaginemos el país que podríamos ser si invirtiéramos en el trabajo, en la producción, en la creación, en el placer, en la familia, la gigantesca energía que desperdiciamos con la muerte...

Debemos desarrollar organizaciones de ciudadanos para construir la confianza y la solidaridad entre los colombianos: esto se hace desde el gobierno, pero también desde la sociedad civil. Nuestro tejido social ha sido reemplazado por la rosca y la palanca. Vivimos aislados, vulnerables, desconfiando los unos de los otros. Nuestras relaciones entre conciudadanos están profundamente afectadas por el miedo al otro y por el escepticismo. Los únicos sistemas estructurados y extraordinariamente productivos, porque allí sí hay leyes propias y si existe autoridad, son aquellos de la droga, de la corrupción, y de la violencia.

Tenemos que revertir las fuerzas, que lo que hoy es muerte, se vuelva vida.

Quiero hacerlo.

Si lo que emprendí hace diez años no hubiera tenido ningún eco, no me autorizaría a mí misma a formular un compromiso como éste. Pero en dos oportunidades, fui elegida con resultados que nadie esperaba, y menos yo. Siento que hoy en día tenemos los medios y la gente.

Me doy cuenta también que esos mismos políticos que me atacan, me llaman para que acompañe sus iniciativas por que saben que tengo credibilidad y que no me vendo como ellos. De alguna manera, los obligo a pensar diferente, los obligo a imaginar cómo será la Colombia de mañana.

¿Llegada a este punto, será que a mí también me van a matar? Mi relación con la muerte se equipara a la que puede tener con ella un equilibrista. Tanto él como yo hacemos cada cual una actividad peligrosa, evaluamos los riesgos, pero nuestro amor por el arte es más grande que el miedo. Amo la vida apasionadamente, no tengo ganas de ser ninguna mártir, todo lo que construyo en Colombia es también para poder tener la felicidad de envejecer aquí. Para tener el derecho de vivir aquí en este, nuestro país, sin temer por todos aquellos que yo amo.

FIN

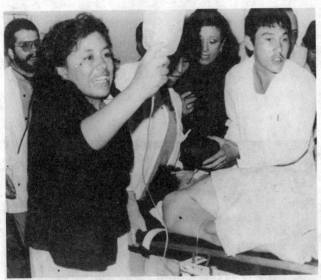

COLPRENSA

18 DE AGOSTO DE 1989.
MI MADRE CON LUIS CARLOS GALÁN,
MOMENTOS DESPUÉS DEL ATENTADO
Y ANTES DE LA TRANSFUSIÓN DE SANGRE.

1994.
LA CASA DE LA 7ª CON 57 EN BOGOTÁ,
QUE SE CONVIRTIÓ EN NUESTRA SEDE
DURANTE LA CAMPAÑA A LA CÁMARA.

13 de marzo de 1994.
Con mi amiga Clara Rojas,
celebrando nuestra elección
a la Cámara de Representantes
por Bogotá.

1995.
CON LOS "MOSQUETEROS"
MARÍA PAULINA ESPINOSA Y
GUILLERMO MARTÍNEZ GUERRA.

CAMBIO

13 DE FEBRERO DE 1996.
SALIENDO DE LA HUELGA DE HAMBRE,
CON MI SECRETARIA LUZ MARINA.

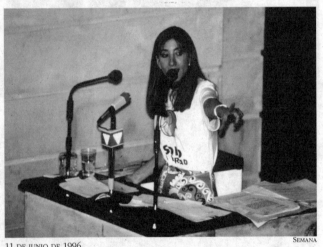

SEMANA

11 DE JUNIO DE 1996.
INTERVENCIÓN EN LA CÁMARA DE REPRESENTANTES
DURANTE EL JUICIO EN CONTRA DE SAMPER.

1998.
FOTO OFICAL PARA EL TARJETÓN ELECTORAL
EN LAS ELECCIONES DE MARZO DE 1998.

8 DE MARZO DE 1998.
CELEBRANDO LA VICTORIA AL SENADO

EL ESPECTADOR*

OCTUBRE DE 2000.
MANIFESTACIÓN CONTRA
EL FRAUDE ELECTORAL EN SOACHA.

Carta al presidente

Por INGRID BETANCOURT
*(Estudiante del Instituto de
Ciencias Políticas de París)*

Ingrid Betancourt

El 28 de mayo voté por primera vez. Voté por el candidato nacional. Por Belisario Betancur. No creo necesario desarrollar los motivos de esta decisión. Basta simplemente aclarar que no me considero conservadora, ni tampoco liberal, sino colombiana.

Quisiera hacer llegar al público, y en especial al que tomará próximamente el mando del país, ciertas inquietudes que sé comparten conmigo muchos jóvenes. Tal vez por medio de ésta logremos aclarar lo que esperamos será el próximo mandato presidencial.

Es evidente que la elección de Betancur corresponde a un profundo deseo de cambio. Pero en Colombia la palabra "cambio" ha venido perdiendo su fuerza. Cada cuatro años sale un poco más desvalorizada... Es necesario precisar esta vez que el cambio que se pide es un cambio "estructural". La juventud, y en general los colombianos, estamos cansados de ver que a un país enfermo se le trata de mejorar con tratamientos de aspirina... No nos engañemos. La enfermedad es grave y los síntomas aterradores: corrupción, desempleo...

Para acabar con la corrupción no basta con cambiar el color del balcón presidencial. Si la llegada de Belisario puede quitarle el polvo a una maquinaria cansada, este evento debe significar mucho más.

Se trata de volver absolutamente inútil el recurso a la corrupción. Esto implica un cambio en las situaciones de los diferentes actores sociales, un cambio de las relaciones entre estos y un cambio de mentalidades. No bastará el buen ejemplo. Se necesita una *reforma social*.

La garantía de una acción efectiva en este sentido la buscamos en un presidente que quiso ser nacional antes de ser conservador. Como presidente de todos los colombianos puede sentirse libre con relación a las diferentes facciones políticas que contribuyeron a su elección. Sin embargo sería de básica importancia que, como representante del Conservatismo, y por medio de su *acción*,

arrastre tras de sí los partidos políticos tradicionales, les dé de nuevo vigor y nuevos ideales de justicia y bienestar social. Los partidos políticos tienen el deber de mirar hacia el futuro y de contribuir a hacer la historia.

La historia de mañana es el cambio de hoy, y el cambio es la homogenización de las oportunidades, la vinculación de los olvidados al mundo moderno.

La primera visión que se tiene de estos "olvidados" son las cifras sobre el desempleo. En las ciudades este fenómeno ya no logra mimetizarse con trabajitos de sobrevivencia: la pobreza invade el mundo urbano.

Mucho menos asequibles a nuestra percepción son los millones de colombianos desocupados que viven en el campo. Todos aquellos que viven al margen de la vida. Todos aquellos que en estas elecciones' tampoco votaron: nebulosa que forma la mayoría de ya casi los 30 millones de colombianos que somos. Los niños desnutridos que nos sonríen en las carreteras se confunden prácticamente con el paisaje. Hemos olvidado que hay que "cerrar la brecha".

Todos sabemos que por su origen el nuevo presidente no puede ser insensible a esta modalidad. Ha faltado voluntad política de cambio. Sin embargo vemos en Nicaragua y en El Salvador que la historia sabe forzar la mano. Ya no es hora de cerrar cobardemente los ojos. Colombia necesita una reforma de fondo, una reestructuración de su organización social, una armonización de su mundo rural y urbano. Este es el cambio que pide la juventud. Esta es la dimensión histórica que se espera del nuevo presidente de la República. ∎

Texto de la sentencia proferida por el Tribunal Francés en pie de página, tal como se publicó en las ediciones francesas.[1]

Corresponde el texto de la edición en español a las páginas número 20 a 23, 73, 182 a 183, 185 a 190, 209 a 210 y 232 de este libro.

---

[1] "El presidente del Tribunal de Grande Instancia de París, fallando en proceso abreviado, nos ha prescrito se haga mención de las protestas del señor Ernesto Samper contra las imputaciones que se refieren a él, contenidas en las páginas 10 a 13, 55, 149 a 151, 153 a 158 y 193 de este libro, que él estima difamatorias."